立德树人　守正创新

——北京林业大学园林学院本科教育教学改革优秀论文集

郑　曦　罗　乐　主编

中国林業出版社
CFPH China Forestry Publishing House

项目致谢

城乡人居生态环境学(北京高校高精尖学科建设项目)

风景园林学科拔尖创新人才培养北京林业大学“双一流”建设项目

图书在版编目(CIP)数据

立德树人　守正创新：北京林业大学园林学院本科教育教学改革优秀论文集／郑曦，罗乐主编．—北京：中国林业出版社，2022.12

ISBN 978-7-5219-2059-8

Ⅰ.①立…　Ⅱ.①郑…②罗…　Ⅲ.①高等教育-教育改革-北京-文集②高等教育-教学改革-北京-文集　Ⅳ.①G649.21-53

中国国家版本馆CIP数据核字(2023)第000947号

策划编辑：康红梅
责任编辑：田　娟
责任校对：苏　梅
封面设计：时代澄宇

出版发行：中国林业出版社
(100009，北京市西城区刘海胡同7号，电话83223120)
电子邮箱：cfphzbs@163.com
网　　址：www.forestry.gov.cn/lycb.html
印　　刷：北京中科印刷有限公司
版　　次：2022年12月第1版
印　　次：2022年12月第1次印刷
开　　本：787mm×1092mm　1/16
印　　张：13.25
字　　数：348千字
定　　价：89.00元

《立德树人 守正创新——北京林业大学园林学院本科教育教学改革优秀论文集》编写委员会

主　　编：郑　曦　　罗　乐

副 主 编：李燕妮　　高　瑜

编　　委：姚　朋　　孙　明　　李　翅
郑小东　　王忠君　　徐桂香
苏　洁　　温智婷　　郭　琪

前 言

党的十八大以来，以习近平同志为核心的党中央高度重视教育事业，对教育工作作出了一系列重要部署和重要决策，并取得了历史性的重要成就。党的二十大报告指出，教育是国之大计、党之大计。培养什么人、怎样培养人、为谁培养人是教育的根本问题。北京林业大学深入学习贯彻党的二十大精神，坚持以习近平新时代中国特色社会主义思想凝心聚魂，筹划推出新时代本科教育综合改革“树人行动计划”，以创新举措全面深化新时代本科教育综合改革，提高人才自主培养质量和能力，着力培养创新型、复合型、应用型领军人才，在人与自然和谐共生的中国式现代化建设中发挥引领性支撑作用。

北京林业大学园林学院肇始于1951年，是中国现代园林教育的发源地，多年来学院为国家建设输送专业人才15 000余名，当前北京林业大学风景园林学科已达到国际高水平地位，享有国际盛誉并产生了广泛的国际影响力，在中国具有强有力的领导地位，是国内外同类院校中本科、研究生培养规模最大、最具国际影响力的教学研究中心之一。在2012年、2016年教育部全国一级学科评估中，风景园林学连续位列全国第一和A+，领跑全国；2017年、2022年风景园林学协同城乡规划学、建筑学两轮进入国家“世界一流学科建设”行列。学院目前设有风景园林、园林、城乡规划、园艺(观赏园艺方向)、旅游管理5个本科专业，风景园林专业开设梁希实验班。风景园林、园林、园艺(观赏园艺方向)、城乡规划4个专业为国家级一流本科专业建设点，风景园林和园林专业为国家级特色专业和北京市特色专业，风景园林专业入选北京市重点建设一流本科专业，城乡规划专业通过住房和城乡建设部高等教育城乡规划专业评估。近五年来，园林学院获国家级教学成果二等奖1项，省部级教育教学成果奖5项；获国家级一流本科课程4门、国家级课程思政示范课程1门，首届全国教材建设奖优秀教材二等奖1部，省部级本科课程(教材或课件)8门，获北京市课程示范课程2门，教育部首批虚拟教研室建设点1个。主持教育部新农科研究与改革实践项目1项，获省部级虚拟仿真实验教学项目1项。

为深入推进与落实“树人行动计划”，园林学院总结凝练教师近年来在本科教育教学改革与研究方面取得的成果，特编辑出版《立德树人 守正创新——北京林业大学园林学院本科教育教学改革优秀论文集》。其中收录了40篇教学改革研究论文，反映了新时代中国特色社会主义高等教育的需求及学校引领推进本科教育教学改革的足迹，内容涵盖了教育教学改革与人才培养的多个方面，尤其在课程思政、五育并举、新工科新农科改革、科教融汇、产教融合、教学数智化、创新创业教育等方面特色突出，汇聚了广大教师和教学管理工作人员对人才培养模式、方法的研讨，对教学案例、教学方法实践的经验总结，对专业课程体系的探索比较，体现了教师们严谨的治学态度和开阔的教育视角，集中反映了近年来在深化教学改革等方面的丰硕成果。

本论文集对于探索教育教学发展的道路、提高教学质量的途径有着积极的理论和实践指导意义，可供各级高等教育管理部门及高等教育科研人员，以及广大高校教师和相关专业的研究生学习参考。

编写委员会

2022年10月

目　录

五育并举，全面改革

教学相长，

不断创新

2022

“欲知世掌丝纶美，池上于今有凤毛”

——一次以历史园林复原作为课程设计选题的尝试

董　璁

（北京林业大学园林学院，北京　100083）

摘要：针对以往选题存在学习难以深入和设计风格不纯的问题，2018 级梁希实验班“中国古建筑与传统园林设计”课程的作业题目变更为历史园林复原设计，复原对象为清中叶苏州凤池园。通过精读历史文献，使复原设计避免了随意性，而且建立在坚实的考据基础上，达到了“中而古”的既定教学目标。实践证明，历史园林复原作为传统园林设计课的课程设计选题，符合设计教学规律，适应学生学习特点，是理想的作业题目。

关键词：“中国古建筑与传统园林设计”课；课程设计选题；历史园林复原；凤池园

20 世纪 50 年代，梁思成提出建筑风格的“四而说”：新而中、中而古、西而新、西而古[1]。其中的“中而古”，正是“中国古建筑与传统园林设计”课的教学内容。这门课程的目的是向学生传授原汁原味的中国传统园林和建筑设计方法，属于文化传承范畴。至于“新而中”，也就是文化创新的使命，另由其他课程承担。

设计课的教学进程主要依靠“课程设计”（practicum）带动，因此，作业题目及设计任务书的制订至关重要，在很大程度上决定课程教学的成败。以往该课程设计作业，通常是让学生采用中国传统风格，设计一座小型园林连带其中的建筑要素，除风格规定为“中而古”之外，其余要求与一般设计课无异。经过多年实践，发现这个命题存在两个弊端：

其一是学习难以深入。不了解中国古人的生活方式和思想观念，就无法真正理解这种园林。而要掌握其设计方法，就更不能停留于表面形式，必须深入形式背后，探求其造园动机和创作门径。要做到这一点，唯一的办法是设身处地、躬身体验古人造园的心路历程。如果抱持一种急功近利的心态，片面追求“古为今用”，难免浅尝辄止而无缘三昧。

其二是风格难以纯正。学生此前已学过不止一个学期的园林设计和建筑设计课，其设计选题虽然涉及类型和规模变化，但风格取向均为时下流行式样，在学生头脑中早已形成定式。当选题转向中国传统园林时，会不自觉地将业已熟悉的套路带入其中。尽管建筑要素已按题目要求替换为中国传统式样，但其他要素和造园语法却仍为流行做法，既非传统也非中国。

“学而时习之”，“学”是研究先例，“习”是自己动手，将前人方法付诸实际运用，传统园林的学习也不例外。第一步，教师挑选古园佳作进行课堂和现场讲解，此外还有独立开设的苏杭、承德实习课，其广度、强度不可谓不够。第二步，是教师出题让学生进行模拟

作者简介：董　璁，北京市海淀区清华东路 35 号 北京林业大学园林学院，教授，dongcong@bjfu.edu.cn。

资助项目：北京林业大学教育教学改革项目“‘中国古建筑与传统园林设计’案例库建设及教学内容研究”（BJFU2021JY018）。

创作。之所以出现前述学习难以深入和风格不够纯正的问题，不是因为教师讲得不透，也不是因为学生悟性不够，而是因为在这两步之间存在一个缺环，导致前后脱节。

在现存古园之外，还有一种历史上曾经存在，但今已消逝的园林。它们的物质实体虽已无存，与之相关的信息却或多或少留存于文献之中，有的只剩下一个名字，有的留下图文记载，有些甚至留有遗址，其中最著名的莫过于圆明园。现在的圆明园当然只是劫后余烬，不复往日辉煌，换一个角度想，又何尝不能视为当初造园过程的半成品？相比而言，经过重修的颐和园是一件完成品，没有给人留下多少想象的空间。圆明园则不然，因为不完整，所以可想象。置身于残山剩水之中，借助文本、图档和老照片，可以在头脑中大体还原当初的面貌。这个“脑补”的过程，其实就是设计，但又不同于任意发挥的设计，不能天马行空、我行我素，而是必须接续古人的思路，亦步亦趋，如同古人写了上半句，今人来接下半句，心气相通才能首尾连贯。

这个“与古人合作”的过程就是复原设计，它不同于学而不习的闲情偶寄，也不同于习而不学的任意发挥。要做好一个历史园林的复原设计，需要精读文献，找寻那些分散在诗文、图画中的吉光片羽，考证其组成，探究其布局，理解其动机，甚至还原其经过，由表及里，设身处地，才能登堂入室，学会像古人一样做设计。

基于以上认识，2018 级梁希班的课程设计题目做了较大调整，将原先倾向于自由发挥的设计任务变更为更具限定性的历史园林复原设计。凤池园是乾隆五十八年(1793 年)苏州籍状元潘世恩在家乡所建的园林，位于苏州城内临顿路钮家巷，又称“临顿新居”。潘世恩于嘉庆十四年(1809 年)建成此园用以奉养双亲，此后世代居此直至 20 世纪中叶园毁，而故居尚在。

潘世恩长子潘曾沂长居此园，先后请人画过三幅《临顿新居图》，其中道光年间张崟所绘较为写实，对复原设计极具参考价值(图 1)。文本方面也有三种材料可资利用：一是石韫玉就张崟图所作《临顿新居图记》[2]，记有十景，与图中景物可以互相参证，唯须文图对照，经反复辨认方能一一对应；二是陈裴之《凤池园十咏为潘芝轩司徒作》[3]，用典甚多，有助于理解景物含义；三是潘曾沂本人的《园居杂咏十首》[4]，以园主视角写景状物。

在教师带领下，学生一边精读文献，一边推敲草图。石韫玉、陈裴之和潘曾沂的三套文本虽然文风不同，内容各有侧重，但都基于十景。将三人诗文并置在一起，可据以研究每一景的景物构成及其造景意图(表 1)。

从表 1 所录诗文可以看出，石韫玉行文简略，多用四言，除写景之外，对建筑用途偶有提及，如虬翠居为“燕居之室，环拥图书”，烟波画船是“枕水作屋，中贮法书名画”。陈裴之行文隐晦，处处用典，理解起来有一定难度。为此，教师逐句做注，帮助学生查证典故来历，领会景物含义。如《凤池亭》一首后两句：“寄语题门客，于今有凤毛。”用到两个典故，前句“题门”出自《世说新语 · 简傲》：“嵇康与吕安善，每一相思，千里命驾。安后来，值康不在，喜(康之兄)出户延之，不入，题门上作‘鳳’字而去。喜不觉，犹以为欣。故作‘鳳’字，凡鸟也。”后句借用杜甫《奉和贾至舍人早朝大明宫》：“欲知世掌丝纶美，池上于今有凤毛。”古代帝王诏书称为“丝纶”，后世将中书省代拟诏书称为“掌丝纶”，世代相继在中书省任职则称为“世掌丝纶”。陈裴之借杜甫诗句赞美潘家世代书香，同时提醒外人不要错用吕安典故而有眼不识泰山。与陈裴之不同，潘曾沂作为园主，句句都是写景，几乎不用典。

这些文字若不做仔细考究，极易造成误解。例如，如果望文生义，会误以为“有瀑布声”是一处瀑布水景，实际并非如此。该四字出自王禹偁《黄州新建小竹楼记》：“(竹楼)夏宜急雨，有瀑布声。冬宜密雪，有碎玉声。宜鼓琴，琴调虚畅。宜咏诗，诗韵清绝。宜围棋，

图1　张崟绘《临顿新居图》（苏州博物馆藏）

表1 石韫玉、陈裴之、潘曾沂诗文中的凤池园十景

十 景	石韫玉	陈裴之	潘曾沂
凤池亭	清流绕屋，花竹交映。 有亭翼然，背山面水。	碧澄湘草岸，红接海棠巢。 寄语题门客，于今有凤毛。	微风生树梢，花影碎池里。 飞鸟去还来，苍苍暮烟起。
虬翠居	燕居之室，环拥图书。 乔松如龙，亭亭霄霓之表。	故家乔木胜，长报竹平安。 更有三松树，苍髯耐岁寒。	涛声卷晴空，古榦暎寒室。 几见太平年，未有如今日。
梅花楼	岑楼耸然，高出林表。 芳华迎春，繁英如雪。	为问林和靖，何如宋广平？ 画楼香雪里，春暖语调羹。	拾级上斜梯，寒林写幽景。 月明人倚楼，愁踏梅花影。
凝香径	楼下粉垣迤逦，修廊环之。	井眉青乍染，屐齿绿初齐。 最忆长安道，飞花衬马蹄。	密林有余清，闲廊无浅步。 众香草际来，胜觅花间路。
有瀑布声	芳堤夹水，平桥通步。 飞泉漱石，声如鸣玉。	卷起龙湫雪，清凉白玉京。 飞仙天际过，吹下珮环声。	风雨来纵横，池中乱飞玉。 白云满地流，空亭抱寒绿。
蓬壶小隐	幽房邃室，众喧不到。	花底春云丽，壶中爱日长。 东山留别墅，大隐笑东方。	繁花闹游蜂，古树窜松鼠。 子规时一啼，春声在何许？
玉泉	泉出石间，味甘如醴。	前年云汉咏，一勺独沄沄。 早见为霖去，源头生白云。	坐石伫清风，携炉煮寒水。 我欲补茶经，泉味澹如此。
先得月处	兰寮东启，空明无碍。	金波丽仙掌，流照此间多。 玉宇琼楼上，高寒更若何？	纤云卷遥天，微微月初吐。 怯寒人未来，清光落幽户。
烟波画船	枕水作屋，中贮法书名画。	风雨思光屋，图书海岳船。 巨川宜作楫，肯与钓徒传？	竹径人攲斜，池波漾清彻。 隔帘欢鸟声，杏花白于雪。
绿荫榭	竹木交荫，万绿如海。	此时桃李树，他日栋梁材。 万绿浓如海，闲招白鹤来。	斜阳听暮蝉，飞鸟自来去。 不见扶筇人，人在烟深处。

子声丁丁然。宜投壶，矢声铮铮然，皆竹楼之所助也。”可见所谓“有瀑布声”，实际是雨敲竹瓦，声如瀑布，代指竹瓦建筑，而非真有瀑布，所以潘曾沂诗中提到“风雨来纵横，池中乱飞玉”，又可知此景临池，是张崟图中那座水中亭榭。

随着学习的深入，学生逐渐读懂这些景物的含义，能够准确无误地将画中景物与十景对应起来(图2)，使复原设计获得了坚实的考据基础(图3)，同时加深了对中国传统造园的理解，认识到传统园林的景物、建筑，在单纯的物质属性和表面形式之外，还寄托了古人的思想、情感和理想，与之关联的文学、历史、哲学修养更是博大精深，值得用一生去探求。而认识到这一点，正是这门课的意义所在。

凤池亭　虬翠居　梅花楼　凝香径

有瀑布声　蓬壶小隐　玉　泉　先得月处

烟波画船　绿荫树

图 2　凤池园十景与张崟图中景物的对应关系

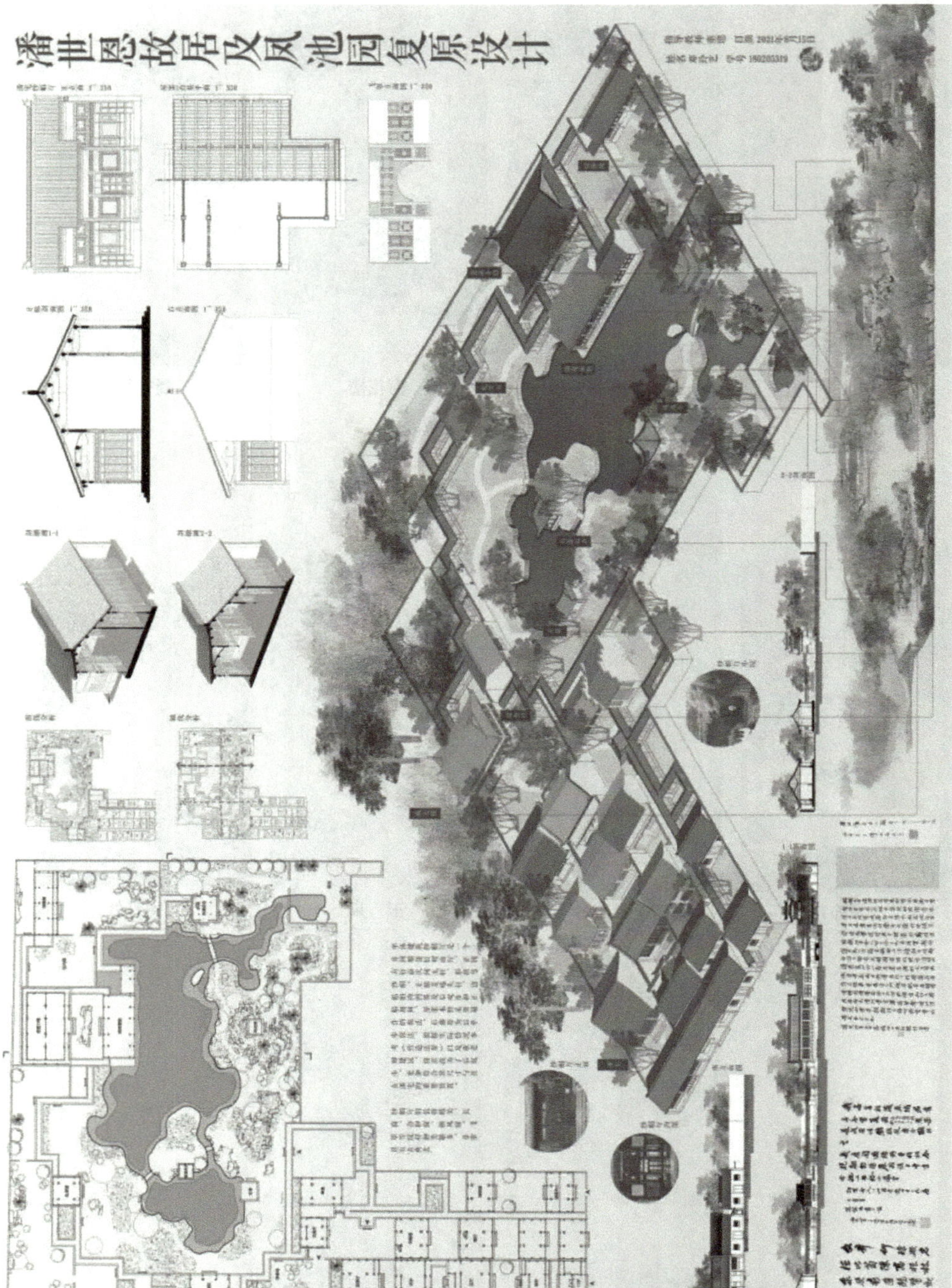

图3　学生作品（邓玲艺）

参考文献

[1]梁思成．从“适用、经济、在可能条件下注意美观”谈到传统与革新[J]．建筑学报，1959(6)：4.
[2]石韫玉．临顿新居图记[M]．独学庐稿．清写刻独学庐全稿本．
[3]陈裴之．凤池园十咏为潘芝轩司徒作[M]．同治苏州府志．光绪九年刊本．
[4]潘曾沂．园居十咏[M]．功甫小集．咸丰四年重刻嘉庆二十三年刊本．

An Attempt to Use Historic Garden Restoration as the Practicum Topic of the Course of Traditional Chinese Architecture and Garden Design

Dong Cong
(School of Landscape Architecture, Beijing Forestry University, Beijing　100083)

Abstract　In view of the problems caused by the selection of practicum topics in the past, such as insufficient learning depth and impure design style, the design topic of the course of Traditional Chinese Architecture and Garden Design of 2018 Liangxi Experimental Class was changed to Historic Garden Restoration. The specific object of restoration is the Fengchi Garden in Suzhou City, built in the middle of Qing Dynasty. With the means of historical literature reading, field research, similar garden reference, students successfully completed the design task and achieved the intended teaching goal. This attempt proves that historic garden restoration as the topic of practicum of traditional garden design course is an ideal choice, which conforms to the law of design teaching and adapts to the characteristics of students' learning.

Keywords　Traditional Chinese Architecture and Garden Design; design practicum topic; historic garden restoration; Fengchi Garden

翻转教学培育积极学习课堂

——以“旅游环境解说”翻转课堂为例

蔡　君

（北京林业大学园林学院，北京　100083）

摘要：慕课建设是互联网时代高等教育信息化发展的趋势之一，整合慕课资源进入教学环节推动翻转课堂实践，对于促进以学生为中心的教学方法改革，具有重要作用。本文以“旅游环境解说”翻转课堂教学为例，总结了在线课程建设经验，并提出了基于参与式教学理念的翻转教学模块设计。作者提出了知识学习引导情境、小组协作情境以及实践拓展情境的翻转课堂教学途径。最后简要总结了“旅游环境解说”在线开课和翻转课堂实施情况，这种混合课堂的模式能够帮助学生更多参与并提高学习效果。

关键词：翻转课堂；慕课；参与式教学；旅游环境解说

一、 研究背景

在线课程也称慕课（Massive Open Online Course，MOOCs），是世界教育领域的一场革命。在线课程打破了地域和时间限制，颠覆了传统教学以教师为中心的授课模式，以更高的性价比、丰富的课程资源、便利的学习平台为学习者建构了一座超越时间和空间限制的综合大学。在促进教育公平、激励学生自主学习、促进终身学习等方面都起到重要的作用。2012 年，斯坦福大学 2 位教授把他们的人工智能课程发布到网上作为免费学习资源，随即有 16 万来自世界各地的人注册学习，同年，哈佛大学、麻省理工学院等学校也合作开发在线课程，2012 年被称为慕课元年[1]。国际上一些慕课平台经过几年的发展，目前著名的平台包括 Coursera（www. coursera. org），Udacity（www. udacity. com），EdX（www. edx. org）等，这些慕课平台和著名大学合作，为学生提供在线课程。2013 年为“中国慕课元年”，清华大学、北京大学等国内名校开始进行慕课建设，开启了中国慕课的新纪元。目前我国主要的慕课平台包括 MOOC 中国、慕课网、中国大学 MOOC（爱课程）、智慧树等。“旅游环境解说”在线课程发布在中国大学 MOOC（爱课程）平台。

环境解说作为一个学科领域或者专业，始于 20 世纪 50 年代，1957 年美国历史解说学者弗里曼·提尔顿（Freeman Tilden）出版《解说我们的遗产》，为解说专业发展奠定了学科基础。到 20 世纪 60 年代，在环境保护运动的推动下，“环境解说”这一概念不仅在美国受到普遍认可，也对欧洲国家产生了深远影响。有关解说的研究也得到逐步深入，高等院校等正规的教育体系开始培养解说专门人才，在国家公园、休闲旅游场所等开始重视并提供专门的环境解说服务，出现从事环境解说人员自己的行业协会等。

在正规的学校体系中，环境解说既能够与现有科目结合在一起，也能够作为一门独立

作者简介：蔡　君，北京市海淀区清华东路 35 号 北京林业大学园林学院，教授，junecai1102@live. cn。

资助项目：北京林业大学 2021 年教育教学研究重点项目“新文科背景下农林院校旅游管理专业融入绿色发展的跨学科人才培养模式探索”（BJFU2021JYZD003）。

的科目单独设置。不同背景的大学由于研究重点和治学专长的不同而异。据邓冰等研究，在北美洲(美国与加拿大)至少有103所大学106个院系设置解说的课程，其中，美国有68所学校69个院系，加拿大有35所大学37个院系[2]。这些课程的设置大多分布于林学、地理、生态、旅游管理、公园和游憩等学科中。

中国大陆与解说相关的研究始于20世纪90年代末。其后陆续有学者结合国情开始对解说进行研究，结合城市、景区所进行的解说系统规划及设计研究也开始出现在相关学术期刊上。

目前中国大陆地区设置环境解说课程的大专院校还不多，北京林业大学园林学院旅游管理专业开设了“旅游环境解说”本科生双语课程；中山大学旅游学院开设了“自然资源管理与环境解说”本科生课程；北京师范大学地理与遥感学院的环境与遗产解说中心，设有环境与遗产解说专业的硕士学位点和博士学位点。

二、“旅游环境解说”慕课结构

在线教学具有灵活性、机动性、教学资源富集等特点。在线教学的学习者可以不受时间和场所限制，根据自己的兴趣进行选择素材，可自由学习，反复观看。但研究表明，在线教育具有高注册率、低完成率的特点，Jordan发现只有7.5%的学生最后完成了课程内容，平均获得证书的比例只有6.5%[3]。

因此，在制作慕课时应该首先考虑一个问题：课程内容和传授方式如何能够支持学生自我效能的学习？如何鼓励学生自我坚持学习？

“旅游环境解说”是一门突出自然资源和历史文化遗产解说理论、原则、技术和方法，兼具理论介绍和实际解说技能培养的专业课。本课程涵盖解说的起源及发展、解说理论基础及原则、旅游环境解说系统、环境解说展示设计及传达方法、解说项目评价等内容。自2010年开课以来，授课者一直致力寻找、挖掘与解说资源紧密相关的自然和文化资源以及休闲文化现象，设计课程项目，延伸教学的深度和广度，同时体现地域文化特点，锻炼学生学以致用的综合能力。在现代教育技术环境下，通过在线课程建设，完善课程体系，丰富教学资源建设，扩大传播面和课程影响力，增进学术交流，更好地引导学生掌握专业知识和培育专业思维。

在构建慕课内容结构时，分为模块、细分模块、小节三级结构(表1)，既要突出重点，

表1　“旅游环境解说”在线课程模块结构

模　块	细分模块	小节数量
解说起源和主要理论	1. 绪论	11
	2. 旅游环境解说的起源和发展	
	3. 解说的理论基础	
解说供给和需求	4. 解说者和解说受众	11
解说场所、方法和技术	5. 国家公园解说	15
	6. 环境解说展示设计及传达方法	
	7. 博物馆及社区项目	
解说规划和活动设计	8. 解说规划	8
	9. 解说活动设计	
解说效果评价	10. 解说评估	5
总　计		50

又要覆盖环境解说课程主要内容，具体到课程小节，要主题突出，内容简明、生动而新颖，同时结合案例讲解。如在绪论部分，通过三个小节“什么是解说”“为什么解说”“解说的利益”三个环环相扣的课程内容说明环境解说的重要性。通过丰富课程内容、辅以案例以及作业和考试等环节留住学生，增加学生的自我学习效能。

三、基于参与式教学的翻转教学模块设计

（一）翻转课堂设计思路

参与式教学(pedagogies engagement)的概念由专注于高等教育改革的美国教育家拉塞尔·埃杰顿(Russell Edgerton)提出，他认为传统课堂教与学的模式不能使学生获得适应21世纪需要的能力，而参与式教学法能够激励学生自主学习，培养出更具韧性和责任感的公民[4]。参与式教学法最主要的3条原则是鼓励师生合作、学生之间的相互激励和合作以及主动学习。

线上课程在平台发布后，除了志愿学习者，线上课程较之传统的教科书具有主题明确、生动、易懂的特点，与线下课堂教学配合具有激励学生自主学习、通过任务和问题的布设促进学习和思考以及同伴互动等优势。因此，翻转课堂(混合课堂)教学手段改革，从以教师为中心向以学生为中心转变[5]。利用在线课程推进翻转课堂教学方法，通过提前布置相关知识点的在线课程学习内容，激发学生学习自主性和探索性，培育积极学习的课堂。以模块化方式结合知识点设置课程内容主题。相较于传统授课方法，促进学生参与教学在翻转课堂中显得尤为重要。需要精心设计教学环节让学生参与到某些教学内容中来。充分利用互动式、参与式、启发式以及研究式教学方法。通过线上自主学习、启发引导、课堂讨论、案例教学、小组作业等方式活化知识传达过程，激励学生主动学习和思考，提高学习质量。

“旅游环境解说”翻转课堂采用模块化和内容情境进行课堂教学改革，通过运用在线课程辅助教学，提高了学生自主学习的积极性，通过课堂小组讨论和互动，学生课堂参与更积极，具体如图1所示。

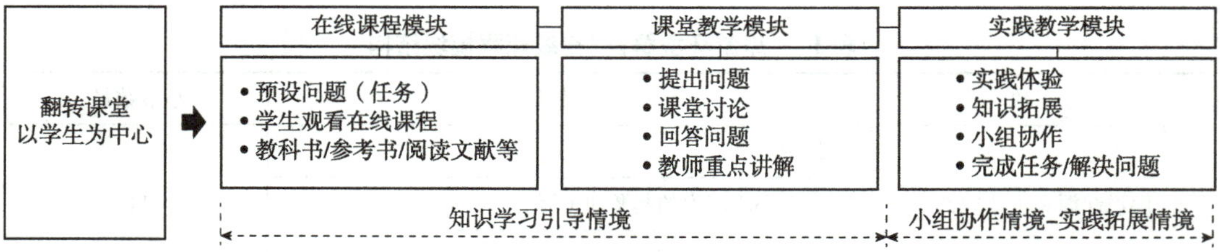

图1 翻转课堂模块化和情境教学图示

（二）创设内容情境引导学生建构环境解说知识体系

“旅游环境解说”翻转课堂教学内容情境主要包括课堂和在线课程的知识学习引导情境、小组协作情境以及实践拓展情境。课堂和在线课程的知识学习引导情境通过教师提出问题或引导学生提出问题，学生通过在线学习、思考、讨论等解决问题的过程；小组协作情境和实践拓展情境，通过设计系列真实场景的任务作业，小组同学共同协作解决实际问题，完成任务作业，锻炼解说技能。小组协作和实践拓展主要包括三项作业：①解说我们的校园(interpret our campus)，②动物园解说展板修改，③自导路径设计。如作业②是带领学生到动物园实习，学生以小组为单位选定某一处动物区域，对该区域进行解说设施调查和游客利用解说设施的情况，并对不够完善的解说牌进行重新设计。学生提前学习线上课程

6.4~6.5(解说展板概念设计、增加解说的趣味性)。将线上课程整合到课堂教学，以生动直观的方式引领学生自主学习，结合实践教学，丰富了学习情境，增加了学生学习的便利性，拓展了学习维度。

四、 实施情况

在线教育消除了地理障碍、时间限制，为教育者和学习者带来了通往教育和学习的新场域。在线课程不但便利学习者，促进教育公平，也促进了不同机构和院校之间教师资源的合作。本课程由北京林业大学和北京师范大学两校教师合作完成，形成更多维视角和更全面的内容。

自 2019 年 12 月开课以来，本课程已完成 7 期线上课程，选课人数合计约 3080 人。如果只是给本校学生进行线下课堂教学，3 年的选课人数约 180 人。可以看出，线上课程覆盖的人数远超传统课堂的学生数量，对于普及环境解说知识、提高公众自然审美、尊重文化、保护遗产等具有积极的意义。

翻转课堂教学截至 2022 年春季已进行第 3 轮，尤其在 3 年疫情期间，配合本校本科生同名课程，起到了较好的辅助教学效果。通过提前设立问题，布置学习慕课的相应章节，课堂讨论能够激励学生积极参与课程环节。而系列习题作业如撰写解说主题、解说文案、设计解说展牌、规划解说路径等形式充分调动学生学习的主观能动性，培养学生独立思考及解说的实际技能。

五、 结语

本文作者利用自己建立的已经上线的慕课进行翻转教学实践，慕课内容和线下教学内容匹配程度高，具有一定的特殊性。对于利用慕课平台资源辅助教学的教师，需要特别注意对慕课资源的选择和审查，以确保所选慕课和线下课程具有内容匹配度和适当的学习主题及习题。慕课的出现不是课堂教学的终结，在课程和信息资源极大丰富的当代，更需要教师创设情境引导学生参与教学环节，以学生为中心，通过利用慕课资源构建在线课程模块、课堂教学模块以及实践教学模块等多种教学方式激励学生主动学习，丰富学习情境，提高教学质量。

参考文献

[1]SHAFIQ J，WANI Z，et al. Courses Beyond Borders：A Case Study of MOOC Platform Coursera[J]. Library Philosophy and Practice，2017(11)：1-15.

[2]邓冰，吴必虎，高向平，等．北美大学环境解说专业浅析[J]. 比较教育研究，2004，40(12)：67-70.

[3]JORDAN K. Initial Trends in Enrolment and Completion of Massive Open Online Courses[J]. The International Review of Research in Open and Distance Learning，2014，15(1)：133-159.

[4]SMITH K A，SHEPPARD S D，JOHNSON R T，et al.，Pedagogies of Engagement：Classroom-Based Practices [J]. Journal of Engineering Education，2005(1)：87-101.

[5]刘书勇，高迪，孙建国，等．高校慕课建设方案创新研究与实践[J]. 高教学刊，2021(27)：42-46.

Flipped Teaching Fosters Active Learning Classrooms: Take Tourism Environment Interpretation Flipped Classroom as an Example

Cai Jun
(School of Landscape Architecture, Beijing Forestry University, Beijing 100083)

Abstract The construction of MOOCs is one of the trends of informatization of higher education in the Internet era. Integrating MOOCs resources into the teaching programs to facilitate the practice of flipped classroom, which has important role for teaching reformation with student-centered teaching methods. The paper takes Tourism Environment Interpretation flipped classroom as an example to summarize the experience of creating online course and to propose the module design of inverted classroom based on the concept of Pedagogies Engagement. The author puts forward the way of flipped classroom teaching in the knowledge learning guidance scenario, the group cooperative learning scenario and the practice extension scenario. At the end, the paper briefly summarizes the implementation of Tourism Environment Interpretation online course operating and inverted classroom, such blended model of learning helps learners to get more involved in their working and improve their performance.

Keywords flipped classroom; massive open online course; pedagogies engagement; Tourism Environment Interpretation

新时代背景下的“园林苗圃学”教学改革

罗　乐　　郭子静　　成仿云

（北京林业大学园林学院，北京　100083）

摘要：“园林苗圃学”是园林专业学生重要的学科基础课和专业核心课，如何在新时代背景下做好课程的传承与改革，这既是“培养社会主义建设者和接班人”的根本任务，也是提升风景园林“双一流”学科建设的基本要求。本文从思政融入课堂、劳育结合实践、科研反哺教学、线下线上互补四个方面对“园林苗圃学”教学改革提出思考与总结，以期为园林本科人才培养提供参考。

关键词：园林苗圃学；教学改革；思政；劳育；科研；线上教学

中国特色社会主义已进入新时代，我国正处于“两个一百年”奋斗目标的历史交汇期，对教育的高质量发展比以往任何时候都更加迫切，对科学知识和卓越人才的渴求比以往任何时候都更加强烈。围绕党的十八大以来习近平总书记“培养社会主义建设者和接班人”的一系列重要论述，深刻回答了“培养什么人、怎样培养人、为谁培养人”这一根本性问题[1]。风景园林学作为“双一流”建设学科，如何保持学科的引领地位，并在本科教学中凸显优势和示范作用，值得每一位园林专业教师思考。

园林植物是风景园林必不可少的基本要素，而园林苗圃是培育各类型园林植物的基础，是风景园林建设的物质保证[2]。“园林苗圃学”是园林专业学生重要的学科基础课和专业核心课，学好“园林苗圃学”，是学生未来走向行业、引领行业的基础。通过课程学习，让学生明确园林苗木在城市绿化建设中的重要基础作用，掌握园林苗木生产繁殖的关键技术以及苗圃经营管理的基本知识，初步具备独立完成或指导完成特定园林植物生产繁殖任务以及从事园林苗圃经营管理的基本技能[3]。在新时代背景下，“园林苗圃学”也面临深化改革，如何能将这门历史悠久的园林专业课传承好、讲授好，与时俱进、守正创新，本文结合多年教学思考，试从四个方面展开论述。

一、　思政融入课堂、手段灵活运用

“课程思政”是落实立德树人根本任务的关键任务，如何将“园林苗圃学”的理论与实践与思政相结合，是课程体系改革的一项重要内容。新时代要建设一流大学、培养时代新人，不能忽视也不能动摇党的领导这一办学治校育人的根本保证[1]。因此，教师首先要对关于教育的重要论述、重要讲话等精神进行深刻学习和领会，明确思政的目的与意义。通过梳理教学大纲，解析知识点的内涵及其背后相关的故事，做到用逻辑说话[1]，用数据说话，用事实说话，不硬讲，不空讲。结合讲案例、播放视频、线上答疑、分组讨论等各种方法，

作者简介：罗　乐，北京市海淀区清华东路35号 北京林业大学园林学院，副教授，副院长，luolebjfu@163.com；
郭子静，北京市海淀区清华东路35号 北京林业大学园林学院，初级实验师，zijingguo1994@163.com；
成仿云，北京市海淀区清华东路35号 北京林业大学园林学院，教授，chengfy@263.net。

资助项目：①北京林业大学2020年教育教学研究重点项目“2020年精品在线开放课程‘园林苗圃学’”（BJFU2020JPZXKFKC003）。
②教育部产学合作协同育人项目“‘园林苗圃学’教学内容与课程体系改革”（202102338002）。

有效地将思政融入课堂。在价值传播中注重知识含量，知识传播中注意价值观引领，充分发挥课程所承载的育人功能，实现知识传授、能力培养和价值引领的有效统一。

思政案例一：课程第2章园林苗木种质资源讲述园林苗木种质资源的概念与特点、重要性以及如何创新。从学习效果来看，学生对于资源的重要性以及创新的途径多停留在平面理解，缺乏对国家政策、行业发展的深层次理解。教学改革后，本章节的讲述则首先从大家熟知的英国著名植物学家E. H·威尔逊1929年所著《中国——园林之母(*China—Mother of Gardens*)》入手，抛出两个问题：为什么中国被称为“世界园林之母”？中国现在是否还是“世界园林之母”？与学生讨论，回顾我国园林植物资源的丰富性和多样性，以及对世界的贡献，同时摆出数据——当前，无论是新优品种的数量还是产量都远远落后于欧美，我们的市场大多采用外国培育的新品种和技术。那我们应该做什么、怎么做呢？通过提问、互动讨论，将学生引导到如何创新、如何突破瓶颈的思考。引入身边的榜样故事——中国改革开放后，大量洋花、洋草引入，国产花卉受到挤压，讲述陈俊愉院士为了将中国特色传统花木发扬光大而奉献一生的事迹，在陶冶学生爱国情怀的同时，让他们进一步理解种质创新的重要性。引述“种质资源已经成为重要战略资源，关系国家主权和安全”，以植物学家钟扬的事迹进一步感染学生：只有充分利用好我国的种质资源，实现新品种和新技术的创新、创制，才能解决我国苗木产业“卡脖子”问题。将思政融入课堂，将难点转化为故事主题，不仅让学生吃透知识点，更引发他们深刻思考，从家国情怀、国家可持续发展去看行业问题、认识解决之道，教学效果也随之提升。

二、 劳育结合实践、产学协同育人

2020年3月20日，中共中央、国务院发布了《关于全面加强新时代大中小学劳动教育的意见》(以下简称《意见》)。《意见》指出新时代的大学生更应该树立正确的劳动观和价值观。当前大学生普遍存在对劳动教育缺失、劳动意识淡化等问题，而“园林苗圃学”论述的对象与服务的行业特点，决定了它是一门实践性强、技术性强、综合性突出的学科，可操作性很强，能更好地贯彻《意见》精神，帮助大学生形成良好的劳动素养和劳动习惯[3]。原有的实习课设置为1周，主要为田间集体实操，内容相对单一，且由于实习场地空间限制、实习学生众多，最终的实习效果参差不齐，参与度不够，且实习内容与行业发展亦有脱节现象，学生反映“吃不饱、练不够”。针对之前的种种问题，近五年通过逐步调整优化取得以下改革成效：

改革成效一：实习内容改革。在原有的播种繁殖、扦插繁殖、嫁接繁殖以及移栽的基础上，增加了容器育苗、设施参观、企业调研、市场调查等新内容(表1)，尤其是繁殖材料方面也陆续引入一些市场常用的新品种，保证学生实习内容与行业的发展不脱节；为了让每一位学生都能较好、较充分地参与到实习中，编写了实习指导书，开展了实习分组对点管理、田间实操动态观察等系列措施，保障学生能切身参与到实际实习中。尤其是补充了现代化设施设备的参观、企业及市场调研等内容，让学生能充分体会如何去规划、管理和经营一个现代苗圃，出圃前对苗木质量的标准化管理是如何重要等。

改革成效二：实习时间改革。经过连续4年的调研与实践，将以往的1周春季实习改为春秋各0.5周实习，让学生在春秋两季都能到现场实践参观，对一个生长周期(生产管理周期)有了直观的认知，更符合“园林苗圃”的教学规律。以企业调研为例，通过设置全年调研、分类调研(不同特色和产品的企业)，让学生深入一线苗圃生产单位，亲自感受行业的从业特点、经营环境、生产管理方式等，将书本上极为枯燥的内容转化为生动的实践，也拓宽了学生的知识面。同时，对于企业而言，通过向学生宣传企业文化和品牌产品，未来有望吸引学生就业，解决企业用人难的问题。从长远角度来看，真正让学生了解和感受

表 1 “园林苗圃学”实习内容改革前后变化列表

实习类别	原实习内容	新增或修改内容	改革效果
播种繁殖	大田苗床播种技术	新增穴盘或营养钵播种育苗，播种材料增加新品种	在掌握常规技术基础上，对先进的容器育苗技术有更深理解
扦插繁殖	平床扦插	新增容器扦插育苗，扦插材料增加新品种	掌握扦插繁殖的操作技术要点，并对扦插生根的环境调控有深刻体会
嫁接繁殖	嵌芽嫁接	丰富嫁接接穗材料和砧木，灵活补充枝接技术	能较灵活地运用不同工具、选择合适的砧木、接穗进行嫁接
苗木移植	实生苗移栽	苗木裸根移栽，补充移栽前对裸根苗的分级和修剪(枝条、根系)	深刻体会移栽成活的原理，掌握移栽技术，从品控角度理解生产管理
设施参观	无	增加现代化育苗设施、温室等参观及部分实践	了解设施设备对现代化苗圃企业生产经营的作用，尤其是直观的理解和对比
市场调查	苗圃经营管理	苗木市场参观、访谈与交流，新增苗木产品及价格调查	实地体验苗木行业现状、经营特点，对苗木种类、质量与供求的关系有了更多体会
企业调研	无	京津冀代表性苗圃企业调研	对不同规模、产品类型、管理方式的苗木企业有了对比和理解，对行业的现状、痛点和难点、未来的趋势有更深刻的理解

行业现状，或许可以影响他们未来的志向，间接促进行业发展，这也符合校企合作协同育人的新模式。在充分考察和实践的互信基础上，近 3 年来学院也陆续和多家苗木企业签订了教学实习与就业实践基地。

三、 科研反哺教学、学研与时俱进

“园林苗圃学”是关于园林苗圃的学问，是论述园林苗木生产繁殖的技术与理论以及园林苗圃的经营与管理的一门应用学科，它是以“植物学”“土壤学”“植物生理学”“栽培学”和“树木学”甚至管理学等课程为基础形成的知识体系[2]。本科教学的改革不仅是教学模式和手段的改革，更要在内容上不断更新和完善，做到与时俱进，尤其是对于应用型学科而言，紧跟科研与行业前沿，才能让培养的人才具备更广阔、更先进的视野，以高水平的科学研究支持高质量的本科教学[4,5]。北京林业大学园林植物与观赏园艺学科是全国最早设立博士点的学科，在梅花、牡丹、月季、紫薇等重要园林植物的资源评价、育种、关键商品化技术、推广示范等方面都有丰硕的科研成果。在《园林苗圃学(第 2 版)》(成仿云主编)教材出版之时，已经融入了很多新的科研成果，但书本容量毕竟有限，更多的进展需要在讲授中不断更新、补充，也可为后续教材的再版完善提供参考。试举例如下：

讲授第 2 章园林苗木种质资源、第 7 章园林苗木的营养繁殖与培育、第 10 章园林苗木的微繁殖(组织培养)与培育时，结合思政串联整个课堂，还将我学院教师近年与企业协同开展的科技创新与示范成果介绍给学生，如“三种特色木本花卉新品种培育与产业升级关键技术”针对我国传统名花缺乏突破性品种、产业技术落后等问题开展科技攻关，培育自主新品种 45 个，有力地提升了我国木本花卉研发自主创新能力和花卉产品的国际竞争力；又如，“新型木本切花优良品种培育及产业化关键技术”打破了国外对同类切花产品的垄断，提高了国产优质种苗和切花的市场占有率，是国外新花卉国产化的典型案例，也是产学研深度合作的成功范例。把学生身边“熟悉又不熟悉”的老师通过科研成果的形式呈现出来，既让学生有亲切感、自豪感，又对理论知识有了全面深刻的认识，实现科研与教学的有效融合。

四、 线下线上互补、推进教学改革

为积极响应北京林业大学本科教育教学综合改革方案的实施，尤其是在近年常规线下教学模式被打破的背景下，“园林苗圃学”课程组加强了对教学大纲的完善和调整、对知识点的梳理和重构。同时，结合线上教学的特点开展了教学方法的探索，尤其是针对学生的心理适应度和关注度，针对教学内容的呈现方式和连贯性等重点进行了实践改革，积累了丰富的教学经验和素材。

2020 年，“园林苗圃学”获批北京林业大学第三批精品在线开放课程，并于 2021 年 3 月 16 日在中国大学 MOOC 平台上线，累计选课人数超千人。“园林苗圃学”慕课录制 32 学时，约为原课时的 2/3，整个知识体系进行了重新设计和贯通。慕课是对前期在线教学经验及课程内容的进一步梳理和总结，它将知识点拆分化、将大段的讲述凝练化，不同于传统教学将时间进行机械划分。慕课更灵活、更自主，且互动性更强，不受时间影响。慕课还具有包容性，面向的学生更多元、更广泛。慕课的录制与开展也让线下教学找齐了一些短板：如哪些内容需要精简，哪些内容需要补充，哪些内容可以跨越章节进行重组等，对课程教学内容改革起到了重要的推动作用。线上慕课不仅为校内师生学习起到了重要支撑作用，也为全国相关专业的学习提供了辅导和借鉴。

线下教学依然是极其重要的教学阵地。在新常态下，一方面要打造精品在线课程以应对各种变化；另一方面以线下教学为核心、线上辅助教学(课后)的学习方式得到了学生们的普遍欢迎和认可。未来，课程将深化建设线上教学资源库，不断更新教学素材。线上线下互补结合的教学模式，对推进信息技术与教育教学深度融合，构建以学生为中心的新型教与学关系，全面提升教师利用信息化技术开展创新教学的能力起到了较好的促进作用。

五、 结语

“园林苗圃学”作为园林专业学生重要的学科基础课和专业核心课，如何在新时代背景下做好课程的传承与改革，这既是“培养社会主义建设者和接班人”的根本任务，也是提升风景园林“双一流”学科建设的基本要求。通过多年的教学实践和思考，“园林苗圃学”教学改革取得了阶段性的成果，包括规划入库教材《园林苗圃学》(第 2 版)的更新、在线精品课程的开放、京内外教学实习基地的拓展等，但仍需不断探索和完善，在教育思想、教学内容与方法上做到与时俱进、融合创新。

参考文献

[1]周坚．运用思政课讲好伟大建党精神[N]．人民日报，2021-11-03(9).
[2]成仿云．园林苗圃学[M]．2 版．北京：中国林业出版社，2019.
[3]罗乐，等．《园林苗圃学》教学改革初探[A]．于志明．秉烛者的思考与实践——北京林业大学教学改革研究论文集[C]．北京：中国林业出版社，2014.
[4]杨晓东，郑曦，严亚瓴，等．国家级园林实验教学示范中心协同育人模式探索与实践[A]．黄国华．潜心课程　卓越育人——北京林业大学教育教学研究优秀论文选编[M]．北京：中国林业出版社，2020.
[5]栾亚宁，戴伟，王登芝．应用型人才培养模式下“土壤学”课程实践教学探索[A]．黄国华．新改革 新农科——北京林业大学教育教学改革优秀论文选编[M]．北京：中国林业出版社，2019.

The Teaching Reform of Landscape Nursery Under the Background of New Era

Luo Le　Guo Zijing　Cheng Fangyun
(School of Landscape Architecture, Beijing Forestry University, BeiJing　100083)

Abstract　Landscape Nursery is an important discipline basic course as well as a professional core course for students majoring in landscape architecture. How to inherit and reform the curriculum well with the new era background is not only the main task of "training builders and successors to socialism", but also the basic requirements to improve the construction of the "Double First-Class" discipline in landscape architecture. In this paper, the teaching reform of Landscape Nursery curriculum is put forward from four aspects: integrating ideological education into curriculum content, combining labor education with practice, supporting teaching with scientific research and incorporation between online and offline teaching, in order to provide reference for cultivation of landscape undergraduate talents.

Keywords　Landscape Nursery; teaching reform; ideological instruction; labor education; scientific research; online teaching

基于多数据融合的城乡地理信息系统应用课程教学研究

徐　桐

（北京林业大学园林学院，北京　100083）

摘要：地理信息系统（GIS）作为重要的规划分析及管理工具，在城乡规划研究及规划编制实践中的应用越来越广泛，与此相呼应，在城乡规划专业的教学中，地理信息系统也在近年列为本科教学的专业必修课程。本研究论文试以2014年度新调整后的北京林业大学城乡规划本科地理信息系统（GIS）教学为例，探讨课程教学中如何面向城乡规划实际应用需要，同时结合大数据时代背景下的地理信息数据多元化渠道展开的进一步教学研究。

关键词：地理信息系统（GIS）；城乡规划；大数据

地理信息系统（Geographic Information System，通常简称 GIS）作为重要的规划分析及管理工具，在城乡规划研究及规划编制实践中的应用越来越广泛[1]，2014年，新调整后的北京林业大学城乡规划专业本科教学大纲将‘地理信息系统’列为专业必修课程，全称为“城乡地理信息系统应用”（The Theory and the Application of Geographic Information System），总学时32（课堂教学16学时，实验16学时），开设年级为本科第6学期。课程性质为“城乡规划专业的核心必修课”，教学目的为“通过本课程的学习，使学生了解地理信息系统的基本概念、基本原理及其在相关领域的应用，掌握利用GIS技术解决相关领域实际问题的基本能力”。[2]

一、 地理信息系统的传统教学模式

在国内高校中，地理信息系统的传统教学模式多以“软件构成与应用”为中心进行课程组织，这本身也是众多地理信息系统（如北京林业大学及多数高校常用的ArcGIS系统为典型）专业培训师的教学模式。究其原因，这种教学模式适合面向不确定教学对象，且由于包括ArcGIS系统在内的几乎所有地理信息系统软件的操作应用环境复杂，常规教学最优方式便是采取以地理信息体统软件自身特性的详细介绍，按照地理信息系统数据管理、数据编辑、数据分析等主题功能模块开展分项教学。

但根据本人经验以及学生反馈，此教学模式虽然有利于学生系统全面掌握ArcGIS为代表的地理信息系统软件，但并非针对各细分专业的最佳方式，近两三年，已经在网络教学平台出现了针对遥感测绘、城乡规划等细分领域的付费教学课程。对于城乡规划专业，由于地理信息系统的底层逻辑同常规工程设计软件（如AutoCAD、Photoshop、Illustrator等）存在较大差异，学生容易陷入不知道为何学的“学而不思”“学而不用”的状态，学生不易掌握，容易产生畏惧心理。

根据笔者自己在求学期间的学习经历，以及原本作为专业选修课程、面向城乡规划本科第五年的地理信息系统应用教学学生学习反馈，在完成课程后的毕业设计、研究生实践阶段乃至毕业参加城乡规划编制的实际工作过程中仍然无法将学到的知识应用于城乡规划

作者简介：徐　桐，北京市海淀区清华东路35号 北京林业大学园林学院，副教授，xutong@bjfu.edu.cn。

研究和编制工作之中，陷入类似国内初高中早期“哑巴英语”式教学的误区。

二、 面向城乡规划实际应用需求的地理信息系统（GIS）应用教学的研究

（一）教学内容次序调整

打破上述按照依据软件特性进行的教学、按照城乡规划本科阶段学生设计、城乡规划编制体例进行课程教学内容的重新编排。

城乡规划的体例按照《中华人民共和国城乡规划法》的要求，根据规划编制处理的空间尺度及目标总体为从宏观到微观的城镇体系规划、城市(镇)总体规划、详细规划的大体分类，这也是城乡规划本科教学中分年级设计课程分学期教学组织的依据[3]。本次地理信息系统(GIS)的教学研究同样以此为依据，初次课程用2课时集中概述地理信息系统的软件低层逻辑、发展脉络与主要应用领域后，余下所有课程均结合规划编制实际，重新编排教学内容，采取从“微观—宏观”的课程教学，这种反向教学的编制安排是基于先从详细规划更多应用常规地块要素创建、修改等类似设计软件的逻辑及操作，逐渐扩展至非常用的中心城区、市域直至大区域尺度的人文社会、自然条件管理与分析等学生不熟悉的功能，先易后难。

1. 依据城市详细规划尺度进行的教学安排

城乡规划类型中的详细规划分为控制性详细规划(简称控规)和修建性详细规划(简称修详)，其中，控规主要用于确定建设地区的土地使用性质和使用强度控制指标、道路和工程管线控制性位置以及空间环境控制的规划要求等内容，修详及非法定规划的城市设计处理城市形体及相关控制指标。在两者配备的设计图纸部分，需要将地块用地性质与其相应控制指标进行对应，在最终成果部分体现为一张图纸和一张表。

控规和修详、城市设计等规划处理空间尺度多为一个街区或具体地块，其适合作为地理信息系统入门时基础操作的教学。在实际教学中，课程以北京林业大学和北京雍和宫、白塔寺等片区为例，要求学生对北林校区、雍和宫、白塔寺片区建筑、道路及用地、周边公共服务设施等建立数据库进行分析(图1)。包含建筑及用地的地理位置，用地性质和面积等信息是控规用作城乡规划管理的依据，周边公共服务设施等数据成为未来街区整治和设计的分析依托，对雍和宫、白塔寺片区等街巷保存状况，未来发展方向以及资金投入等，都可以在地理信息系统中进行动态管理和动态的分析。

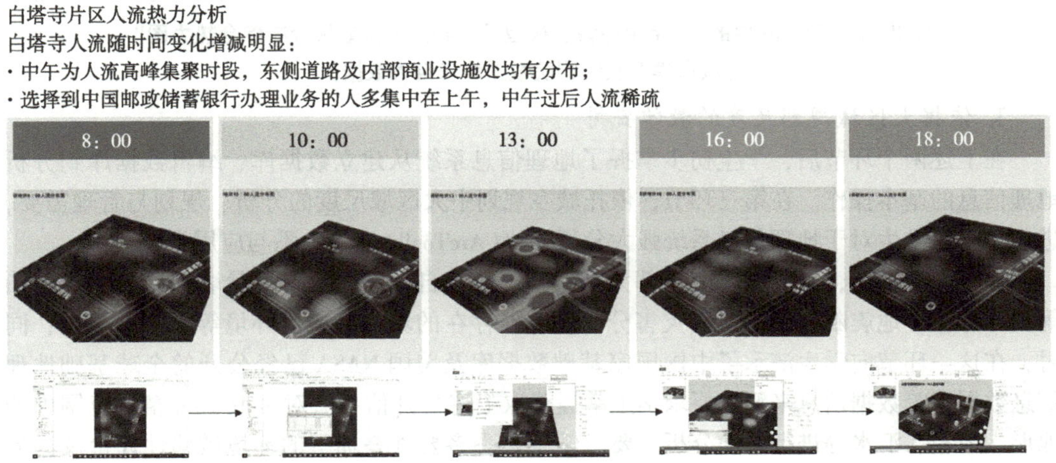

图1　学生在城市设计尺度下的地理信息系统数据分析作业成果

(POI数据来自百度开发者平台)

2. 依据城市总规(分区规划)尺度的教学安排

经过上一阶段控规和修详尺度下软件应用教学，学生熟悉了数据建立和管理模块 ArcCatalog 和数据编辑输出模块 ArcMap 等基本操作，可以进入用地属性及关联度、使用强度等分析模块(ArcToolbox)的进一步教学环节。此环节依托城市总体规划(分区规划)为案例，将城市总体布局中城市各项用地之间的内在联系，城市及其相关的城市网络、城镇体系在不同时间和空间发展中的动态关系等依托地理信息系统进行教学。

在 2018—2022 年度的地理信息系统教学中，课程以北京前门地区城市用地数据库为基础，分析 20 世纪 90 年代、2000 年初及现状的变化，同时叠加周边道路及人流、交通流变化，以研究其上一版分区规划后对土地使用效率的影响评价，并以此作为未来区块总体布局调整的方向。值得指出的是，在这一环节，教学内容叠加了网络大数据背景下，如何为地理信息系统获取大数据搭建对接平台，利用火车头采集器获取大众点评、电影院数据、百度地图等平台 POI 数据，进行上述应用分析。课程教学的实验环节，学生完成了 ArcScene 中的北京中心城区模型及影剧院视觉效果分布综合热力分析练习(图 2)。

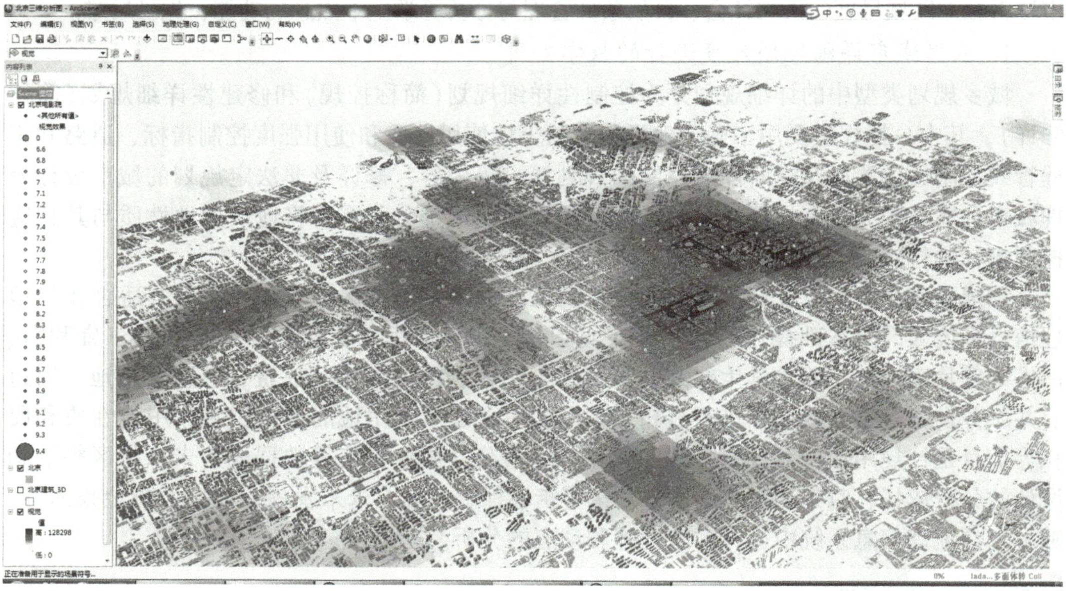

图 2　ArcScene 中的“北京中心城区模型及影剧院视觉效果分布综合热力图”

(城市模型及影剧院数据均来自大数据)

3. 依据大区域规划尺度的教学安排

在上述两个环节后，学生初步掌握了地理信息系统从建立数据库、编辑数据库到分析地理信息的基本操作。在第三环节，依托城乡规划中大区域尺度的分析、规划与管理需要，进一步丰富学生对于地理信息系统强大分析模块(ArcToolbox)的熟悉与应用尝试。

在课程教学中，以河北省南半部为例，基于已知自然保护区、风景名胜区、河流湖泊等资源分布，地震断裂带等地质灾害分布、已经存在的城乡建成区环境等基础数据[4]；同时，在这一环节向学生演示了中国国家基础数据库及美国 NASA 已经公开的全球基础地理信息数据库等数据信息来源，要求学生掌握获取上述公开信息后对区域 10m 精度范围内的地形、地貌、汇水等进行叠加分析，要求学生熟悉多要素叠加下的环境敏感性评价及区域建设用地选择分析。课程教学的实验环节，学生完成了冀中南区域环境敏感性评价实验练习。

（二）教学方法调整

根据调查，早期仍采用教师用课堂讲授(多用PPT静态演示)，学生听课后根据教师发放的书面材料进行计算机上机实验，这也反映在2018—2022年春季学期的教学安排中。根据开学初的教室分配，地理信息系统课程为“8周4节连上，2学时普通教室集中讲授、2学时机房上机实验”的传统模式。然而根据授课教师本人学习经验，同时调研学生反馈，此种将讲授和实验切割成两部分的教学方法不直观，学生虽然能听明白教师的课程讲授内容，但在实验环节仍然频繁出现跟不上、做不出或者做不对等问题，极大影响学生学习效果。

因此，在此次教学中，经与教研室内教师组讨论及相关部门协调，创新地将课程教学方法变更为8周4节连上课且全部安排在计算机房进行；在具体教学环节，采用授课教师直接操作、分步骤演示；分阶段释放计算机控制进入学生实验操作环节的教学方式。

根据课上学生反馈，虽然实际中存在部分学生进度不一的问题，但大部分学生主动采取智能手机录制教师教学屏幕操作步骤，课上分阶段操作集中向教师提问操作问题等方式，获得了很好的教学效果，学生录制的教学视频已经在城乡规划本科高年级及研究生等未赶上教改的学生中传播，教学受众已拓展到非选课生。

三、 结语

在偏向实际应用的地理信息系统(GIS)课程教学中，传统依托软件特性组织教学内容、以先课堂灌输后上机实验的方式在笔者和教研室教师学习经历、学生调研中普遍反馈存在不足。

如上文所述，笔者在2018—2022年春季学期的地理信息系统(GIS)教学中，充分结合城乡规划专业实际应用组织课程教学内容，既完成了教学大纲既定目标，同时也更加贴近学生规划设计课程，让学生能够学以致用。同时，笔者在组织教学环节时，充分考虑了学生获取和吸收知识方式的快速变化，在教学方式上采取直接操作演示、边操作边教学的方式，让学生直观易懂，提高课堂内学生吸收的效果；再者，笔者根据地理信息系统(GIS)在城乡规划中需要数据、依托数据的特点，将教学拓展至当下大数据时代背景下多元数据来源的教学，开阔学生眼界，同时以直观数据成果激发学生探索精神和意愿。这些在课程结束后教研室教师的规划设计教学、大学生创新竞赛、大学生暑期社会实践等方面都有了积极反馈，学生开始学以致用，并主动将实践中遇到的问题进一步与教师进行交流和咨询。

参考文献

[1]吴志强，李德华．城市规划原理[M]．4版．北京：中国建筑工业出版社，2010.
[2]北京林业大学城乡规划教研室．北京林业大学城乡规划专业本科教学大纲(2014版)[Z]．北京：北京林业大学．
[3]中华人民共和国城乡规划法[S]．
[4]尹海伟，孔繁花．城市与区域规划空间分析实验教程[M]．南京：东南大学出版社，2013.

Research on Urban Planning Application Oriented Geographic Information System (GIS) Teaching

Xu Tong
(School of Landscape Architecture, Beijing Forestry University, Beijing 100083)

Abstract Geographic Information System(GIS), as an important planning analysis and management tool, has been widely used in urban and rural planning research and planning practice. Accordingly, in the Urban Planning education, GIS has also been listed as a compulsory course for undergraduate teaching in recent years. Taking the undergraduate Geographic Information System(GIS) teaching of urban and rural planning in Beijing Forestry University as an example, this paper discusses how to face the practical needs of urban and rural planning in the course of GIS teaching, and further teaching research is carried out in combination with the diversified channels of geographic information data under the background of big data era.

Keywords Geographic Information System(GIS); urban and rural planning; big data

“旅游目的地管理”课程中的“角色扮演”教学探索

邵　隽

（北京林业大学园林学院，北京　100083）

摘要：角色扮演教学是一种通过角色实践使学生理解社会行为和社会权利义务以及有效解决人际关系问题的教学方法。在“旅游目的地管理”课程中，对不同利益相关者进行管理与协调是目的地管理组织的基本职责之一。本文以教学过程中采用角色扮演为例，探讨了模拟乡村旅游目的地利益相关者座谈会的情景设置、情景分析、仿真表演和评价总结等具体步骤，并对教学效果进行了评估，发现角色扮演有提升教学成效，促进学生主动学习，提高学生的换位思考能力、沟通能力和批判性思维能力，增强对未来职业的兴趣和感情，并能使学生更快地适应未来的职业环境。

关键词：角色扮演；课程教学；目的地管理；利益相关者

一、 引言

在旅游管理专业选修课“旅游目的地管理”课程教学中采用角色扮演方式，符合该课程的教学理念，克服了传统的以教师授课为主的说教式教学方法的弊端，有利于提高学生对该课程的参与度，促进学生主动学习及学生之间的合作。在“旅游目的地管理”课程中，对不同利益相关者进行管理与协调是目的地管理组织的基本职责之一，在教学过程中采用角色扮演教学，能够给学生提供参与模拟目的地规划与管理的机会，学生可以在模拟情境中对旅游目的地管理实践所涉及的各利益相关者角色进行角色认知和角色学习，符合课程的教学理念。

二、 角色扮演理论

角色(role)本意是指在戏剧中演员根据剧本扮演人物的专用术语，由于社会生活与戏剧扮演的这种相似性，使得社会学家们在建立自己理论的时候借用了戏剧中的角色概念。角色作为一个社会学的概念，最早是由美国著名的哲学家、社会心理学家米德引入社会学领域的。角色扮演就是单个行动者依据在社会结构中的特定位置和角色期待来指导自己的角色行为。也就是说，角色扮演者首先进行角色定位，根据社会的相应需要和规范，结合自身的条件，选择适合自己扮演的角色。其次进行角色领悟，即领悟社会、群体或他人对其角色的领悟。再次是角色学习，这既包括学习角色的权利义务，也包括学习角色的态度和情感。最后是角色实践，是指社会结构中的个体按照在社会关系中的定位以及角色期待，创造赋予个人特质和色彩的角色类别的过程[1]。

因此，角色扮演教学是一种通过角色实践使学生理解社会行为和社会权利义务，以及有效解决人际关系问题的教学方法。目前角色扮演广泛用于各个学科的教学实践，尤其是医学和心理健康领域，还用于对教师和学生担任领导角色的培训。角色扮演提高了学生的

作者简介：邵　隽，北京市海淀区清华东路35号 北京林业大学园林学院，副教授，ninashaojun@bjfu.edu.cn。

多项能力，包括换位思考、批判性思维和沟通技巧。越来越多的证据表明，角色扮演也有助于学生巩固某一学科领域的专门知识[2]。

三、 角色扮演教学过程

“旅游目的地管理”是高等院校本科旅游管理专业的选修课程。该课程面向对旅游目的地管理与营销有兴趣的旅游管理专业高年级本科生，主要让学生基本了解旅游目的地管理的内容，介绍旅游目的地管理机构在旅游目的地管理中的地位与作用，结合案例研究，探讨目的地管理与营销的现状与趋势，学习目的地营销专业理论。通过学习本课程，学生将掌握旅游目的地管理机构进行目的地管理与营销所必需的知识与方法，为未来从事相关实践与研究奠定基础。

利益相关者指的是旅游目的地管理实践中涉及的利益相关者角色，学习利益相关者理论和案例的目的是，培养从利益相关者关系的角度探讨旅游目的地内资源共享的各方的权力、利益、义务关系，并在此基础上提出协调各利益相关者关系的措施。角色扮演教学方式可分为情景设置、情景分析、仿真表演和评价总结四个主要步骤。

第一步：情景设置

假设课堂上所有学生都是“旅游目的地管理”课程实践时去过的位于京郊的乡村旅游项目大地乡居的利益相关者，目前大地乡居所处的村落要进行二期规划与开发，要求项目组邀请各利益相关者召开目的地规划座谈会。接下来为学生分配不同的角色。将学生按照不同的利益相关者分成 6 个小组：政府组、规划师组、开发商组、居民组、游客组和 NGO 组。每个小组内部由学生自由细分，比如政府组内部细分与乡村旅游开发相关不同的职能部门，居民内部细分为直接参与旅游接待产业的居民和不直接参与的居民，游客组可能会被细分为自驾车游客、团队游游客、特殊兴趣旅游游客等。

第二步：情景分析

该阶段由老师为学生简单讲解利益相关者模型，提示不同小组学生按照自己扮演的角色进行思考。安排规划师组拟订会议计划并准备主持把控会议，其他小组则准备在会议上提出各自代表的利益方的利益、诉求，在会议上要发言、辩论和谈判。会议准备阶段由各小组内部充分讨论，每组设置一个书记员，记录整理各组观点，然后每组推选 1 位同学作为仿真表演的主讲。在学生分组准备期间，老师在各小组之间走动聆听，回答学生可能会遇到的问题。

第三步：仿真表演

该阶段由规划师组选派一名学生代表主持，把控会议节奏。规划师组的其他学生协同维持会场秩序，记录会议内容。规划座谈会通常分为三个环节：陈述、谈判和总结。首先，各组分别选派代表陈述诉求(顺序由主持人决定)，在各组角色扮演进行利益诉求的环节中，每组同学记录其他各组的诉求，做好实时答辩的准备。然后进入谈判环节，在会议主持人的把控下，彼此就利益诉求进行谈判。由主持人确定顺序，提示政府和开发商小组就如何满足居民、游客和 NGO 的具体利益诉求进行答辩。通常此环节会特别激烈，不同利益相关者为了自己的利益可能会互不相让，每个小组的学生都可能会遇到自己没有准备到的问题，因而该环节具备相当的趣味性，能够激发学生对规划工作实践中遇到的各种复杂问题进行思考和应对。最后，会议主持人进行会议总结，宣告本次座谈会达成的协议以及不足。

第四步：评价总结

该阶段由老师对学生的整个角色扮演过程进行总体评价与总结，不仅指出学生在操作过程中的优点和不足，还剖析作为政府管理者应如何协调各利益相关者利益诉求，引导学生思考作为规划师如何做好政府的咨询智囊，作为开发商如何兼顾各方利益，作为居民、游客、NGO 又该如何和谐共处，最终各利益相关者互相协作、互相监督、共赢共荣，从而保障目的地可持续发展。最后，给学生布置作业，课后就利益相关者理论实践撰写案例分析式的论文，进一步巩固课堂成效。

四、探讨与结论

角色扮演在"旅游目的地管理"课程教学中的运用颇有成效。学生普遍表示角色扮演具有趣味性和挑战性，非常愿意参与角色扮演过程，也因此特别愿意上笔者的课。由于在角色扮演教学过程中，教师是导演、引导者和评论员，学生是主动者和表演者。角色扮演教学方式高度体现了"以学生为中心"的教学原则，有利于发掘学生潜能，加强师生双向沟通。

在"旅游目的地管理"课程中理解的利益相关者理论，不仅有助于理解课堂内容，在课后仍有长时间的深刻记忆，直至延续到大三后续专业必修课"旅游规划 Studio"中熟练运用，还能在大四的旅游综合实习及企业实习的旅游规划实践中实操应用。

参与角色扮演，有效地促进了学生的主动学习。由于笔者定义了利益相关者理论的学习目标，并设置了具有挑战性的角色扮演场景，制定了基本规则，因此角色扮演非常有效果。学生要成功地扮演好被安排的角色，必须在设定的时间内快速理解背景材料、透彻掌握相应的理论知识、熟悉目的地管理各个环节的操作程序与规范，还必须有相当的应变能力、表达能力和角色模仿能力[3]。通过课堂角色扮演，不仅可以调动所有学生课前课中参与的积极性，还能在课后甚至更长远的时期内，不需要教师的督促，学生仍能积极主动学习相关理论。

此外，角色扮演提升了学生的换位思考能力，让他们很好地理解当前的各种社会冲突和人际关系冲突。角色扮演还锻炼了学生的沟通能力和批判性思维能力，学生们还认为这项活动有助于他们提高演讲技巧[2,4]。角色扮演教学要求学生全身心地投入角色，使学生的思维、动作甚至仪表都遵从角色规范，这有助于学生了解旅游管理职业性质及其工作要求，从而使学生能增强对未来职业的兴趣和感情，并使学生能更快地适应未来的职业环境，这些都对他们未来的职业生涯有非常重要的价值。

针对有些教学者遇到的部分学生在角色表演之前就感到紧张焦虑的问题[5]，笔者在课堂上尝试将角色扮演与小组内部合作结合，发现学生之间合作进行情景分析，撰写准备陈述和辩论要点可以有效减轻部分同学这方面的焦虑。因此，让学生在角色扮演活动中合作确实会带来更好的结果[2]。

当然，角色扮演的应用还有很多可改进之处。第一，笔者将尝试增加准备时间，让学生在不同的场景分析时收集更多的材料，讨论得更加彻底。第二，适当增加仿真表演时间，留出足够的时间进行角色扮演、反馈和反思，尽可能让学生尽情享受角色扮演过程。第三，将在未来教学中结合以往课堂情况和学生发挥情况适当提升情景复杂度，或根据往年角色扮演中暴露出的尖锐问题开展专门的议题辩论。第四，拟在评议环节引入授课教师之外的其他教师或邀请模拟情境对应的真实世界里的嘉宾，使角色扮演的效果更加逼真。第五，笔者将对教学结果进行记录和量化分析，通过课前课后比对、长期跟踪调查等方法，对角色扮演效果进行深入分析和评估。

总之，角色扮演有利于学生积极参与课堂，提升教学成效，促进学生主动学习，提高了学生的换位思考能力、沟通能力和批判性思维能力，增强了学生对未来职业的兴趣和感情，并能使学生更快地适应未来的职业环境。因此，笔者将在承担的课程中，尽可能多地为学生提供角色表演等主动学习的机会，在提升教学效果的同时让学生受益。这样有利于培养兼具理论基础和实际操作能力的人才，为建设国际一流学科作出贡献。

参考文献

[1]任志峰. 角色理论及其对集体行为者的可行性分析[J]. 华中科技大学学报(社会科学版), 2016, 30(4): 122-127.

[2]GROSE-FIFER J. Using role-play to enhance critical thinking about ethics in psychology[A]. OBEID R, SCHWARTZ A, SHANE-SIMPSON C, et al., How we teach now: The GSTA guide to student-centered teaching[M]. Washington DC: Society for the Teaching of Psychology, 2017.

[3]尹正江, 何升华. 角色扮演法在市场营销实践教学中的应用[J]. 承德民族职业技术学院学报, 2005, 10(1): 32-34.

[4]JOYNER B, YOUNG L. Teaching medical students using role play: twelve tips for successful role plays[J]. Medical Teacher, 2006, 28(3): 225-229.

[5]STEVENSON K, SANDER P. Medical students are from Mars-business and psychology students are from Venus——University teachers are from Pluto? [J]. Medical Teacher, 2002, 24(1): 27-31.

Application of Role Playing in the Teaching of Tourism Destination Management

Shao Jun

(School of Landscape Architecture, Beijing Forestry University, Beijing 100083)

Abstract Role-playing teaching is a teaching method that enables students to understand social behavior and social rights and obligations, and effectively solve interpersonal relationships through role-based practice. In the Tourism Destination Management course, managing and coordinating different stakeholders is one of the basic responsibilities of the destination management organization. Taking the role-playing as an example in the teaching process, this study discussed the specific steps of simulating stakeholder symposiums in rural tourism destinations, including scenario setting, scenario analysis, simulation performance and evaluation summary. Meanwhile, this study also evaluated the teaching effect and found that role playing has many benefits, such as improving the teaching effect, promoting students' active learning, improving students' perspective-taking ability, communication ability and critical thinking ability, enhancing their interest and emotion in future career, and enabling students to adapt to the future career environment faster.

Keywords role playing; course teaching; destination management; stakeholders

“双一流”背景下暑期国际课程教学改革探索

——以北京林业大学“城市森林营建”课程为例

郝培尧* 周 鑫# 董 丽 范舒欣 付甜甜

（北京林业大学园林学院，北京 100083）

摘要：在持续推进风景园林学一流学科建设、城乡人居生态环境交叉学科构建进程中，北京林业大学园林学院坚持“精品化、精英化、国际化”的办学理念。本文结合高校教育国际化的现状，对2019年与2021年“城市森林营建”暑期国际课程实践教学进行了对比分析。归纳了其课程目的、策略与内容体系，总结了“多维度、高互动”理论教学、“多元参与、深度研讨”混合实践教学、“高度协同、二元并重”研究型教辅形式3种教学方法，并对具体教学组织实施进行了详细阐述。最后对暑期国际课程的深化改革进行了思考，为进一步推动高校教学国际化，建议加强线上线下混合式教学的内容衔接；推动发展翻转课堂，以学生为本，充分调动学生的积极性与主观能动性；以实际项目为驱动，加入讲座与研讨会活动，理论结合实践，开发学生的创新思维与实践能力，保证国际课程的教学质量，推动学科教学改革的发展与深化。

关键词：双一流；国际化人才培养；教学改革；高等林业教育

在当前生态文明建设的需求下，我国提出要建设城市森林，并开启“国家森林城市”评定，北京市对此提出一系列规划，并开展新一轮百万亩造林绿化、留白增绿等行动。在此背景下，城市绿化相关行业的融合发展具有重要的社会意义。风景园林与城市森林以共同的绿色空间为工作载体，存在着紧密的互动关系[1]，“风景园林学—林学”跨学科合作时便能产生景观与城市森林的碰撞。此前经济全球化持续发展，教育国际化在推进世界一流大学和一流学科建设中呈现出迅猛的发展态势。基于国际化教学现状，针对生态文明建设中存在的实际问题，北京林业大学园林学院于2019年起，与林业科研水平世界领先的加拿大英属哥伦比亚大学（University of British Columbia）联合开设暑期国际联合课程“城市森林营建”（Urban Forest Planning and Design），利于学生接触城市森林学术前沿，推进一流课程、风景园林学一流学科建设，以及更绿色、弹性、健康城市的发展[2]。受新冠疫情影响，“城市森林营建”暑期国际课程于2020年暂停，2021年转为“线上—线下”相结合的方式展开。作为一门新兴的跨学科国际暑期课程，在此背景下，教学内容的更新演进和教学组织都值得深入研究。

作者简介：郝培尧，北京市海淀区清华东路35号 北京林业大学园林学院，副教授，haopeiyao@bjfu.edu.cn；
周 鑫，北京市海淀区清华东路35号 北京林业大学园林学院，研究生，zhouxin20@bjfu.edu.cn；
董 丽，北京市海淀区清华东路35号 北京林业大学园林学院，教授，dongli@bjfu.edu.cn；
范舒欣，北京市海淀区清华东路35号 北京林业大学园林学院，讲师，fanshuxin_09@bjfu.edu.cn；
付甜甜，北京市海淀区清华东路35号 北京林业大学园林学院，研究生，futiantian@bjfu.edu.cn。
（*为通讯作者，#为共同第一作者）

资助项目：①北京林业大学课程思政教研教改专项课题（2021KCSZZC005）；
②北京林业大学2021年教育教学研究一般项目立项（BJFU2021JY020）。

一、“城市森林营建”课程教学目标与策略

（一）课程定位与目标

“城市森林营建”国际课程的定位是强化城市森林在城市发展中的重要作用，将城市森林思想融入城市景观规划、设计和管理。课程面向北京林业大学园林、风景园林、城乡规划专业三年级及以上的本科生与全体研究生，从风景园林的视角引发学生对城市森林建设的融合思考；要求学生通过系统学习后能够重新思考和定义新时代背景下城市森林的概念、潜在作用、实施途径；了解景观设计与城市森林之间的相互关系，以全生命周期的理念重新思考城市森林。

（二）课程的教学策略

教学策略作为教学观念或原则，通过教学方法、教学模式和教学手段得以体现，分为以教为主的教学策略、以学为主的教学策略[3]。

二、“城市森林营建”课程教学内容体系

“城市森林营建”课程面向的学生已具备基本的园林植物、园林设计知识，具有一定的审美与图示表达能力[4]。“城市森林营建”课程的研发从实际案例与政策出发，引入相关概念，融合理论与实践，打造全方位覆盖的内容体系。2021 年，“城市森林营建”课程主要由中方教师组织，调整内容推进，增加了城市森林评估方法、城市森林功能与效益讲座，取消了于北京林业大学内进行的“校园城市森林生态系统服务功能制图”（ecosystem service mapping）线下教学活动，其他教学内容整体框架不变（图 1）。

其课程内容体系板块清晰，层层递进，有助于混合年级的本科生理解，提升学习效果。同时针对性邀请国内政府、高校及设计院的管理人员、专家参与到专题讲座中，在局部问题上进行纵深讨论（表 1）。

表 1　“城市森林营建”课程内容体系基本逻辑框架

板　块	重点内容	教学目的	教师配备
导　论	城市森林的概念及其背景、特征和历史及其适用性	夯实理论基础 明确内涵和外延	外籍教师
核　心	城市森林生态系统服务功能 城市森林生态效益 案例专题解析	关键理论框架	外籍教师
实　践	城市森林的设计和管理，以及相关实践项目 北京城市森林评估研究	理论联系实际 转化理论体系	外教—中方教师联合教学
专　题	城市森林健康效益 中国城市森林发展沿革及法规体系 经典案例讲座	纵深领域拓展	外籍教师 中方教师 城市森林建设相关主体专家及管理人员

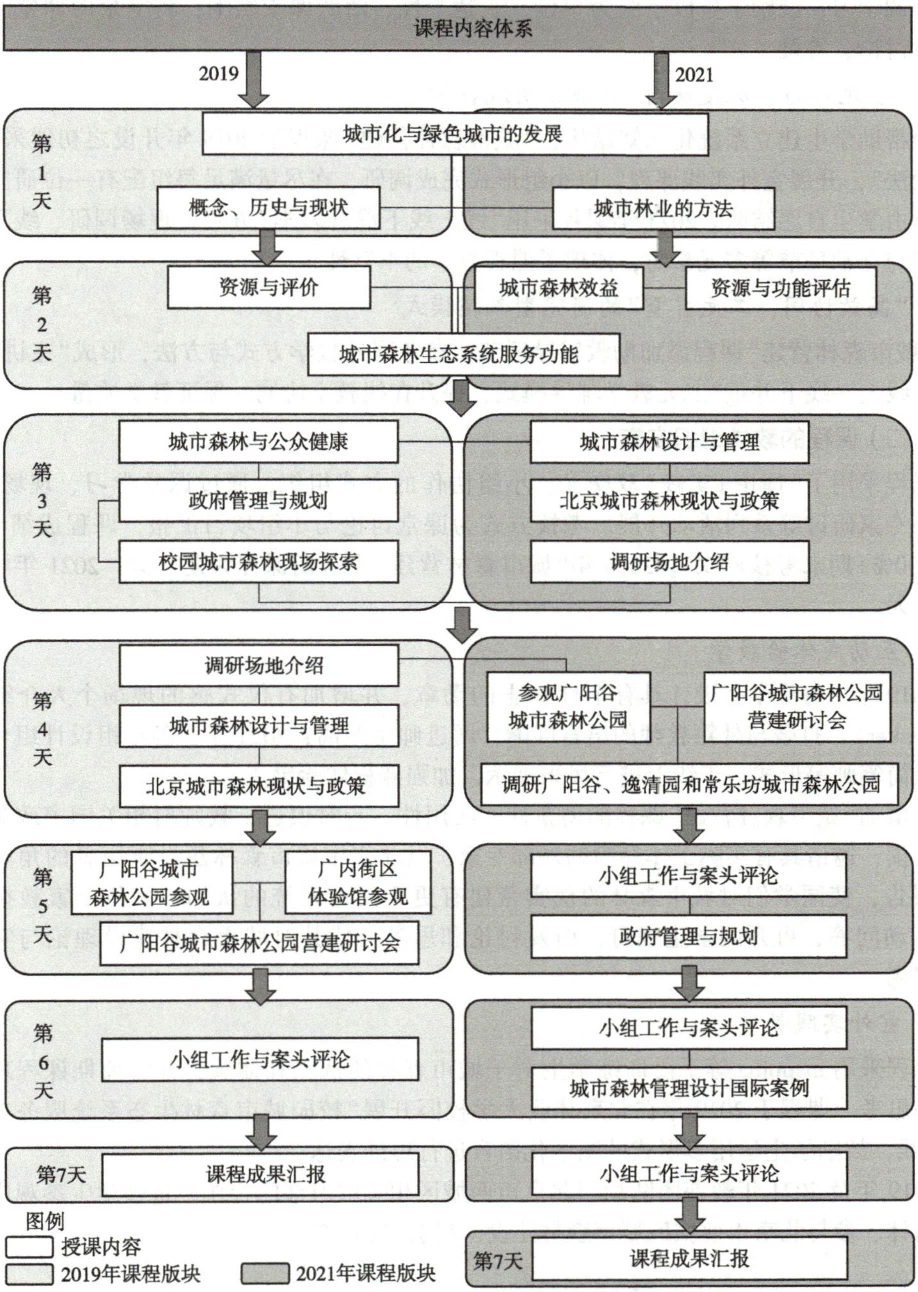

图 1 2019 年与 2021 年"城市森林营建"课程内容体系对比

三、"城市森林营建"课程教学组织

（一）课程的教学方法

1."多维度、高互动"的理论教学

2019 年"城市森林营建"暑期国际课程以线下课堂教学为主线。2021 年为克服相关影响，化挑战为优势，采用"线上资源+直播授课"模式，应用翻转课堂（flipped classroom）教学模式，翻转课内知识传授与课外知识内化两阶段[5]。由课前阅读、课堂讨论、课堂测试、专题讲座等多样方式教学，采取每日课前精读的方式，提供清晰、模块化的资源，让学生

自定步调学习；鼓励学生以小组为单位，表达个性、活跃课堂氛围；将空余的课堂时间交给学生讨论、答疑。

2.“多元参与、深度研讨”的混合实践教学

为帮助学生建立系统化认知结构，“城市森林营建”课程于2019年开设之初便采用“任务驱动法”，开展室外实践课程，以小组形式完成调研，在尽量满足每组配有一位研究生的基础上由学生自愿结队。2021年课程采用“线上线下混合教学”方式，现场调研、线下研讨会座谈与互动环节等多元参与，体现了课程教学的丰富性。

3.“高效协同，二元并重”的研究型教辅模式

“城市森林营建”课程添加助教辅导环节，参考国外教学方式与方法，形成“主讲教师-助教，线上—线下并重”二元教学辅导模式，提升在线教学协同，保证教学质量。

（二）课程的教学组织实施

课程采用了“理论+实践”双交叉、小组协作的方式组织，通过课堂学习、现场调研、校内外专家研讨等系列活动开展。考核方式为课堂讨论与小组项目汇报，课程成绩=平时成绩×30%+期末考核×70%。2019年“城市森林营建”小学期课程为期7天，2021年将课程延至8天。

1. 互动式体验教学

2019年，每位学生设计具有个性标志的勋章，并增加有仪式感的现场个人介绍环节（icebreaker），打破与外籍教师的语言屏障，增进师生距离；2021年，各小组设计组名与口号，以简笔画等形式，于线上进行风采展示，加强课程体验感。

为增加“城市森林营建”课程的创新性、实用性，与时俱进，教师对相关国家政策进行详细解读，邀请具有实际工作经验的外部专家，以北京市城市森林建设亲历者的角度带来专题报告，使同学们对城市森林的现实营建有更全面而系统的认知。多位专家教授与学生的互动问答，可开阔学生视野，引发讨论和思考，使其对城市森林建设理论与实践的深入思考。

2. 室外实践教学

课程采用mapping等手段训练学生对于城市森林的认知和体验，并将前期课程理论进行图解思考。课程于2019年在北京林业大学校园开展“校园城市森林生态系统服务功能制图”实践，鼓励学生运用多形式的图示化语言进行思维表达。

2019年及2021年教课团队均与北京市西城区相关政府部门合作，带领学生参观广阳谷城市森林、参与北京市西城区城市森林建设研讨会等(图2)。

2019年广阳谷城市森林主管政府部门介绍后期管理情况

2021年政校企合作交流暨城市森林建设研讨会

图2 2019年与2021年“城市森林营建”课程室外实践

3. 全周期跟踪辅导

课程助教团队每日跟踪学生学习状况，以讨论结合答疑的方式帮助每组学生发散思维，攻坚克难。课题推动阶段，授课教师团队每日逐一针对各小组阶段性进展进行点评，释疑解难。

4. 课程成果汇报

2019 年与 2021 年“城市森林营建”课程终期成果以研讨会形式展开，其中 2021 年采用“线上—线下”联动汇报方式(图 3)。除授课教师外，2019 年亦邀请北京市园林绿化部门领导作为嘉宾，扩大了课程的影响力。

图 3　2021 年“城市森林营建”课程汇报

四、 总结与展望

自 2019 年“城市森林营建”课程的研发到 2021 年教学内容体系的迭代与组织实施的更新，体现了在争取打造一流课程、开展国际化办学目标下的教学改革成果。国际课程线上线下混合式教学的方式，与多样的教学形式实现了教学模式改革的探索。为进一步深化改革，争取打造一流课程，建议积极探索混合式教学模式的应用策略，加强线上线下混合式教学的内容衔接；推动发展翻转课堂，以学生为本，充分调动学生的积极性与主观能动性；结合实际项目，加入讲座与研讨会活动，理论结合实践，开发学生的创新思维与实践能力，以保证国际课程的教学质量，推动学科教学改革的发展与深化。

参考文献

[1]李敏．论风景园林与城市林业的协调发展[J]．中国城市林业，2006(5)：4-8.
[2]戴心怡．多主体协同视角下城市森林的规划与治理——评《基于生态文明的我国城市森林多主体协同治理问题研究》[J]．世界林业研究，2021，34(5)：132-133.
[3]时俊卿．教学策略研究[J]．中国职业技术教育，1997(10)：35-36.
[4]李冠衡，郝培尧，尹豪，等．“植物景观规划设计”课程室外实践教学环节的设计——以北京林业大学园林学院为例[J]．中国林业教育，2016，34(2)：54-57.
[5]祝智庭，管珏琪，邱慧娴．翻转课堂国内应用实践与反思[J]．电化教育研究，2015，36(6)：66-72.

Exploration on the Teaching Reform of Summer International Courses Under the Background of "Double First-Class": Taking Urban Forest Planning and Design Course of Beijing Forestry University as an Example

Hao Peiyao Zhou Xin Dong Li Fan Shuxin Fu Tiantian
(School of Landscape Architecture, Beijing Forestry University, Beijing 100083)

Abstract In the process of continuously promoting the first-class discipline construction of Landscape Architecture and the interdisciplinary construction of urban and rural residential ecological environment, the School of Landscape Architecture of Beijing Forestry University adheres to the school running concept of "high-quality, elite and internationalization". Combined with the current situation of internationalization of higher education, this paper makes a comparative analysis on the practical teaching of Urban Forest Planning and Design summer international course in 2019 and 2021. The purpose, strategy and content system of the course are discussed, and the three teaching methods, including "multi-dimensional and highly interactive" theoretical teaching, "multi-participation and in-depth discussion" mixed practical teaching, "highly collaborative and dualistic" research-based teaching auxiliary are summarized. This paper also expounds the specific teaching organization and implementation in detail. Finally, the deepening reform of summer international courses was considered. In order to further promote the internationalization of college teaching, it is suggested to strengthen the content connection of online and offline mixed teaching; promote the development of flipped classroom, be student-oriented, and fully mobilize students' enthusiasm and subjective initiative; take practical projects as the driving force, join lectures and seminars, combine theory with practice, and develop students' innovative thinking and practical ability, so as to ensure the teaching quality of international courses and promote the development and deepening of discipline teaching reform.

Keywords Double First-Class; internationalized talents cultivation; teaching reform; higher forestry education

“西方园林历史与艺术”线上课程建设

赵　晶　朱建宁　王应临

（北京林业大学园林学院，北京　100083）

摘要：“西方园林历史与艺术”课程是风景园林和园林等相关专业学生的重要专业必修课程。基于新时期教育模式的改革与线上教育的广泛关注度，分析“西方园林历史与艺术”线上课程的教学资源、教学设计、课程考核与教学内容。实践结果表明：创新性的教学设计、科学多元课程考核与扩展延伸的教学内容有助于激发学生的课堂学习积极性，提高学生对西方园林历史与艺术的理解力，进而实现提高学生对专业必修课程的学习积极性、强化教师的课堂教学实效、全面提升人才培养质量。

关键词：西方园林历史与艺术；慕课；课程建设；数字资源

一、引言

随着教育技术的革新，信息技术和多媒体技术的迅猛发展为教育教学的模式和方法带来了新的可能性。2012年以来，以慕课（MOOC）为首的网络化开放教育活动引起了线上教育的变革[1]。自2020年新冠疫情以来，大规模在线教学实践，在线教学、线上线下混合式教学已逐步成为高校教学新常态[2]。线上课程的建设与发展成为高校教育教学的重要研究内容[3]。

“西方园林历史与艺术”课程是风景园林和园林等相关专业学生的重要专业必修课程。课程对于完善学生的专业知识结构，开阔设计思路，提高对风景园林的认识具有重要作用。“西方园林历史与艺术”课程以“塑造教与学互动新关系，促进人才培养质量提升”为目标，致力于探索提升课堂表现力和效果的授课方式，重视新时代人才思政教育，扎实推进课程信息化教学改革。该课程自2018年12月首次于MOOC中国慕课平台上线以来，至今已开办9期，课程同时用于北京林业大学“西方园林史”课程线上线下教学改革内容的教学。截至2022年8月，已有3260人通过课程考核，累计24 920人参与本课程，并在课程互动区积极参与交流讨论，共计发帖近20 000次，给予课程学习、课程使用、课程影响等各方面情况反馈。

二、课程教学设计与实施

（一）立足坚实专业基础　打造数字教学资源

1. 以科学完整的课程内容梳理西方园林庞杂的理论知识体系

“西方园林历史与艺术”课程梳理了西方园林的发展历程，以兼具广度和深度的园林历史知识，为学生厘清历史跨度大、地域范围广、知识层面复杂的西方园林史相关知识。从宏观层面整体描绘西方园林的整体图景，拓展相关人文历史知识和社会文化背景；从具体层面重点解读西方园林的经典案例，厘清园林设计理念、设计手法、设计思想及其沿革变化。

作者简介：赵　晶，北京市海淀区清华东路35号 北京林业大学园林学院，副教授，zhaojing850120@163. com；
朱建宁，北京市海淀区清华东路35号 北京林业大学园林学院，教授，blzjn@vip. sina. com；
王应临，北京市海淀区清华东路35号 北京林业大学园林学院，副教授，wang_yl@bjfu. edu. cn。

2. 以针对性的内容阐释和目标定位满足学生群体个性化需求

本课程兼顾园林爱好者和专业学习者的学习需求：概括性地阐述了西方园林的艺术特点以及其蕴含的自然观和文化内涵，提升业余爱好者的园林鉴赏能力；细致分析了园林空间的营造方法、设计原则和设计思路，为园林专业学习者的设计实践提供参考。

3. 梳理整合多维化的西方园林历史文化教学资源

课程团队基于长期的教学工作和相关教学改革项目，收集了大量关于西方园林的图文影音资料，并选取具有代表性的教学案例建立三维模型案例库；在此基础上，整合原有历史影音、图文资料等资源，形成包含100余个园林案例、28个三维模型、1086张电子教案图片、87 552字电子教案、677张课程教材图片、925道线上测试题等数字资源在内的课程多维化教学资源库[4]，建立形式多样、内容翔实的西方园林历史文化的教学资源。

（二）转化教学实践经验 开展创新性教学设计

1. 以多维数字化教学资源破解传统课堂技术难题

课程利用三维模型展示片段辅助讲解西方园林案例，同时引入影音资料、自摄照片等多种数字教学资源，实现经典园林的多维展示和无遗存历史名园的虚拟展示[5]。通过融合信息技术，发挥网络视频课程优势和教师的引导作用，提升传统课堂表现力。培养学生的空间想象能力和尺度感，实现其对园林艺术风格和空间结构的整体理解。

2. 以学生为中心设置互动感与秩序感兼具的教学环节

课程采用设置悬念、自问自答等师生互动方式营造课堂互动感；适当引入园林背景故事激发学生学习兴趣。通过讨论区提问、线下课堂设置问题等方式，鼓励学生在讨论区开展生生互动，分享交流个人的拓展学习成果。除此之外，采用统一的授课结构、固定的PPT格式营造课堂秩序感，引导学生以探究式的学习心态把握课堂节奏，同时培养学生的信息整合能力，学习认知园林的方法和思路。

3. 以持续完善的课程服务融通多样化应用模式

课程应用于北京林业大学的“西方园林史”课程的线上线下混合式教学改革中，服务于北京林业大学选课专业学生线上线下的混合式拓展学习；同步开展的线下课程也为线上选报课程的校外学生提供了良好的课程维护基础。课程团队持续关注线上平台互动情况，为学生提供长期稳定的答疑辅导。配套的线下课程教材《西方园林史——19世纪之前》（第3版）（中国林业出版社出版）也满足了线上学生的深度学习需求。

（三）科学构建考核体系 提升课程学习挑战度

课程考核主张多元评价和综合考察，采用全方位、全过程、多样化、开放式考核模式，发挥线上平台智能管理优势[6]，实现以测试和考核帮助学生明确课程的记忆重点和理解难点、串联知识点形成整体的知识框架的根本目的，同时引导学生基于开放互动讨论平台自主答疑，巩固课程知识并加深对课程要点的理解和记忆。

1. 以多元化评价结构针对性引导学生实现课程目标

课程分别针对不同学生群体和知识内容，采用“单元测试+课程讨论+期末测试”的评价组成，设置选择、判断两种题型，引导学生整合不同层次的知识模块，形成对西方园林史知识的全面认知。

2. 以综合性成绩评定科学把控学生知识掌握度

课程按不同的应用模式设置分级的成绩评定结构，把控学生课程学习和知识掌握的合格线，设置课程证书等对应的奖励机制，鼓励学生追求更好的课程学习效果。

（四）紧密结合教学内容　注重思政教育共建性

1. *以园林艺术教育为抓手，引导学生坚定文化自信*

课程注重园林历史的教育功能，精选西方各国历史、中西方交流案例进行讲解，从背景知识、园林艺术和影响三方面客观、真实地介绍西方园林的发展历程，在课后通过互动区多次开展关于中西方园林艺术扬弃的讨论。培养学生用科学理性的思维对待和审视东西方文化差异；引导学生立足于国内外现实，提升文化自信。

2. *以讲好园林故事为主线，强化学生职业责任意识*

课程以教导学生正确认知风景园林与社会建设的关系为主要目标之一，选取每个历史时期的典型，全面介绍园林随时代变革的应对举措、设计理念、社会影响等，激发学生的情感共鸣和学习热情，引导学生服务社会，知行合一，勇于承担风景园林师的社会责任。

3. *以园林大师经历为话题，培养学生树立正确人生观*

课程结合线上课堂与线下讨论，开展了园林大师生平的教育，从大师的成长之路映射学生的求学生涯，引导学生以团队合作、深入思考等方式应对生活与学习中的困难与挑战，以乐观进取的人生态度实现人生价值。

三、　课程开展的未来建设方向

基于线上线下课程参与学生和课程应用高校的反馈，秉持长期建设、开放共享、学科推广的课程建设目标，课程团队拟在课程内容、课程服务、授课形式、配套资源等方面进行长期的建设更新：

1. *覆盖海内外学生的中英双语改革计划*

课程将继续以国际化和中西交流为目标，通过线上推广拓展学生群体类型，进一步根据海内外需求开展双语改革。完善现有课程双语字幕和课堂笔记，建立适合国内群体的西方园林史双语教学大纲，修订双语讲义和教材，形成面向多元文化背景学生群体的双语化数字教学资源体系。

2. *针对课程教学质量提升的科研实践计划*

教学更新是本服务计划的根本动力。课题组将依托多年科研与实践经验，同时推进教学改革、西方园林史实两方面的研究，探索研究成果的应用转化，为本服务计划持续提供响应时代要求的、丰富多样的西方园林历史理论研究成果和教学形式。

3. *提升课堂表现力的多元课程互动计划*

增设线上专题讲座、课程直播等形式的课堂环节拓展专题知识，展示线上线下学生的学习成果，深入推进信息化教学改革，应用师生互动、生生互动的多元课堂互动模式，进一步扩大网络教学优势，提升课堂表现力。

4. *配套学习教材的更新和修订计划*

出版本课程配套教材《西方园林史——19世纪之前》的第3版，增添了教材索引、大事年表等内容；以课程码的形式添加公园案例的数字资源。打造网络课程与配套教材的相互配合和密切联系的教学资源库。

5. *面向大众的科普读物出版计划*

非专业学习者也是课程的主要受众之一。课程拟针对园林爱好者，选取学习教材中的重要内容，编写一套面向大众、以科普为主要目标、兼具趣味性和专业性的西方园林史读物，结合已有的较为成熟的立体化数字教学资源库，提高社会学习者的学习兴趣，降低学习门槛，拓宽园林史课程的教学层次和覆盖范围，推动风景园林的学科发展。

四、 结语

建设一流本科教育应始终不忘大学之道的初心、牢记人才培养的根本任务，坚守本科为本、人才培养为魂的宗旨[7]，本文梳理了“西方园林历史与艺术”课程教学中的教学设计与实施，在此基础上从教学资源梳理、教学设计创新、教学考核多元、教学内容延伸等方面探讨了课程改革的思路和成效，并思考“西方园林历史与艺术”课程未来长期的建设更新计划，也为提高学生对专业必修课程的学习积极性、强化教师的课堂教学实效、全面提升人才培养质量提供一定参考。

参考文献

[1]周骅，杨嘉浩．突破中国慕课深度发展瓶颈的三个策略[J]．现代大学教育，2021，37(6)：101-107.

[2]教育部，中央网信办，工业和信息化部，等．关于加强普通高等学校在线开放课程教学管理的若干意见[Z]．2022-02-11.

[3]教育部在线教育研究中心，全国高等学校教学研究中心，北京大学慕课工作组．中国在线开放课程发展报告[M]．北京：高等教育出版社，2020.

[4]赵晶．模型建构在《西方园林史》课程体验式教学中的应用[A]．黄国华．北京林业大学教育教学改革优秀论文选编[C]．北京：中国林业出版社，2017.

[5]赵晶．《西方园林史》课程原景模拟教学过程设计研究——以案例沃勒维贡特庄园为例[A]．黄国华．北京林业大学教育教学优秀论文选编[C]．北京：中国林业出版社，2016.

[6]韩骥，李媛媛，刘梦晴，等．“道法术器”在混合式教学中的探索与应用——《城市生态系统工程》课程的实践与思考[J]．中国教育信息化，2021，507(24)：44-48.

[7]韩筠．以在线课程为重要抓手，促进一流本科专业建设[J]．中国高等教育，2019，634(18)：26-28.

On the Online Course Construction of Western Landscape History and Art

Zhao Jing　Zhu Jianning　Wang Yinglin

(School of Landscape Architecture, Beijing Forestry University, Beijing　100083)

Abstract　Western Landscape History and Art is an important professional compulsory course for students majoring in landscape architecture. Based on the reform of the education model in the new era and the widespread attention of online education, this paper analyzes the resources, design, assessment and content of the online course Western Landscape History and Art. The practical results show innovative teaching design, scientific multi-course assessment and extended teaching content can help stimulate students' enthusiasm for classroom learning and improve their understanding of western garden history and art. And this course can also improve students' enthusiasm for learning required courses, strengthen teachers' classroom teaching effectiveness, and comprehensively improve the quality of talent training.

Keywords　Western Landscape History and Art; MOOC; course construction; digital resources

园林水彩教学体系与教学方法研究

徐桂香

（北京林业大学园林学院，北京　100083）

摘要：以园林为主要表现题材的“水彩风景画”课程是北京林业大学园林学院美术教学体系重要的组成部分，是针对园林、风景园林、城乡规划专业开设的专业美术实践课。针对学生美术基础弱、美术课时少、学习能力强、具有潜在优势等特点，本课程在教学中调整教学方式、强化艺术感受、培养艺术表现能力，将临摹、写生、创作与古典园林艺术审美相结合，在绘画技法训练的同时引领学生深入理解中国古典园林以及中国传统艺术精神，完成园林美术基础课到园林设计课的顺利衔接。

关键词：水彩画；风景园林；写生；创作

水彩画源于欧洲，可以追溯到文艺复兴时期的画家丢勒。作为一个画种，水彩画是在荷兰独立发展起来的，16~19 世纪，在英国画家的影响下成为具有广泛影响力的画种。水彩画传入中国已有 100 余年的历史，它结合中国画的特点，将中国画用笔的特点和意境的处理融会贯通，使得水彩画引入我国后很快被接受并逐渐普及，也成为国内园林、建筑类专业色彩训练的重要基础课程。以园林为主要表现题材的“水彩风景画”课程是北京林业大学园林学院美术教学体系重要的组成部分，是针对园林、风景园林、城乡规划专业开设的专业美术课。此课程通过临摹、写生、改绘、创作递进式推进，教学内容由浅及深，将艺术理论学习与技法训练相结合，以水彩艺术语言展现中国古典园林艺术之美。

一、　园林水彩教学中的主要问题与应对

生源美术基础薄弱与风景园林类专业对艺术审美高标准要求之间的矛盾是园林水彩教学面临的主要问题。北京林业大学园林学院的生源是全国统招的理科生，这些生源的特点是学习能力强、潜力足、文化课成绩优秀，但大多数学生没有美术基础，在绘画训练和美术理论方面几乎完全空白，虽然学生在短期内绘画进步快，教学效果显著，但也存在绘画训练少，对绘画技法与绘画知识掌握不扎实等现实问题。积极健康的艺术审美与扎实的艺术表现力是风景园林设计人才必须具备的专业素养，也对园林美术教学提出了更高的要求。

水彩教学一直在实践中积极探索、检视、反思，完善园林色彩教学体系。结合学生特点与风景园林专业需求，目前北京林业大学园林学院的水彩教学分为常规水彩教学和专业水彩教学两部分。常规水彩教学内容包括水彩画工具的运用、水彩画基础技法、静物的写生技巧三部分。通过常规色彩的学习，使学生了解色彩的基本原理以及怎样以水彩表现形体、结构、比例、空间、明暗，同时体会水彩水色交融、轻快、流畅、透明的美感。在常规水彩教学的基础上开设的专业水彩教学课程，包括园林景观物象的单体绘画、中国古典园林写生、南方徽州民居写生；中国古典园林、西方传统园林景观、现代景观的水彩表现；以及对已毁不存的中国传统园林景观的水彩绘画艺术创作。通过临摹、写生、改绘、创作

作者简介：徐桂香，北京市海淀区清华东路 35 号 北京林业大学园林学院，副教授，xuguixiang2010@163. com。

资助项目：北京林业大学 2022 年教育教学改革与研究项目“‘水彩风景画’课程体系与教学方法研究”（BJFU2022JY012）。

形成阶梯式、递进式教学模式，通过写生课程、风景素描创作课程、中外美术概论课程形成横向联合、互相助益的课程体系，使园林美术教学与专业设计紧密结合，成功地搭建美术基础课向专业设计课过渡的桥梁。

二、 完善园林特色水彩教学内容与课程结构

（一）临摹，锤炼水彩绘画技法

以临摹的方式开展教学，能够帮助初学者尽快掌握技巧，迅速提升学生的绘画能力。清代沈宗骞言："学画者必须临摹旧迹，犹学文之必揣摩传作。"[1]在教学中对优秀范画精讲精读以及引导临摹，能够帮助学生在短时间内掌握水彩工具的运用方法，以及构图、造型、色彩、用笔以及虚实关系处理等方面的绘画技巧，尤其是对古典园林中建筑、山石、植物、水系的针对性临摹，能够为即将开展的写生、改绘和创作打下很好的基础。

图 1　学生作品 1

（作者：肖映雪　指导教师：徐桂香）

（二）写生，强化园林要素表达

写生是联系自然与绘画的桥梁，也是水彩教学中的重要环节。通过写生，可以提高敏锐的观察力、强化艺术感受、锤炼绘画技巧，为艺术创作打下基础。北京林业大学园林学院水彩教学通过"水彩风景画实习""水彩民居写生实习""风景园林北方综合美术实习"三门写生实习课程开拓学生的眼界，提高园林要素表达。在写生课程中，通过表现园林建筑、植物、石品、假山、水体等，使学生能以审美的眼光分析中国古典园林艺术，提升绘画表现能力和审美情趣(图 1)。

1. 培养色彩感受

写生能够培养敏锐的色彩感受和深入观察的能力。色彩在光的照射下发生着变化，观察自然、走进自然，是逐步进入色彩艺术殿堂的重要门径。对景写生，有助于学生感受色彩的丰富变化，进行细腻观察，并对丰富色彩关系进行主观的提炼取舍。

2. 感性与理性认知相结合

以园林为对象的水彩写生不仅需要感性认知，还需对园林物象以及园林造境有理性认知。园林绘画中，建筑往往是主体。园林建筑在长期发展过程中，逐渐形成了丰富的样式与形制，表现建筑不仅要有正确的透视和比例尺度，还要了解建筑的形制结构，进行准确的概括与表现。此外，中国传统山水画置陈布势、结构山水的方法成为园林造境的重要依托，具体到叠山、理水、植物配置等细节处理都能从山水画的创作经验中得到启发。例如，山石堆叠起、承、转、合的变化与中国山水画艺术有着极为密切的关系，如叠高山时要注意"山有其肩股开张，基脚壮厚，峦岫冈势培拥相勾连，映带不绝"[2]，依此理堆叠的高山才会不孤不什；堆浅山时要注意"下者血脉在上，其颠半落，项领相攀，根基庞大，堆阜臃肿，直下深插，莫测其浅深"[2]。在写生教学中，引导学生了解以画入园、因画成景的方法，便于学生更好地体会和表现园林造境之美。

3. 删繁就简，虚实相生

在水彩写生时，观察要深入，表现要简括。清代画家李方膺的“触目横斜千万朵，赏心只有两三支”与画家郑板桥的“删繁就简三秋树”谈得都是艺术锤炼的过程。处处用繁会使画面琐碎壅塞，过于简单会使作品流于浮薄空洞。为了突出主题，从画面结构与色彩关系上夸张突出主要的，省略减弱次要的，使简与繁互为补充、互为渗透、互为关联。

“虚实相生，无画处皆成妙境”是中国传统绘画的艺术处理手法，也在水彩绘画中发挥了重要作用。园林题材绘画中，建筑体量大，造型规整，装饰繁缛，机械地照抄物象，容易造成画面板滞的效果。因此，考虑建筑与周边环境的整体对比，在把握整体色调的基础上区分主与次、虚与实(图2)。水彩画家华宜玉先生谈道：“建筑是实体，容易画实，若把建筑和环境全部落实，画面景物则充斥堵塞，必然感到烦琐累赘。我把功夫用到画面的虚处，着意经营画面的虚境，把建筑四周的景物画虚，追求简淡、概括的艺术效果。只有愈空、愈舍，才能愈显建筑的实与深。”[3]“对表现造型有利的细部，哪怕是屋脊上的鸱吻、檐下的彩画、镂空的雀替……用笔、设色也都一丝不苟。而对繁复的构建、阴影及背光处，则大胆舍弃。比如画古典建筑檐下部分，大笔一挥，趁湿点染，力求达到笔简意深的含蓄效果。”[3]

图 2　学生作品 2

（作者：梁文馨　指导教师：徐桂香）

（三）改绘，深入研究绘画语言

改绘，是在写生课结束后，依据图片资料对不同绘画题材进行深入研究与表现，是在强化色调感受的基础上根据不同表现物象区分色彩的层次与变化。视域中的色彩平衡、光线变化以及距离的远近会使色彩饱和度、明度、冷暖发生变化，对主观色与客观色进行选择和判断，区分画面中色彩的大对比与小对比、主与次、虚与实，使画面大的色彩关系明确单纯，局部色彩的层次变化微妙，整体的色彩关系协调。改绘图片是对写生强调感受、快速表现的一种补充与深入，为后面的绘画创作做好准备。

（四）创作，古典园林艺术审美与写生实践的结合与升华

创作，是对写生与改绘的总结与超越。园林水彩创作教学主要分为两部分：一是以中国古典园林、西方古典园林、中国传统民居、现代城市景观为主题的水彩风景画创作，通

过将多幅图片内容进行构图组合，使之主题突出，色彩关系协调，画面要透视统一、色调统一、时序统一；二是对已毁与不存的中国传统园林进行水彩绘画艺术创作。结合实地考察和文献资料，参照平面图、立面图和剖面图，以水彩语言重现古典园林的造景与造境。此类创作与园林设计联系紧密，既是设计的一部分，又具有独立的审美价值。由于没有现实景物进行写生，最能启发和培养学生对风景园林的想象力、表现力与创造力。构思立意、推敲构图、设计色调、组织语言，能够使学生开阔思路、融会贯通。

三、 强化美感训练，提升绘画的格调与品质

园林水彩绘画不能满足于“画的是什么？画的像不像?”“画的是否精细?”只有不断提高水彩画审美格调与品质，才能达到园林水彩艺术的最高阶段。画家潘天寿曾说：“艺术以境界美为极致。”艺术之高下，终在境界。绘画的境界与格调非常抽象，是画者综合素养的集中反映，也因画者的修养、审美情趣、艺术语言、绘画能力的不同有高下雅俗之分。提升绘画品格最有效的方法是多接触艺术作品，多看、多读、多比较，了解美术史中艺术风格的发展与演变，深入视像深层的文化内涵。

园林水彩教学从基础水彩教学到专业水彩教学，在教学实践中不断探索更适于风景园林专业特色的教学模式和教学方法，为强化学生对专业的认识、提高审美能力与表现能力提供了有力的支持。

参考文献

[1][清]沈宗骞《芥舟学画编・摹古》，俞建华．中国历代画论类编[M]．2版．北京：人民美术出版社，2000：870.

[2][宋]郭熙、郭思《林泉高致》，俞建华．中国历代画论类编[M]．2版．北京：人民美术出版社，2000：638.

[3]石宏敏，石宏义，石宏建．华宜玉水彩画精选[M]．北京：清华大学出版社，2019.

Research on the Teaching System and Teaching Method of Garden Watercolor Painting

Xu Guixiang

(School of Landscape Architecture, Beijing Forestry University, Beijing 100083)

Abstract The course of garden Watercolor painting is an important part of the arts teaching system of School of Landscape Architecture, Beijing Forestry University. It is a course for gardens, Landscape Architecture and urban planning specialty. According to the characteristics of students, this course adjusts teaching methods and strengthens artistic feeling, painting skills and cultivate artistic expression ability, combine classical garden sketching with classical garden art aesthetics and guide students to understand Chinese classical gardens and Chinese traditional culture. Complete the connection from the basic course of garden art to the course of garden design.

Keywords Watercolor painting; Landscape Architecture; sketch; painting creation

基于“虚拟现实技术”的“中国古代园林史”课程教学方法研究

——以清代西苑静心斋为例

薛晓飞　马小淞

（北京林业大学园林学院，北京　100083）

摘要：本文以“中国古代园林史”课程中的教学案例清代西苑静心斋为研究对象，来探讨新形势下园林史的教学方法。采用“虚拟现实技术（Virtual Reality Technology，以下简称VR）”，在激光三维扫描的基础上，首先是构建清代皇家御园北海园中园——静心斋的虚拟仿真场景，可以让学生在计算机等设备（尤其是线上）的虚拟世界中多视角感知传统园林空间要素；然后将相关教学内容和虚拟仿真场景相结合，在虚拟园林空间场景中的语音讲解的同时，辅以在关键节点上中叠加以历史信息为抓手的包含相关其他课程知识点的文字信息。这种教学方法可以将抽象的学习内容可视化，在增强学生学习兴趣的同时，达到相关风景园林课程体系化教学的目的。

关键词：VR；“中国古代园林史”教学方法；北海静心斋；体系化教学

一、引言

“中国古代园林史”是国内风景园林及园林专业本科教育最重要的理论课程，是相关专业本科阶段必修课程，也是整个专业理论教学体系中一个重要的环节。囿于目前不可克服的原因，导致教学和实习均面临无法顺利开展：首先是新冠疫情的影响，部分学时只能开展线上教学；其次是传统园林的精华部分——假山，如清代西苑静心斋等经典案例出于遗产保护和游客安全的考虑，部分区域不对外开放。

2020年，教育部连续下发了多份“停课不停学”相关通知，使得在线教育得到前所未有的关注。教育部等11部门在《关于促进在线教育健康发展的指导意见》中指出：“发展在线教育，有利于构建网络化、数字化、个性化、终身化的教育体系，有利于建设‘人人皆学、处处能学、时时可学’的学习型社会。”

利用基于数字化三维激光扫描基础之上的VR，结合UNITY引擎、光辉城市MARS等软件的后期处理，可以构建虚拟仿真园林场景。虚拟现实技术（VR）具有沉浸性（immersive）、交互性（interactive）和想象性（imagination）的特性，使得叠加丰富知识点的园林场景非常适合应用于脱离现实世界的线上或课堂等教学空间。可以帮助学生多视角感知和实际操作虚拟场景中的事物，获得真实体感，为学生之间跨越时空合作提供支持，从而能够激发学生的创造力，提高学生的参与性和积极性[1]。

作者简介：薛晓飞，北京市海淀区清华东路35号 北京林业大学园林学院，副教授，xuexiaofei@bjfu.edu.cn；
马小淞，北京市海淀区清华东路35号 北京林业大学园林学院，博士研究生，mxs9203@163.com。

资助项目：①北京林业大学2022年教育教学改革与研究一般项目“基于虚拟仿真技术的‘中国古代园林史’课程教学方法研究”（BJFU2022JY019）；
②北京林业大学热点追踪项目“数字化视角下的皇家园林假山石”。

二、“中国古代园林史”课程教学思考

现有的教学方法是依托计算机的多媒体，主要是利用PPT中的文字和图片静态展示讲解的课堂讲授。此方法为史学类课程教学常用，其特点是以教师课堂讲授为主，学生基本上是被动地学习。在多年的教学中，笔者发现现有教学方法有以下几方面的问题。

首先，是历史学习枯燥无味。历史的学习，往往是与“枯燥”对等的，除非少数历史爱好者，大多数学生的教育背景中缺乏这部分的知识储备。加上时代久远，古人的人生观、价值观以及生活需求和审美取向与现在有较大区别。古代园林史所陈述的园林艺术，设计手法，细部形式等也往往难以引发学生的兴趣，使得其在听课以及后续的学习中有较大的“距离感”。而中国古代园林艺术的一个核心就是情景交融、画面文心，如果缺乏兴趣，课后未主动地用心反复体味，很难掌握其独到的魅力。

其次，是授课方式相对单一。教学基本是教师课堂教授为主，单纯传统授课方式，教师讲台讲，学生台下听。听多听少，全靠自觉。现有的教学手段不支持沉浸式的学习方式。而古代园林史授课的核心内容，都是一个个中国古代社会精英阶层设计建造的浓缩数千年历史文化艺术精华的四维空间作品(长宽高的物理空间加上游览所需的时间维度)。虽然多媒体技术已经能够解决一部分问题，但还是缺乏亲身体会。看与游、体验是有很大区别的。

最后，是学习方式相对单一。缺乏亲身体会是一方面，还有就是仅有的几次实习或自己参观，还是无法了解和掌握园林的真实体验，虚拟现实技术创造的空间，可以多次地反复沉浸式游园，可以由陌生到熟悉，由简单的了解到深刻的体会，将文字描述真正变成发自内心的空间和心理感受。

三、“中国古代园林史”课程教学方法的补充调整

囿于当时新冠疫情与遗产保护，“中国古代园林史”部分课程教学和实习部分内容无法顺利开展，除了线上授课之外，部分经典的传统园林场地无法亲身体验。笔者以清代皇家园林西苑北海静心斋为例，运用VR，探索“中国古代园林史”课程的新教学方式与方法。

（一）基于VR的北海静心斋教学

1. 北海静心斋概述

清代皇家御园——西苑之北海位于北京市中心地带、故宫的西北侧，主要由琼岛、团城、东岸、北岸、西岸等组成。始建于金代，至今已逾840年的历史，是世界上现存历史最悠久、建筑格局最完整的皇家园林。在现存的中国古代帝王宫苑中，北海的假山是历史悠久、规模宏大而又具有很高水平的代表作品，它是北海园林艺术的重要组成部分。目前现存北海假山群中，遗存和保护状况较好的区域主要有三处：琼华岛北侧假山群及山洞、园中园静心斋院落假山群、园中园快雪堂院落假山群。除快雪堂外，其余两处假山群大部分封闭管理，不对外开放。

北海静心斋前身为镜清斋，是清代西苑北海北岸的一处著名的园中园。静心斋之名为清光绪时期更名而来，并在局部进行了增修。镜清斋始建于清乾隆二十一年(1756)，建成于清乾隆二十三年(1758)。其整体空间特征是东西向以水轴线为中心展开突出空间的通透性，同时，南北向层层叠加院落空间、建筑空间和山水空间，叠石假山也多进行东西走向布置，突出了空间的深邃性。镜清斋主殿原为楠木殿，光绪年间材质改为松木，坐北朝南，前拥方池，后临曲池。镜清斋内现有古树名木主要为圆柏和侧柏，也有少量楸树、槐等落叶大乔木，结合多组假山石设置，具有浓郁的城市山林气息(图1)。

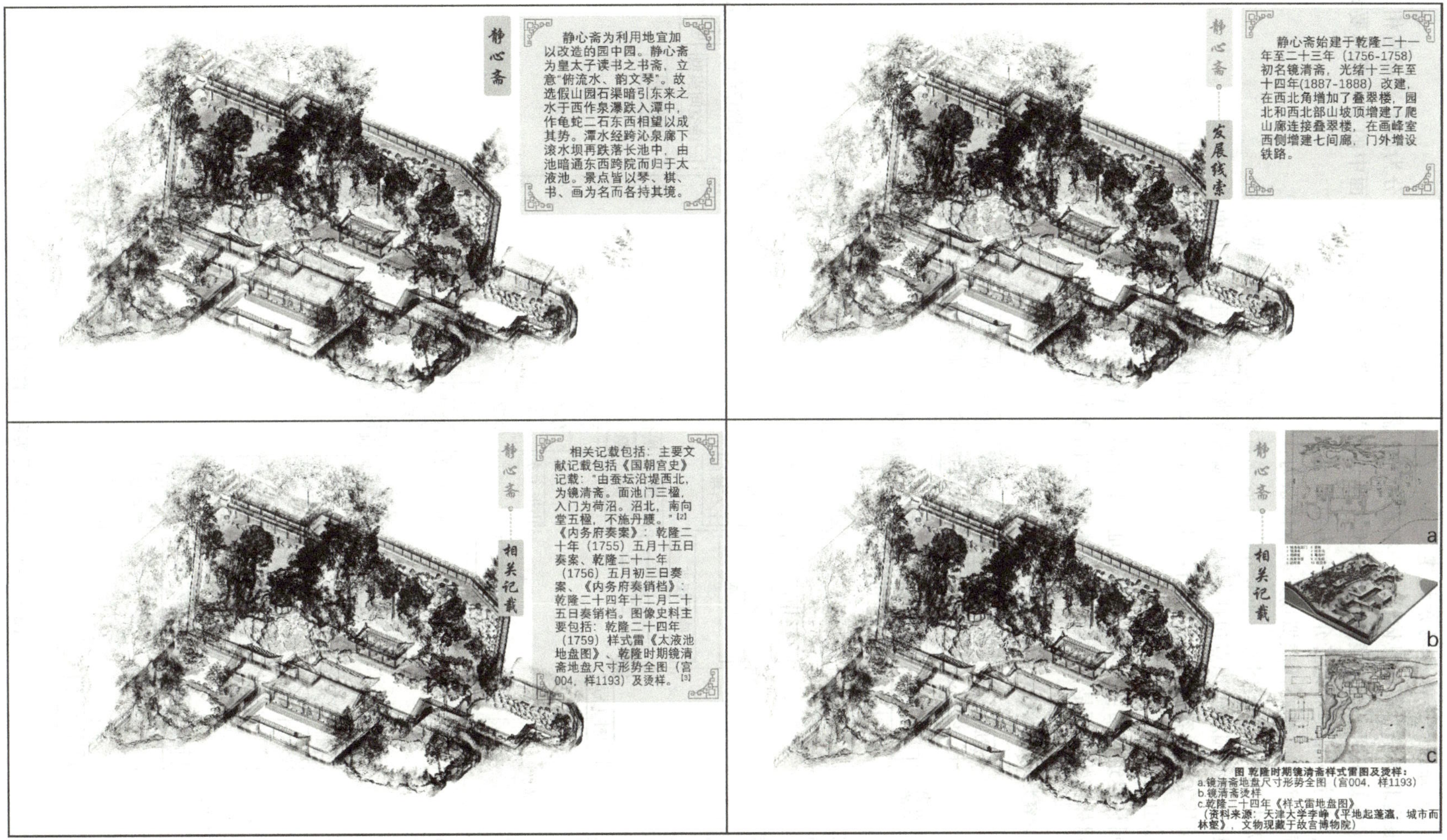

图1　点云鸟瞰图及静心斋历史信息

2. 北海静心斋虚拟场景构建

根据北海静心斋的具体情况，构建了静心斋虚拟现实教学体系，分为历史沿革与相关课程园林知识两个类别展开。虚拟现实场景教学内容主要通过 VR 界面中的重点园林要素标注、文字对话框和语音介绍三个方面展现。

具体而言，静心斋虚拟场景教学体系为：

历史沿革部分的内容，主要分为发展线索和演变及相关记载两方面。

其他相关园林知识点包括园林工程、园林植物和园林建筑三方面。

园林工程内容包括：①用石：北太湖石；②山体：石堆山、石堆土山；③水体：池、渊；④山水关系。

园林建筑包括：①功能；②选址；③形制；④构筑。

园林植物主要是古树名木。具体内容如图 2 所示。

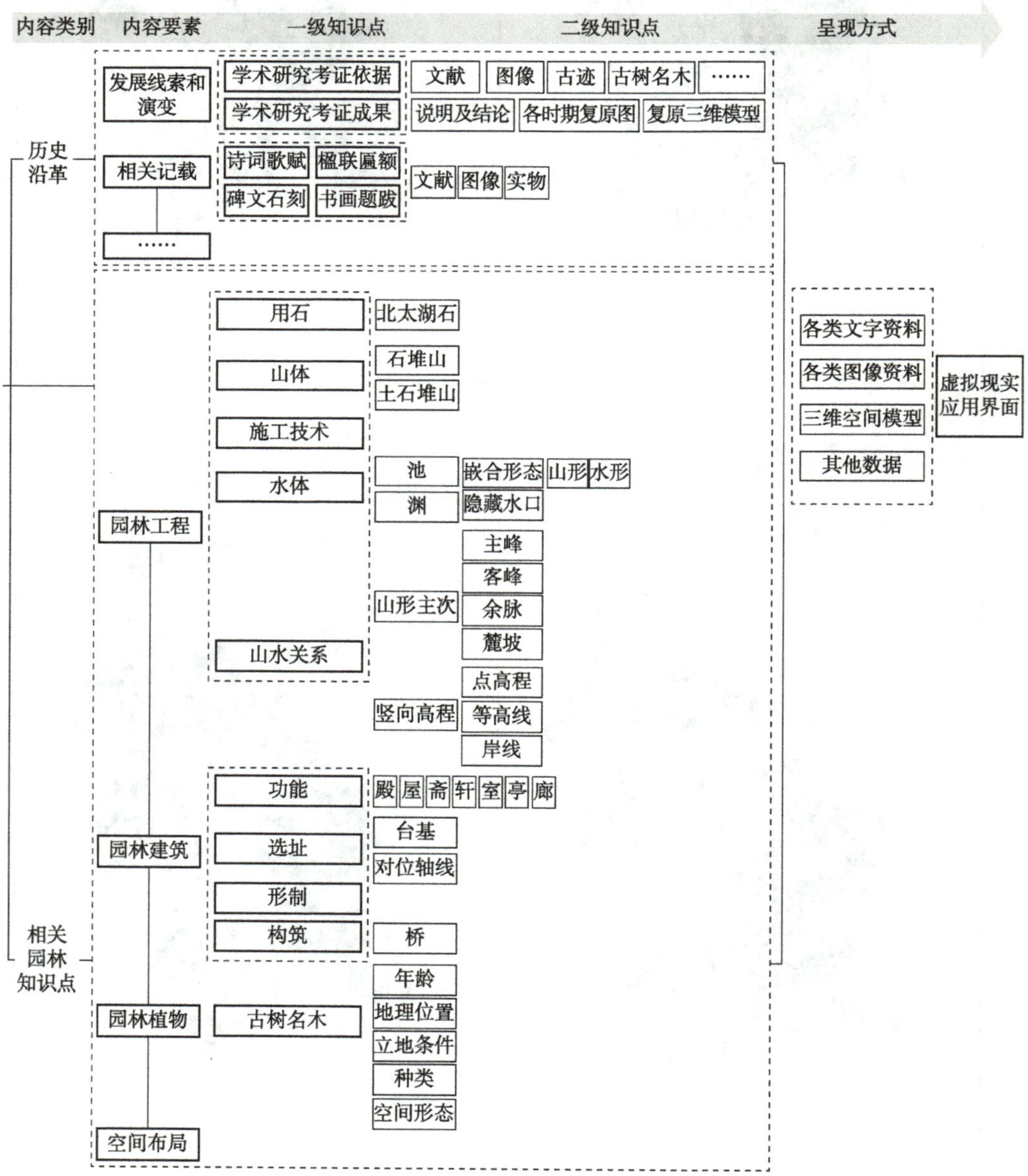

图 2　静心斋虚拟现实课程教学内容体系[4]

基于以上内容体系，主要技术路径有两个部分：

①实景三维模型的数据采集与优化处理；第一步采用 Riegl 扫描仪进行逆向建模，进行镜清斋全园点云数据的采集；第二步采用 Riscan-Pro 软件将点云转化为实体模型；第三步采用 SketchUp 软件修正实体模型中的建筑；

②导入 Unity 引擎并编辑输出展示内容，利用 Unity3D 引擎或光辉城市 Mars 软件导入模型、搭建虚拟现实场景，并编辑展示内容。

具体的虚拟仿真教学场景如下：按虚拟场景中游览次序，选择图 3 所示的 9 个节点来展示课程的具体内容(图 4)，包括场景中的语音介绍，黄色的直线点标为观赏者的操作指向，相关园林要素等知识点出现对应的文字对话框(图 5~图 13)。

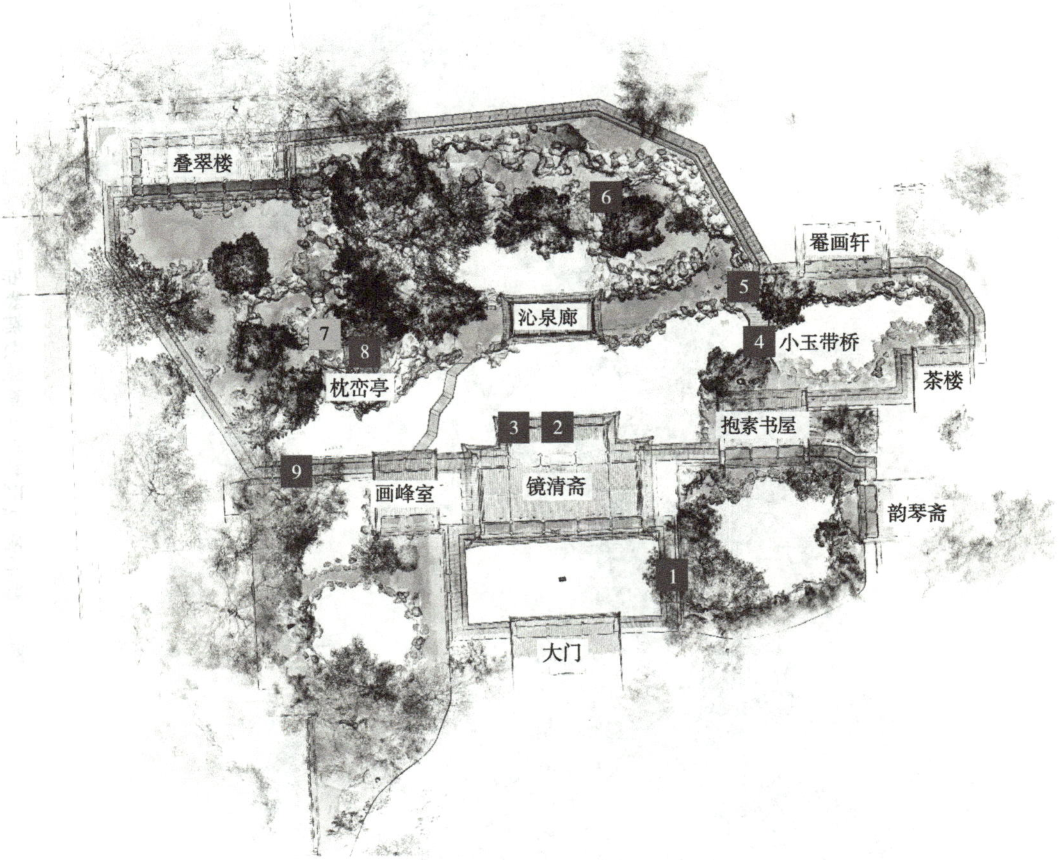

图 3　静心斋点云数据平面图及重要节点图

因当时新冠疫情和遗产保护等原因，“中国古代园林史”包括其他关联课程教学与实习不能现场完成的情况下，在传统的课堂讲授教学的基础上，补充以上 VR 课程的教学方式方法，一方面，便于师生足不出户，利用 PC 端或 VR 设备端即可完成古代园林史学习，以及其他关联课程知识点的学习；另一方面，教学内容更加直观明了，且便于学生随时复习查阅，反复沉浸式学习。

（二）基于 VR 的“中国古代园林史”课程教学方法的特点

1. 解决纸上谈兵的问题

采用传统园林经典案例虚拟仿真场景教学方法，可以弥补因客观条件限制造成的缺失，一方面让学生能够身临其境地体验传统园林的魅力；另一方面可以多视角、全方位地展示

图4 静心斋点云数据鸟瞰图及游线点位

图5 节点1的VR场景及相关知识点[5]

图6 节点2的VR场景及相关知识点[5]

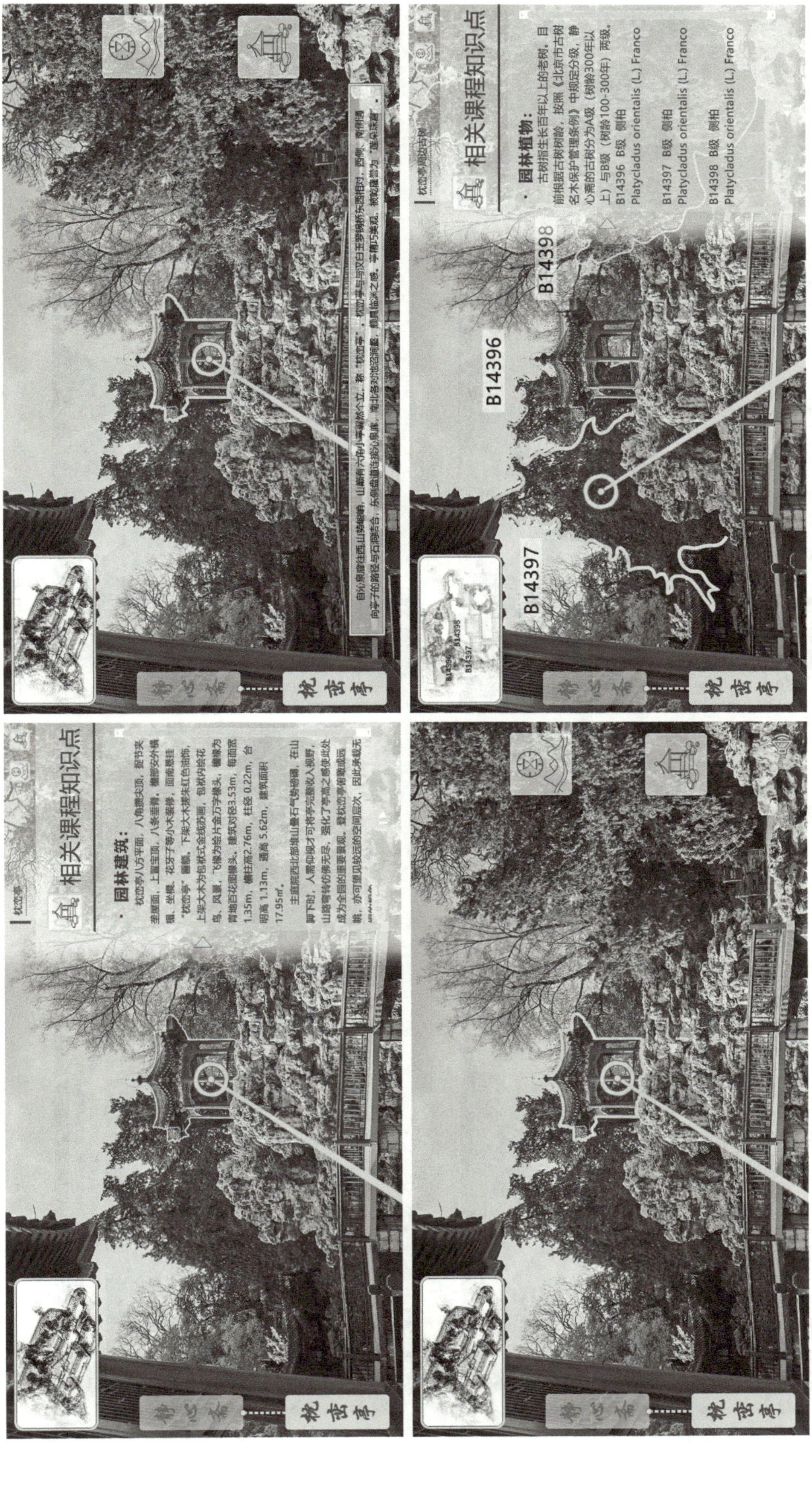

图7 节点3的VR场景及相关知识点[5]

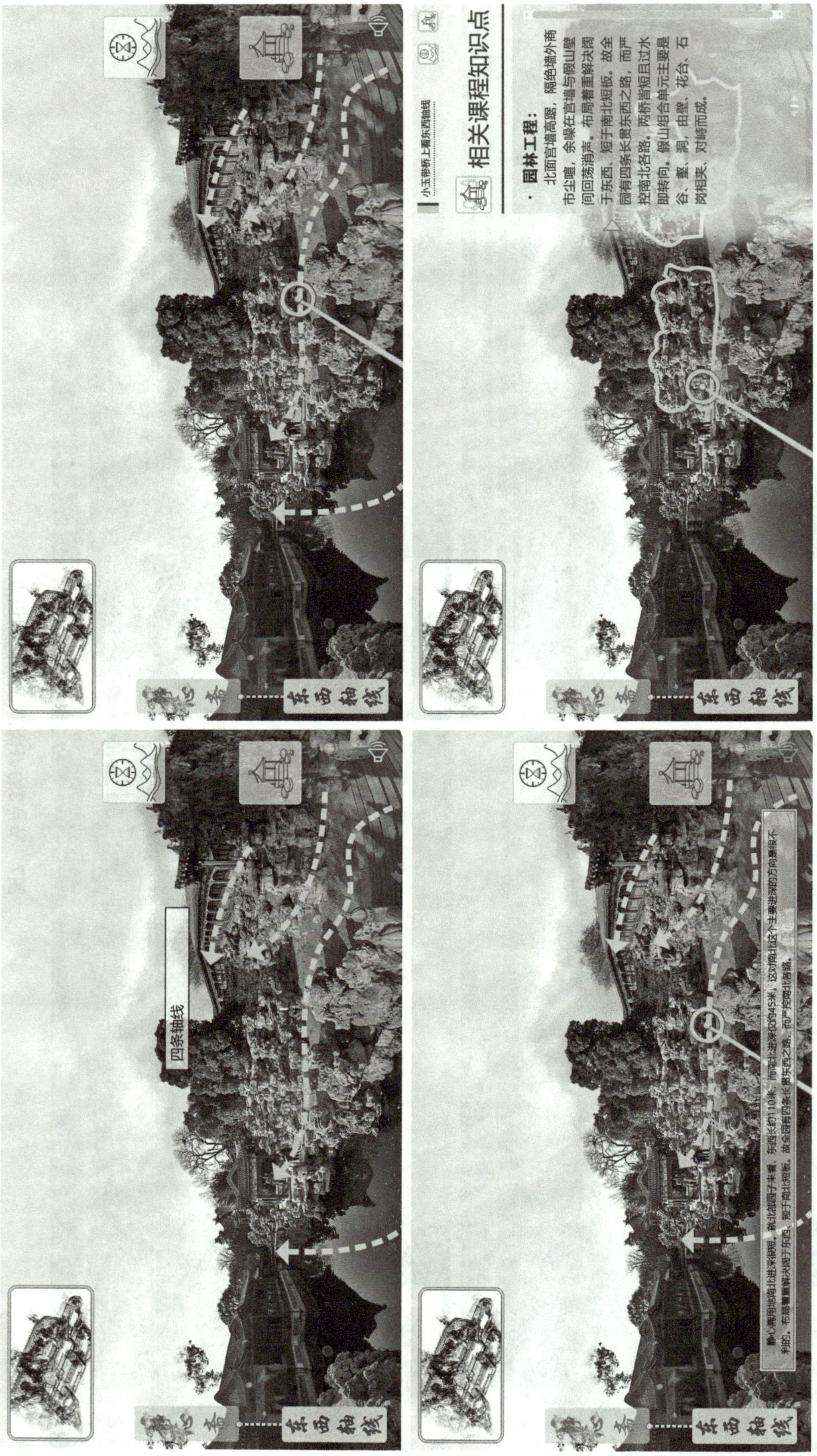

图8　节点4的VR场景及相关知识点[6]

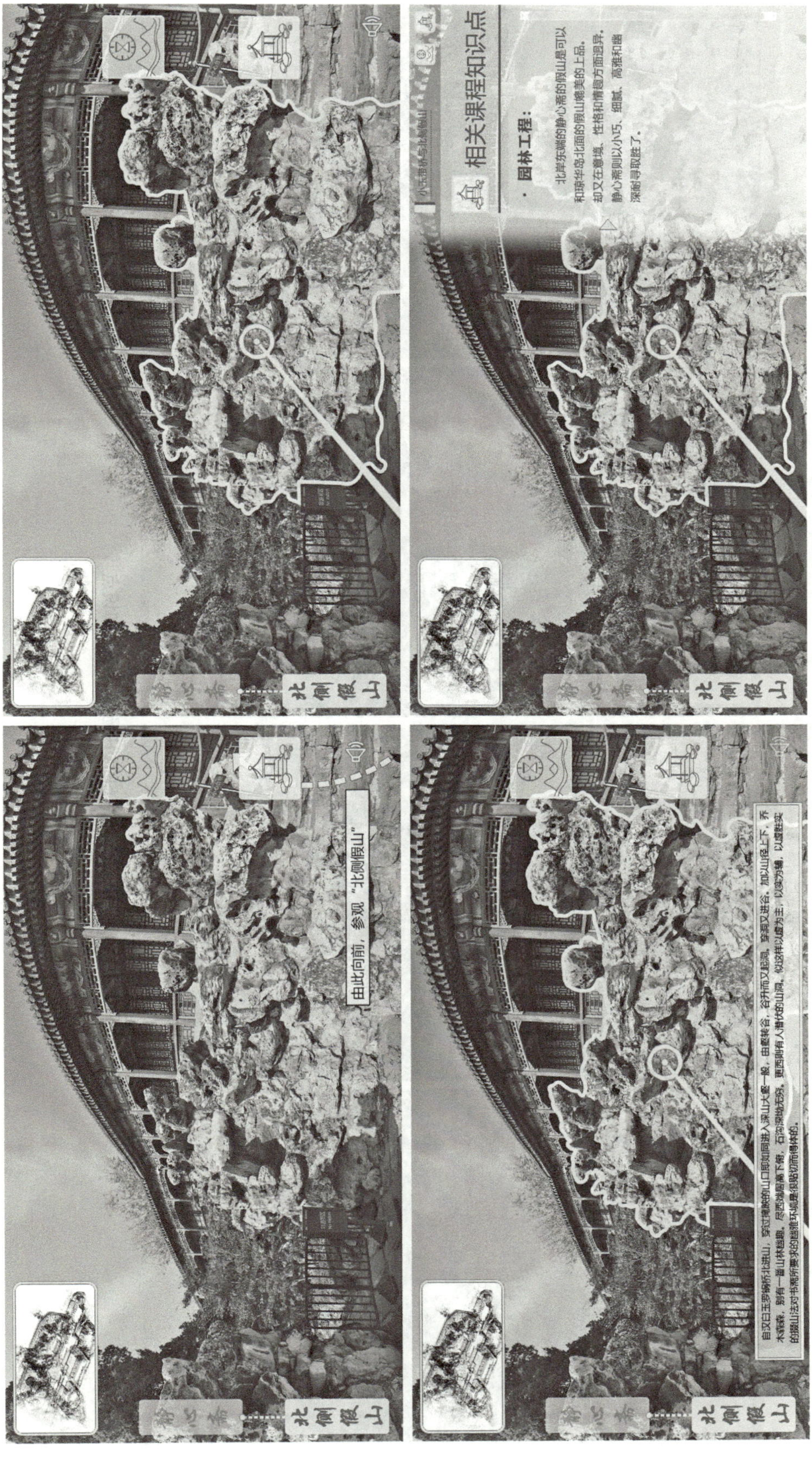

图9　节点5的VR场景及相关知识点[6]

图10　节点6的VR场景及相关知识点[6]

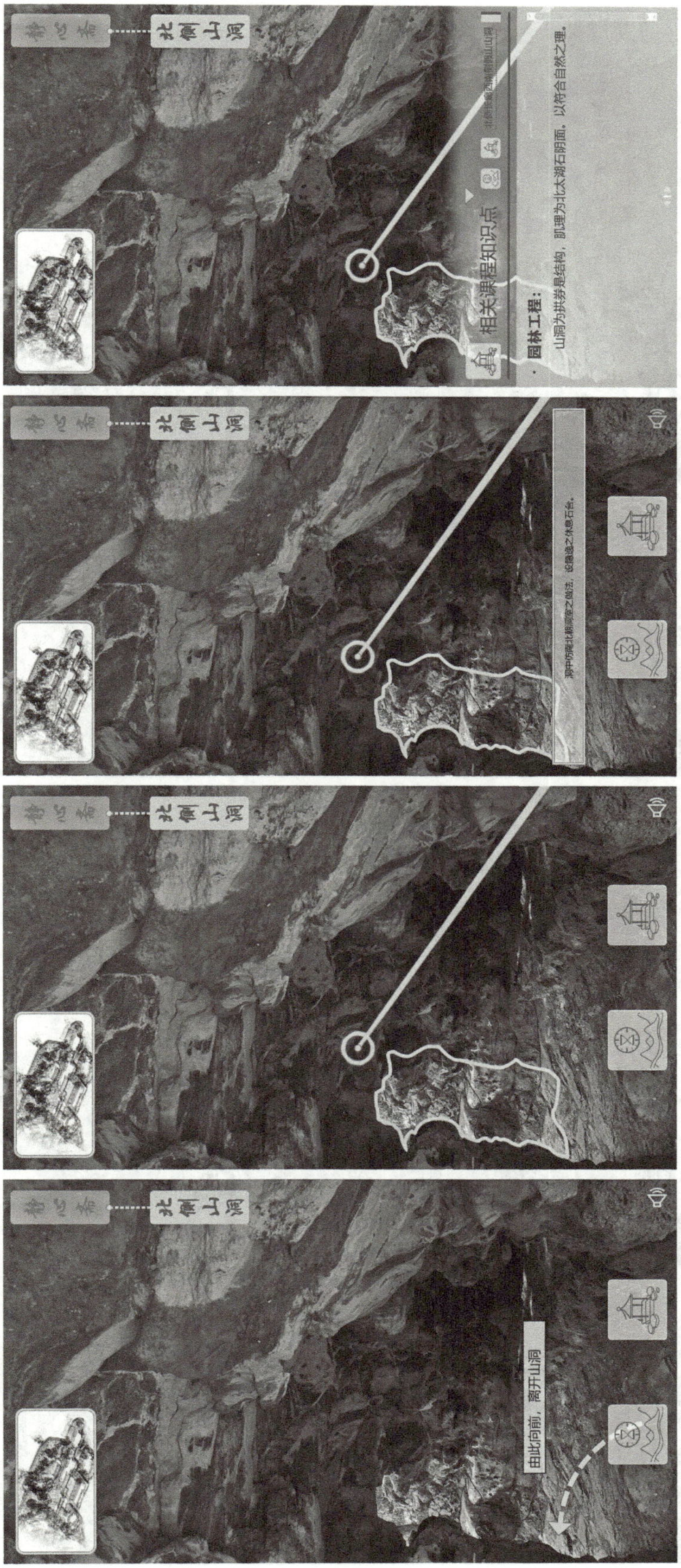

图11　节点7的VR场景及相关知识点

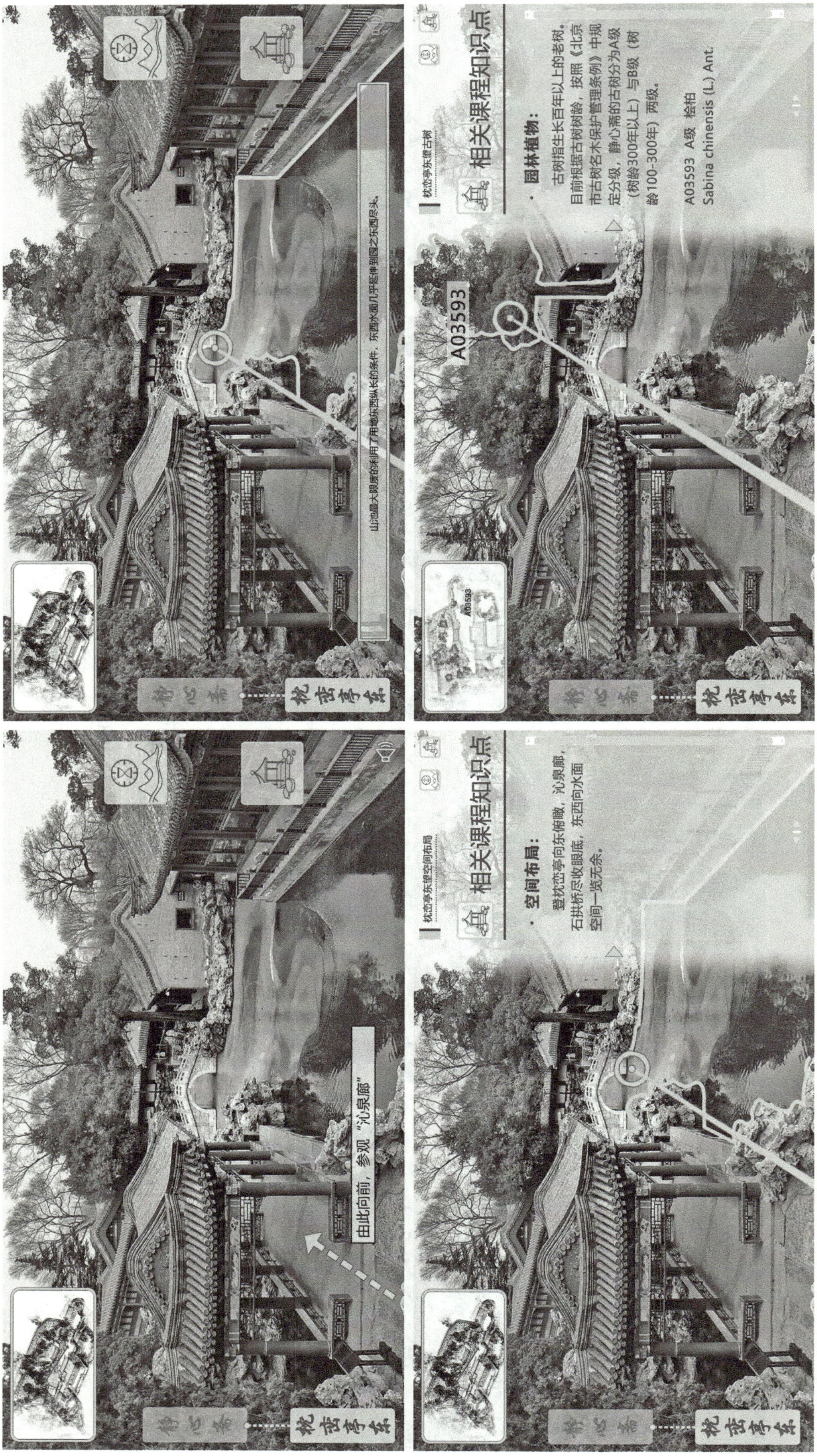

图12 节点8的VR场景及相关知识点

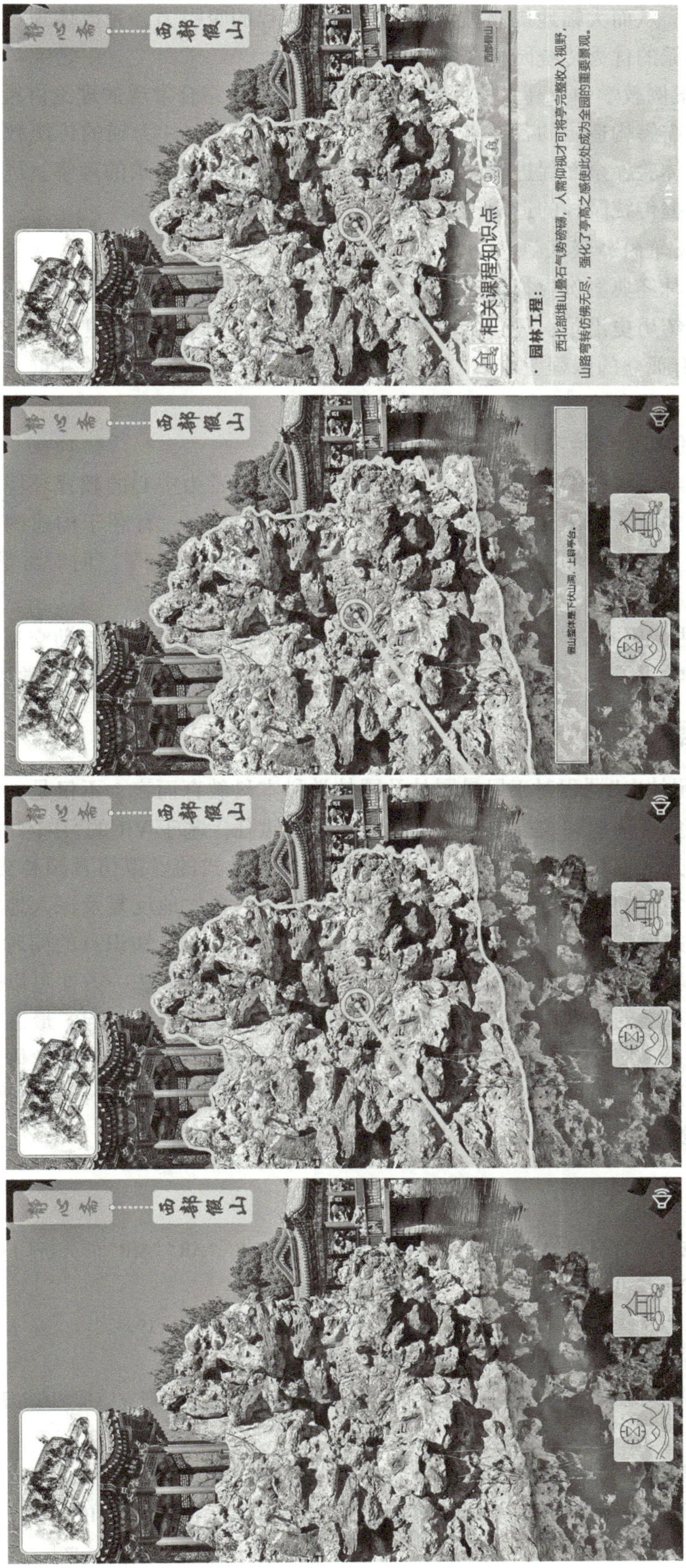

图13　节点9的VR场景及相关知识点[6]

传统园林的面貌，从而大幅地提高教学效果，增强课程的吸引力，完成体现中国特色、中国风格、中国气派的优秀传统园林文化的传承。

VR 应用于案例教学中，高真实度的虚拟现实场景演示结合常规的理论讲授，可以全方位、多角度、按需解构造园的各要素。将以文字描述为主、照片为辅的传统教学方式转化为身临其境亲身体验，全面促进学生对案例尤其是假山等复杂场景的理解，进而激发学习兴趣，更好地掌握传统园林的造园理念和手法。

2. 体系化教学的新模式

采用传统园林经典案例虚拟仿真场景教学方法，可以涵盖其他相关课程的知识点，如在场景中除了介绍历史沿革，还包括园林工程（假山）、园林建筑（古建）、园林植物（古树名木）等，将原有孤立的课程变成以“中国古代园林史”为抓手的课程关联群，打造体系化教学的新模式。

3. 互动式的教学和学习模式

数字化技术与课堂教学全面融合，有助于建立以学习者为中心的教育环境，从而满足不同个体个性化的教育需求。从而响应教育部“发展在线教育，有利于构建网络化、数字化、个性化、终身化的教育体系，有利于建设‘人人皆学、处处能学、时时可学’的学习型社会”的要求[1]。

采用“中国古代园林史”虚拟场景教学方法，可以调动教师和学生互动交流，教师可以根据学生的主动学习需求不断补充相应的知识点，从而建立互动式的教学和学习模式。

四、结语

“中国古代园林史”课程对于风景园林及园林学科本科教育而言，不仅是一门重要的理论课程，而且担负着继承和发扬中国园林优秀传统的重任。基于 VR 的“中国古代园林史”本科课程的教学方式方法的更新调整，建立类似游戏场景式的虚拟仿真园林史教学模式，可以极大地激发学生的兴趣，有利于吸引学生线上或课下自发地反复及深入地浏览和学习经典的传统园林案例，使其在多角度深入掌握“中国古代园林史”知识点的同时，也可以了解和掌握由园林史课程牵头的相关课程体系知识点。这种教学方法一方面可以达到既定的传统园林史理论教学的目的，又可以和其他专业课程有机地结合在一起，最终取得事半功倍的专业教学效果。使“中国古代园林史”的教学能够成为整个风景园林教学体系中的一个真正抓手，由点及面，为培养具有中国传统园林功底的园林工作者贡献一份力量，达到“中国古代园林史”教育的终极目标——“从来多古意，可以赋新诗”。

参考文献

[1]张子涵．信息技术教育应用的潜力、效果和挑战——基于“VR”“AR”“MR”的分析[J]．软件导刊，2022，21(2)：216-220.

[2]（清）鄂尔泰，张廷玉，等编纂．国朝宫史[M]．北京：北京古籍出版社，1994.

[3]李峥．平地起蓬瀛，城市而林壑[D]．天津：天津大学，2007.

[4]马小淞，林旭辉，刘志成，等．北海濠濮间与春雨林塘场景增强现实技术研究[J]．中国园林，2021，37(10)：89-94.

[5]孟兆祯．孟兆祯文集：风景区园林理论与实践[M]．天津：天津大学出版社，2011.

[6]天津大学建筑系，北京市园林局．清代御苑撷英[M]．天津：天津大学出版社，1990.

Exploration on the Teaching Method of History of Chinese Ancient Gardens Based on Virtual Reality Technology Take Xiyuan Jingxinzhai in Qing Dynasty as an Example

Xue Xiaofei Ma Xiaosong

(School of Landscape Architecture, Beijing Forestry University, Beijing 100083)

Abstract This paper takes the teaching case of History of Chinese Ancient Gardens course Xiyuan Jingxinzhai in the Qing Dynasty as the research object to explore the teaching method of garden history under the new situation. Using "Virtual Reality Technology(hereinafter referred to as VR)", on the basis of laser 3D scanning, the first step is to build a virtual simulation scene of Jingxinzhai, a garden within the imperial garden of the Qing Dynasty Beihai Garden, which allows students to perceive the space elements of traditional gardens from multiple perspectives in the virtual world of computers and other devices(especially online); Then combine the relevant teaching content with the virtual simulation scene, and at the same time of the voice explanation in the virtual garden space scene, add the text information containing relevant knowledge points of other courses with historical information as the starting point on the key nodes. This teaching method can visualize the abstract learning content, enhance students' interest in learning, and achieve the goal of systematic teaching of related Landscape Architecture courses.

Keywords Virtual Reality Technology; History of Chinese Ancient Gardens; teaching method; Jingxinzhai in Beihai Garden; systematic teaching

数字技术环境下“空间构成Ⅰ”课程混合教学模式探索

高 晖

（北京林业大学园林学院，北京 100083）

摘要：本文阐述了数字技术下教育的发展现状，针对北京林业大学园林学院“空间构成Ⅰ”课程存在的以下问题：传统教学观念阻滞智能教学发展、数字技术环境下学生学习面临的困境、“单向传播”授课模式导致“师生”“生生”关系低效互动等，通过结合“落实授课教师的数字技术教学实践”“推行有效的园林基础美学教育”“利用数字技术平台辅助线下教学，建立‘交叉混合互动’模式”等进行了一系列的改进策略，并展示了教学改革取得的成果，对未来的混合教学课堂提出了新的展望。

关键词：数字技术；空间构成；混合教学模式

一、 引言：数字技术在教育界的发展现状

2019年5月16日，习近平总书记在国际人工智能与教育大会致贺信中强调，中国高度重视人工智能对教育的深刻影响，积极推动人工智能和教育深度融合，促进教育变革创新，充分发挥人工智能优势，加快发展伴随每个人一生的教育、平等面向每个人的教育、适合每个人的教育、更加开放灵活的教育。

随着人工智能的飞速发展，数字技术为教育提供了新的界面，它集网络传播、多媒体影像、线上教学平台等，能够有效地收集与传递信息，在高校教育中形成一个全新的教学环境空间。

教师可以根据需求结合线上平台授课、课后内容补充、进行网络调研；学生通过网络多媒体可以获取更新的教学资源、与教师进行实时互动、进行线上教学评价等。但是，在逐渐形成“去教师中心化”的全新教学模式的同时，也存在着不容忽视的教学问题。

二、 危机：数字技术环境下的“空间构成Ⅰ”课程面临的问题

（一）传统教学观念阻滞智能教学发展

2020年初受新冠疫情的影响，全国高校被迫通过线上授课的方式进行教学，然而在短时间内很多教师无法适应计算机各种功能的操作，无法熟练使用网络授课平台，导致课堂频频出现“故障”，信息传播效率降低，教学质量受到一定程度的影响。这对于长期习惯于在教室里讲台上“面对面”教学的教师来说，面临着一个巨大的挑战。

然而，在短短两年时间内，线上教学平台发展迅猛，给教学带来了极大的便捷，并在一些方面弥补了线下授课的不足。因此，擅长接受新事物的学生群体很快发掘出更实用的学习交流程序和途径，而很多较为保守的教师仍在相对“落后”的观念里“坚守”，很难适应新的教学环境，这就造成了教学中师生之间在技能和观念上出现种种不平衡的因素，在一

作者简介：高 晖，北京市海淀区清华东路35号 北京林业大学园林学院，副教授，gaohui19834@bjfu. edn. cn。

资助项目：课改后的“园林学院基础实践类课程——空间构成Ⅰ”的创新教学模式及师生的互动性探(BJFU2020JY013)。

定程度上阻碍了智能教学的发展。

（二）数字技术环境下学生面临的困境

1.“网络碎片化”信息导致学生缺乏整体审美观念

随着网络多媒体的飞速发展，碎片式信息传播对传统系统化教学模式产生着巨大的冲击，影响着整个教育的“生态环境”。学生收到的“信息”的“审美意趣”鱼龙混杂，对于刚步入大学的新生来说，由于无法建立系统的审美观念，更容易被铺天盖地、肤浅的“潮流美”影响，进而造成课程作品缺乏深入的思想。

2.“网络抄袭”影响学生的作品独创性

网络“大数据”推送出来的“信息”通常比较“聚集”，学生通过“搜索”功能，可以轻而易举获取个人需要的学习资源，但减少了创作时深入探究、反复推敲的过程，而且使用者无法根据自己的意愿进行筛选，往往只能被动接受或者生搬硬套，这样的“拿来主义”会造成一定程度的视觉疲劳和情绪上的抵触，也会造成对创作灵感的“抹杀”，同时，班级学生的作品成果比较雷同，普遍缺乏个人创新。

（三）“单向传播”授课模式导致师生、生生关系低效互动

课堂中媒体、资源的应用以“单向传播”为主，学生处于被动参与的地位，难以针对学生的个体特征实施差异教学，难以真正创设高互动的 1 : 1 课堂教学环境[1]。在“空间构成Ⅰ”实践课程的教学过程中，无论在线上利用数字技术平台进行授课，还是在实体教室中，教师如果只是“单向输出”，都会造成课堂“一言堂”现象，这样就会导致教师和学生双方互相成为彼此的一个“符号”，师生在情感交流层面上存在一定的障碍，难以建立一种深厚的“情谊”。同样，生生之间如果不能利用有效的互动教学模式进行调动，在学习环境中缺乏有效交流，在课程作业需要小组合作的情况下，会影响“团队协作”的能力。

三、 策略：数字技术环境下的“空间构成Ⅰ”全新混合教学模式构建

（一）落实授课教师的数字技术教学实践

1. 提高授课教师对数字化教育的认识势在必行

5G、数字化技术、虚拟现实技术、Web 3.0、AI 技术正在以前所未有的速度“淘汰”陈旧的观念和技能，这将是一场技术革命。在实际教学中，教师应紧跟时代步伐，与时俱进，多接触新鲜的观念，加强对数字信息时代的认知，更要具备对教育界科技发展的敏锐洞察力，这样才能不被时代淘汰，以便更加适应数字技术下的教学需求。

除此之外，在授课过程中，教师应引导学生使用多种数字化技术手段完成或者完善课程作品，如在模型搭建过程中，可鼓励学生利用计算机软件建立模型和手工制作模型同时进行的方式，从而得到更高效、更全面、更具创新性的学习方法。

2. 开展教师的数字化技能培训

在“空间构成Ⅰ”课程中，学校可以提供系统化的培训，使授课教师熟悉数字平台的实际应用，基本操作如“课程录制”“云存储”“云问答”“线上分组交流”等有助于线上教学的技能培训；高端操作如“网络投屏演示”“虚拟现实技术”中的三维展现、“AI 技术”“人机交互”等手段来辅助教学，使课堂达到全新的视听体验，以此激发学生的学习兴趣。

另外，教师在线教学过程中不仅需要基础技术支撑，更需要通过技术融入教学过程，如加强对学生的学习过程管理、线上互动交流等，以提高教学效果[2]。如用“云评价”“云展览”“云问卷调研”等小程序丰富教学内容，如笔者在园林学院 2022 级园林班利用“问卷星”小程序对学生的学习现状进行调研（图 1）。

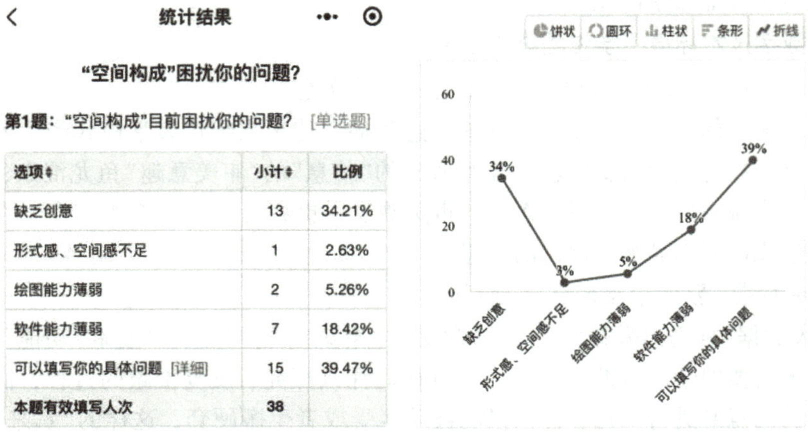

图 1　“云问卷”

（二）推行有效的“园林基础美学教育”

审美观念的教学不完全等同于美学知识教学，也不同于道德观念的教学。实际上，任何脱离具体生动的审美经验过程的审美观教学，任何脱离个体审美趣味的审美观灌输，不可能取得应有的美育效果[3]。“空间构成Ⅰ”课程目标是进行抽象空间训练，培养一定的空间认识和审美能力，学生在学习过程中，需要将艺术的感性认知和理性的空间推导过程有机结合。在作业过程中，只考虑灵感的迸发，不顾理性的分析，作品便易于“形式化”和“偶然性”；反之，若只注重空间推理，忽略直觉感受，作品也会变得机械而缺乏美感。这就要求授课教师综合平衡课程内容，因为孤立的讲授“空间构成”的原理、制作方法对学生来说相对枯燥，孤立的展示参考范例，学生容易陷入表面形式化的模仿，作品缺乏深层次的联结。

笔者在“空间构成Ⅰ”课堂上除了讲解必要知识点外，会为学生展示大量专业的空间构成、建筑设计的优秀案例，以及历史上著名艺术家、建筑师的背景介绍、作品流派，让学生了解“空间构成”这一课程体系的历史起源、成因、发展、意义，了解每件大师作品的生成背景，以及从立意到成品的推导过程。在此基础上逐渐强化学生对“美学教育”更深层次的认知，从而避免网络上传达的一些肤浅、碎片化的审美意趣。

（三）利用数字技术平台辅助线下教学，建立“交叉混合互动”模式

1. 建立“去教师中心化”教学模式，增强师生互动

笔者在“空间构成Ⅰ”实践课程中，引导学生在完成课堂“草模”制作后，发至微信班级群，教师和全班同学均可在第一时间内同步点击查看任何作品，教师给予“一对一”现场评价。课后，学生仍将逐渐完善的阶段性成果发至群内，教师通过语音集中给予作品进一步评价，弥补了课上有限时间内教师未完成的“修正建议”(图2)。

首先，这样能使学生有参与感，教师不再是课堂的中心，学生由被动接受知识的“配角”变成展示作品的“主角”，学习方式由教师单项输出变为师生有效互动，学生的学习兴趣有显著的提升；其次，微信群作为虚拟平台，大多数情况出现在一人一机的私人空间被使用，而出现在现实教室中并多人同时在线给予“回应”，会出现一种现实和虚拟交替的气氛，课堂氛围会变得非常活跃。

2. 建立“作品线上互评”模式，增强生生互动

笔者利用手机APP建立作业提交系统，学生将作品上传至平台，使其在展现自己成果的同时可以对他人作品进行“评论”和“点赞”，教师可以根据后台提供的“数据统计”，查看每个学生的“活跃程度”，以及阶段性表现(图3)。

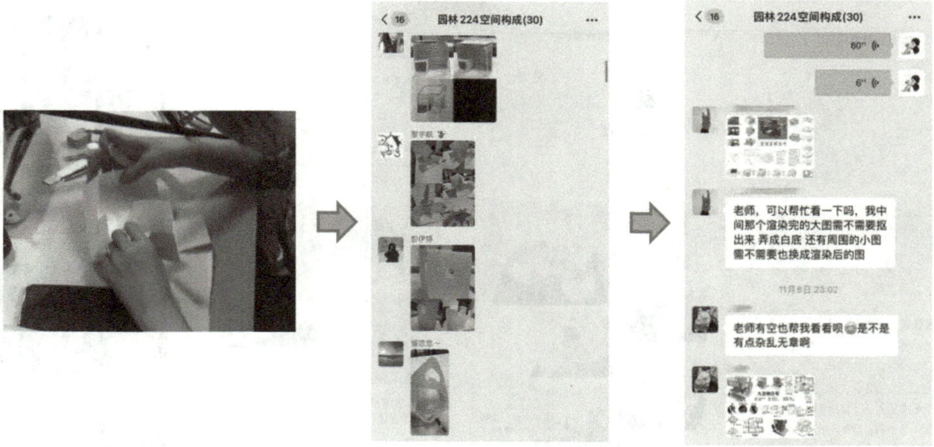

课堂手工模型制作　　课堂内练习提交　　课下验收点评

图 2　“网络平台”辅助实体课堂进行测验和点评

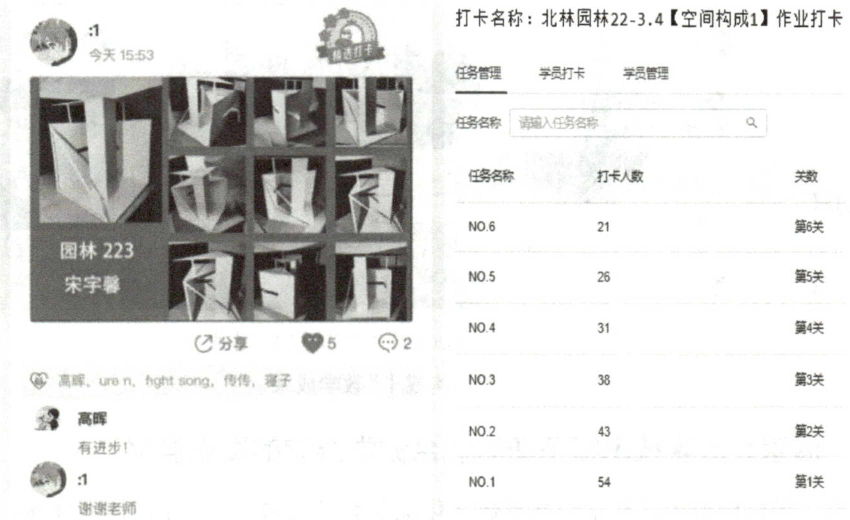

图 3　学生作业互动平台

这种方式将学生平时熟悉的“网络社交行为”用于课程学习，在很大程度上提升了个人的自信和成就感，也可以迅速找出自己与他人作品之间的差距，有助于快速修正自己的方案。更重要的是，学生可以利用课下碎片时间随时通过手机查看班级作品，通过比较、评价、反思，间接实现同学之间的互动交流，增进彼此的了解，例如，在线下课堂上，如需小组合作，学生会基于以上的相互了解，很快找到“相互匹配”的合作者。尤其对于大一新生而言，在很大程度上降低了同学之间的陌生感。

四、 成果：学生作品展示

笔者从所教授班级园林 2021、2022 级两个年级的教学成果来看，学生的学习兴趣逐渐增强，作品质量、专业研究精神、审美能力较以往有显著提升。图 4(a)为“北林园林资讯”微信公众号于 2022 年 1 月发表的北林园林 2021 级“空间构成Ⅰ”课程的学生作品展示；图 4(b)为空间与“光”的草模训练；图 4(c)为园林 2022 级学生的作业。

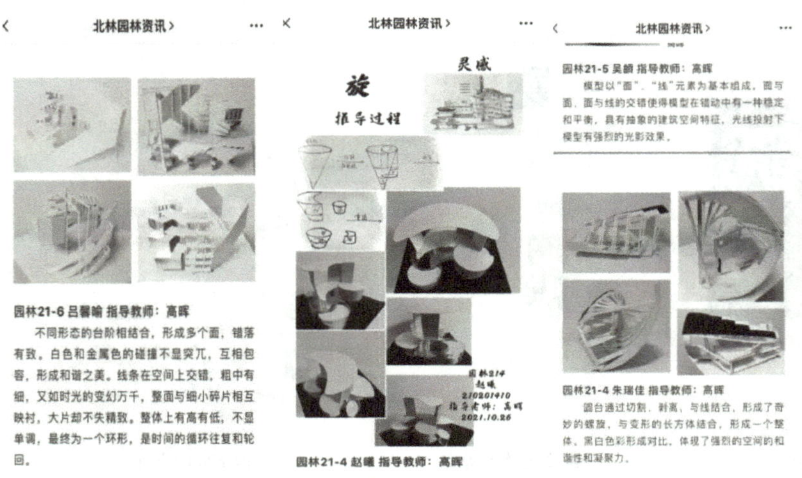

（a）发表于“北林园林资讯”微信公众号的园林2021级“空间构成Ⅰ”作业

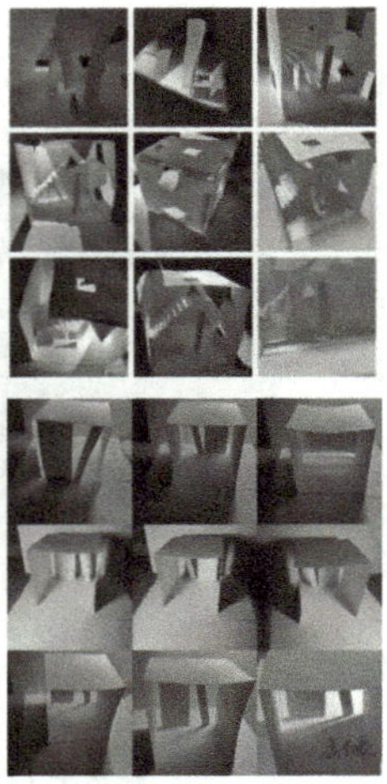

（b）课堂手工草模制作——空间与“光”

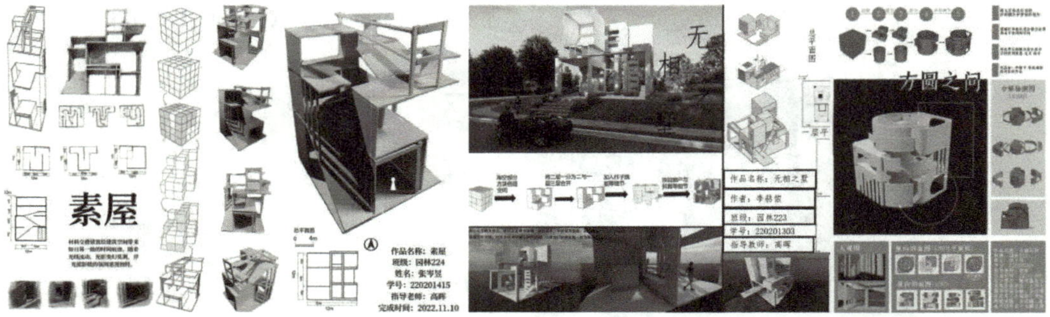

（c）园林2022级“空间构成Ⅰ”作业

图4 “空间构成Ⅰ”教学成果

五、 展望：数字技术赋予新型混合教学课堂的发展意义

在未来，鼓励师资团队教学、共享数字化优质教学资源、人脸识别学习检测、AI技术教学评价等融入数字化技术的教育模式是大势所趋。在相关研究普遍缺乏的当下，对人工智能时代教学的内涵特征、发展困境等基本前提做如上梳理，尝试提出相应的推进策略，以期能够充实研究基础，从而更好地应对由人工智能引发的教育革命[4]。

参考文献

[1]韩后，王冬青，曹畅．1∶1数字化环境下课堂教学互动行为的分析研究[J]．课程与教学，2015(5)：89.
[2]蒋之炜，杨敏，李宣．后网课时代高校设计学科教师数字化线上教学能力提升研究[J]．湖北开放职业学院学报，2022，35(22)：137.
[3]杜卫．论审美素养及其培养[J]．教育研究，2014(11)：31.
[4]杨韵．人工智能时代体育教学内涵特征、发展困境与推进策略[J]．体育文化导刊，2022(9)：110.

Exploring the Mixed Teaching Mode of Space Composition I Course in the Digital Technology Environment

Gao Hui
(School of Landscape Architecture, Beijing Forestry University, Beijing 100083)

Abstract This paper expounds the current situation of education development under digital technology, and aims at the following problems existing in the Space Composition I course of the School of Landscape Architecture, Beijing Forestry University: the traditional teaching concept blocks the development of intelligent teaching, the difficulties faced by students in learning under the digital technology environment, and the inefficient interaction between "teachers and students" and "students" caused by the "one-way communication" teaching mode a series of strategies have been carried out in terms of "implementing effective garden basic aesthetic education", using digital technology platform to assist offline teaching, and establishing a "cross mixed interaction" model, and the achievements of teaching reform have been demonstrated, and new prospects have been put forward for the future mixed teaching classroom.

Keywords digital technology; space composition; mixed teaching mode

多场景混合式教学在“植物景观规划设计”课程中的实践与思考

李冠衡　尹　豪　董　丽

（北京林业大学园林学院，北京　100083）

摘要：多场景混合式教学是实践“教育+互联网”的新教育模式的重要手段，是改变固有教学模式的全面思考。以北京林业大学园林学院“植物景观规划设计”课程为例，在教学实践过程对多场景混合式教学的推进采用了对三大教学场景进行重构、将通用知识单元场景化的方式，并且在组织过程中对课程的学时、教学内容和学生评价方式三个方面进行了研究。以期通过教学模式的优化，达到提升教学质量的目的。

关键词：混合式教学；植物景观；多场景

一、植物景观相关课程开展混合式教学的背景

北京林业大学园林学院植物景观规划设计相关课程在 2008 年后从专题专讲模式改变为双教师小班授课模式，这一过程正处于风景园林成了一级学科的重要节点。在此期间，园林植物的“规划”与“设计”所有内容整合在一门 80 学时/学期的大课中。

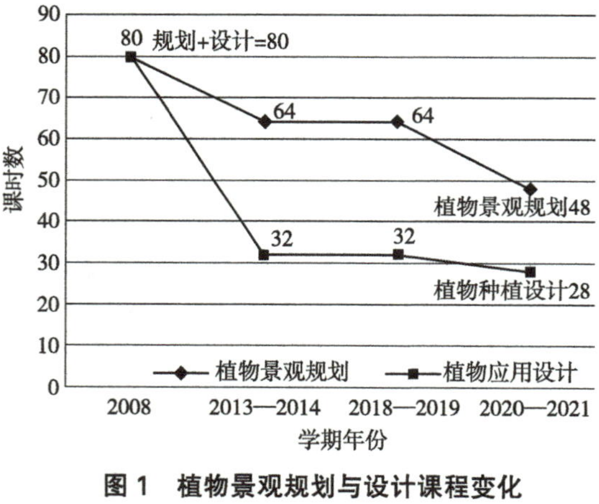

图 1　植物景观规划与设计课程变化

5 年后，自 2013—2014 教学年开始，“规划”与“设计”内容系统地形成了两门独立课程：“园林植物景观规划（含实习，64 学时）”与“园林植物应用设计（含实习，32 学时）”，植物景观骨干课程达到 96 学时/学期（图 1）。经历了两轮教学周期，此期间相关的教学大纲、内容、教法日臻完善[1]。

从 2018 年开始，全国各高校相继大规模上线在线课程，植物景观教研室也在同年年末正式形成“植物景观规划设计导论”大纲，“园林植物应用设计”慕课也随之成型。进而，在 2020—2021 学年开始，植物景观课程正式进入混合教学时代。

全国混合式教学的布局在 2013 年第一门慕课上线就已经开始，因此这并非是单纯受到疫情影响的无奈之举，而是响应国家大教育理念，实践“教育+互联网”的新教育模式。这一方面来自国家对教育创新思维的鼓励，另一方面也来源于高校教育的特点。混合式教学中，线下以课堂寻证、交流为主；线上辅助开启广大知识天地，便于学生自主选择学习内

作者简介：李冠衡，北京市海淀区清华东路 35 号 北京林业大学园林学院，副教授，liguanheng@bjfu. edu. cn；
尹　豪，北京市海淀区清华东路 35 号 北京林业大学园林学院，教授，yinhao@bjfu. edu. cn；
董　丽，北京市海淀区清华东路 35 号 北京林业大学园林学院，教授，dongli@bjfu. edu. cn。

资助项目：城乡生态环境北京实验室北京市支持中央在京高校共建项目（2019GJ-93）。

容，为自己提高学习能力及构建知识结构加成。能重复学习、自主学习、随时学习，对教学质量提升大有裨益[2]。

二、 多场景混合式教学的思路

混合式教学从狭义上看是线上与线下教学模式的结合，从广义上看却是对如何改变固有教学模式的全面思考。混合式教学意味着教学场景的变化，因此，需要根据教学形式的变化建立多个新的场景，并调整原有教学大纲中的内容。

（一）三大教学场景的重构

“网络教学场景+传统课堂教学场景+实践教学场景”是混合式教学的三大场景(图2)。过去传统课堂教学与实践教学场景有比较密切的关系，因为二者在植物景观课程内磨合有七八年时间，课堂教学与实践教学的知识策略、时间节奏已经形成耦合[3]。而最初的网络慕课有单独的逻辑与系统，与前两者间为平行关系，各自独立。因此，在知识内容安排上会形成重叠，也会形成遗漏。

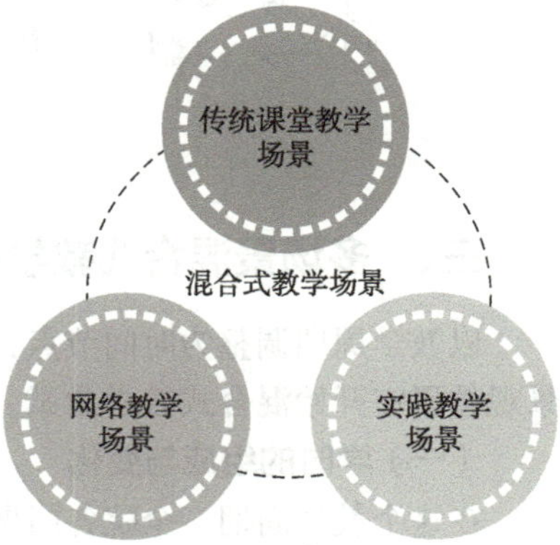

图2 混合式教学场景构建

如果将三大教学场景混合起来，则必然需要进行重构，也需要打破“传统课堂+实践课程”已建立的有机体；另外，网络授课的加入必然挤压原有课时分布及安排。因此，植物景观教研室将过去传统线下课程中整体式的知识模组进一步打散为通用知识单元(如专类花园设计模组、种植设计模组都会涉及“植物空间布局与结构”的基本知识单元，就将空间单元提到更重要位置作为通用单元讲解，在其他模组里取消各自空间知识讲解的内容)。这样优化后，需要进行模组间知识点连接的课时，重复的课时被节约出来调整给网络教学场景。通过优化慕课内容，形成短小、精准的专题知识场景，构建一种可重复阅读、加强理解记忆的完整系统，避免产生传统课时安排不集中、知识模块连接度低、不易重复课堂内容等问题。

（二）通用知识单元场景化

植物景观课程最重要的使命是引导学生熟悉植物材料的应用特征，灵活应用植物完成相关设计命题。通用知识单元合并同类项并升级后，这些内容将灵活地组织进不同场景中。因此教研室提出“知识单元场景化”思路：如乔木的冠幅、干径、枝下高等参数，定植点与路缘距离、建筑距离，定植的基本标高与生态习性关系等内容可以建立在同一场景下学习[4]。此场景可以定义为植物规格、生态习性的应用场景，适合建立在室外实践教学环节。关于群落生态学关键知识(如植物群落的初次级演替、演替方向等知识)，并不能直接通过观察理解，因此可以安排在线上进行拓展学习，并归纳“植物群落与生态修复”的单元场景。依此类推，两门本科植物景观骨干课程通用知识单元场景化定义多达40余个。

通过整理与优化，在混合式教学中可以进行知识单元归纳的场景，涵盖植物个体特征及植物生态习性，植物群体特征及生态习性，植物规划设计流程，植物生态修复等层面。按照三大教学场景重新梳理，规划、设计室外实践课程等传统线下教学场景，也有部分可以转移为线上教学场景，线上教学场景除慕课辅助外，也开辟了网络评图及云实践等师生互动型教学形式(图3)。每一位教师都可以根据需要或教学效果在自己的课堂中灵活整合单元场景，使得植物景观课程既具备年级统一的教学口径，也具备各班的特色，灵活多样。

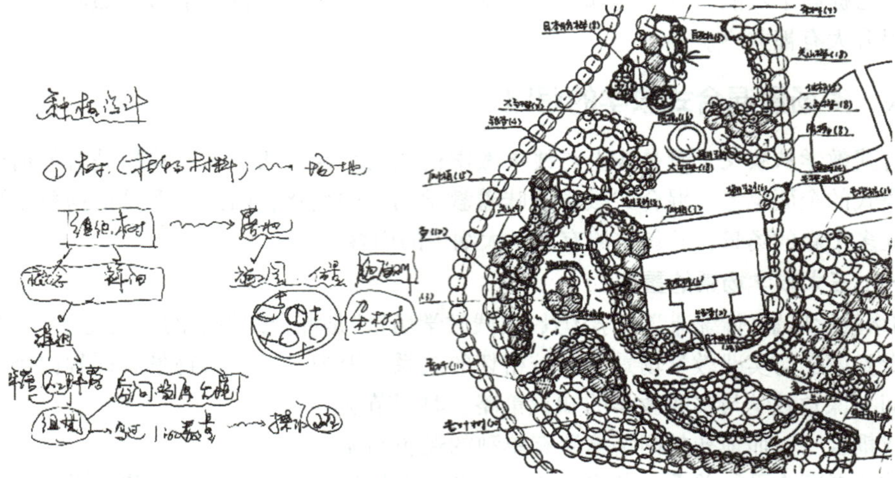

图 3 网络评图师生互动教学

三、 多场景混合式教学的组织

以教学周期调整为时间节点，以学时改革为契机，以多场景融合为特点，2020 年植物景观教研室开始混合式教学尝试。

（一）学时的组成与变化

在这个教学周期，全院各门课学时几乎都有调整。由于课程数量众多，各课学时都在“减负”：一方面减少学生的课业压力，给学生更多独立思考时间；另一方面，各种网络学习增加，因此传统课时数相应变少。“园林植物景观规划”课程学时数由过去的 64 学时/学期，减至 48 学时/学期；“园林植物应用设计”课程学时数由过去的 32 学时/学期减至 28 学时/学期。从学时总量上来看，下降了 21%左右；从课次安排上来看，“规划”课一学期少了 2 次 4 学时联排，“设计”课一学期少了 1 次 4 学时联排。

在此大背景下，混合式教学的线上教学单元正式出现在教学计划中，“规划”课安排了 8 学时的线上学习计划，“设计”课是 4 学时，传统课堂授课学时进一步被压缩。

（二）教学内容的组织与变化

随着学时数量的降低，整个教学计划发生相应变化，通用知识单元的提取，部分重叠的单元合并，部分知识模块场景变化。教学内容的“瘦身”及场景的迁移与变化全面展开：例如，植物景观发展历史与特征由原有线下 4 学时减为 2 学时，之后进一步将此内容放置在线上教学课中，形成“植艺之源：中外古典园林植物景观特征”的课程，不在线下课堂讲授。部分植物景观的基础知识，如基础概念、园林植物的功能等内容也移到线上课程。与设计动手相关的知识内容、训练过程，需要师生间对话、示范、评图仍然留在线下课程，部分示范根据需要转移到线上平台进行。

经过整体调整，线下课堂的知识容量压缩至过去的 80%左右，周次课程间衔接的讲解部分基本取消。植物景观的空间，植物景观规划、设计的程序及内容，花坛、花境设计等成为线下课程的核心内容；调研、分析方法，原因到策略制定，调研研讨等成为室外实践课的核心内容(其中调研研讨部分安排在线上)；植物景观基础、植物景观原则原理、植物景观历史及特征、园林植物功能等内容移到线上。

（三）学生评价方式的组织与变化

多场景混合式教学也改变了学生评价的组合比例。过去学生评价以室外实践+线下课程规划设计分数作为课程结课评价；以图纸成果作为评价核心，实践课程出勤及分析作为平衡、调整。一直以来植物景观课程学时较长，旧的评价方法对于更熟悉图纸设计的学生有好处，但对于更擅长规划思路分析及策略制定的学生并没有更好的评价细则。

多场景混合教学开始后，能重新调整学生成绩，这部分超过了20%变幅：根据近4个学期成绩变化来看，85~90分分数段学生数量明显增加，70分以下分数段学生数量明显减少，90分以上的学生数量变化并不明显。从分数分布情况来看，学生可以对评价科目进行更好地自主控制，对于整体评价水平的提升有所促进(图4)。

混合教学结课提交的成果多样化，且并不在统一的命题之内，虽然每个层面的评价内容减量，但层面增多，学生与教师都需要适应。评价以定量为主，激励性评价不足，因此还需要在评价内容设置上继续优化，使结课评价能够与知识能力正相关。

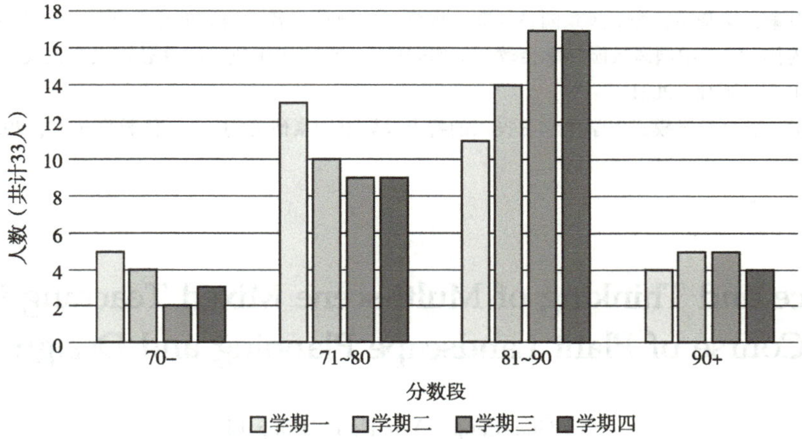

图4 实施混合教学后学生成绩分布变化图

四、 混合式教学发展的局限与边界

线上教学的优势非常明显：一方面，线上课程的内容是海量的；另一方面，线上课程系统更连续，内容层级的上升、下潜都可控制。随着网络技术的提升，几乎可以做到计算机、平板电脑、手机全时段学习，不受教室、天气影响，便捷高效。

但混合教学是个系统工程，并不是将各场景优劣势进行简单叠加，在高校的教学发展中混合式教学各场景有着深层次的牵制。

（一）课堂组织的基础不变

如此丰富的教学场景，仍然需要有两方参与，即“教”方与“学”方。在知识爆炸的时代，知识量显然不是教学的核心成果。对于植物景观的课程来说，教方的研究、项目经验这些鲜活的交流，其作用不可忽视。因此，以传统课堂为教学场景的交流不可缺少，据此保留了基础学时与组织的底线。

（二）线上教学的课堂维持难度高

这里提到“课堂维持”，不是纯粹的纪律概念，而是课堂氛围感的维持和知识鲜度的维持。一方面，线上教学的教与学其实并不存在真实课堂约束，因此学生状态并不可控；另一方面，网络课程一旦上线，内容更替变得困难。而在教学实践中，线上内容需要高频次更替才能保持鲜度，形成黏性。师生以留言的方式交流也不能达到实时沟通的作用，技术提升能否改善尚未知晓[5]。

混合教学多场景间的切换，学时、内容的相互平衡与补充，是现阶段、现有技术条件下的重点工作。随着本轮教学周期内工作的推进，多场景混合教学在植物景观相关课程上的实践将在2023年左右完善，可以针对学生教学收益反馈进行评价，进一步完善混合式教学的组织体系。

参考文献

[1]王美仙，董丽，尹豪．“园林植物景观设计”实践教学改革初探[J]．中国林业教育，2011，29(2)：71-73.

[2]朱永海．深度学习视角下混合教学系统化设计与体系化模式构建[J]．中国电化教育，2021(11)：77-87.

[3]李冠衡，郝培尧，尹豪，等．“植物景观规划设计”课程室外实践教学环节的设计——以北京林业大学园林学院为例[J]．中国林业教育，2016，34(2)：54-57.

[4]李冠衡，尹豪，戈晓宇，等．风景园林标准、规范与植物景观教学内容的相关研究——以北京林业大学园林学院为例[A]．中国风景园林学会教育工作委员会．2021中国风景园林教育大会论文集[C]．北京：中国建筑工业出版社，2021.

[5]刘玲，汪琼．混合教学模式下学生学习投入的特点及影响因素研究[J]．现代教育技术，2021，31(11)：80-86.

Practice and Thinking of Multi-scene Mixed Teaching in the Course of Plant Landscape Planning and Design

Li Guanheng　Yin Hao　Dong Li

(School of Landscape Architecture, Beijing Forestry University, Beijing　100083)

Abstract　Multi-scene hybrid teaching is an important means to practice the new education mode of “Education+Internet” and is a comprehensive thinking to change the inherent teaching mode. In the process of teaching practice, we adopt the way of reconstructing the three teaching scenarios and scenarioizing the general knowledge units to promote the multi-scene hybrid teaching, and study the three aspects of course hours, teaching contents and student evaluation in the process of organization. In order to achieve the purpose of improving teaching quality through the optimization of teaching mode.

Keywords　mixed teaching; plant landscape; multi-scene

信息化背景下自主式学习教学方法初探

——以“节事与活动策划”一课为例

张　茵

（北京林业大学园林学院，北京　100083）

摘要：自主式学习教学方法作为一种行之有效的研究式教学方法，受到了教育界的广泛关注。它倡导通过创新的教学方法和学习方法，突出培养学生的自主能力、实践能力和创新能力。在信息化大背景下，用人企业对人才提出“三用一新”（实用、好用、耐用、创新）的能力要求，使得对传统的灌入式讲授教学方法的改革迫在眉睫。以此为背景，本文论述了自主式学习教学方法的含义与优势，并以“节事与活动策划”一课为例，探讨了自主式学习教学方法在课程中的设计与应用，以期培养具有高度自学能力和实际问题解决能力的高素质旅游人才。

关键词：教学方法；自主式学习；节事与活动策划

节庆与大型活动对于提升国家形象、塑造城市品牌、增强社会凝聚力等具有重要作用。随着2008年奥运会、2010年上海世博会、2019年北京世界园艺博览会、2022年北京冬奥会的成功举办，我国节事产业人才需求持续升温。如何把握契机、培养符合节事产业需求的专业人才，成为“节事与活动策划”（以下简称“节事”）课程在研究和选择教学方法时的出发点。

一、 信息化大背景下的人才需求与教学方法改革的必要性

在信息化、全球化的时代大背景下，用人单位对人才提出高度综合性的能力要求，基本可以概括为“三用一新”——即“实用、好用、耐用、创新”：“实用”是指学校的知识积累和技能训练能够和企业实际对接；“好用”是指人才综合素质较高，善沟通、好合作，灵活机变，表达能力强，有一定的组织能力和综合分析能力；“耐用”是指人才自我学习能力强，能够根据行业发展及时、不断自我提升；“创新”是指工作中不但要会严格执行，还要能创造革新，为企业的核心竞争力注入源泉。为此必须对传统教学模式大力改革，通过适宜的教学方法，积极培养学生的实践能力、学习能力、团队合作能力及创新能力。

虽然有多媒体技术作为辅助，但我国现行的大学教学方法仍大量沿袭传统的灌人式讲授方法。讲授是人类最古老的教学方法之一，其目的“在于使学生认识‘权威’，并通过权威使学生掌握所学学科的全部内容”[1]。而今由于互联网的普及和发展，学生可以便利地收集各种信息，教师的“权威”优势逐渐失去。在这样的信息化背景下，大学必须进行教学改革，由单纯的知识传授，向培养学生的学习兴趣、学习能力和综合素质转变，以实现教育“面向现代化、面向世界、面向未来”的目标。

作者简介：张　茵，北京市海淀区清华东路35号 北京林业大学园林学院，副教授，ilonayz@bjfu. edu. cn。

资助项目：北京林业大学教育教学改革项目“PBL结合‘微信+’教学模式在旅游综合实习中的应用及效果评估”（BJ-FU2021JY023）。

二、 自主式学习的概念与优势

（一）自主式学习的概念

20世纪80年代，Heloc正式提出“自主式学习”(autonomous learning)这一概念，即学习者能够对自己的学习负责。Zimmerman进一步指出，自主式学习者在元认知、动机、行为等方面都是一个积极的参加者。自主式学习包括5个方面：确立学习目标、确定学习内容和进度、选择方法和技巧、监控学习过程、评估学习结果[2]，其核心就是要充分调动和发挥学习者的主观能动性，使其成为学习的主人。

（二）自主式学习在综合能力培养方面的优势

1. 激发兴趣，培养自信

兴趣和自信是一个人事业可持续发展的基础和动力。与教师讲、学生听的被动教学方式不同，学生在自主式学习过程中有极大的自我探索、自我发挥空间，因而也有更多的可能性发现自己的兴趣。在“确立研究目标—确定研究内容和方法—分析研究—报告讨论”的自主式学习过程中，每一步骤的推进都会使学生收获自主解决问题的自信，并在最后的报告讨论环节达到高峰。

2. 培养独立思考和解决问题的能力

自主式学习教学方法的目的不在于灌输知识，而在于培养学生独立思考和解决问题的能力。在自主式学习过程中，学生会按照教师要求，根据研究问题(指定或自选)查找资料或进行实地调研。教师在此过程中注重启发引导，让学生自己主动探索，有助于消除学生的依赖性，培养学生独立思考和解决问题的能力。

3. 锻炼沟通表达能力

良好的表达和沟通能力是未来人才的必备能力之一。自主式学习教学方法多通过课堂报告或讨论的形式来检验学习结果。制作精美、重点突出的PPT，逻辑清晰、富有说服力的口头表达，自信大方的仪态，都是课堂报告的加分项，相关能力的训练为学生日后工作打下良好的基础。

4. 培养团队合作能力

分组研究是自主式学习教学方法的重要手段之一，强调学习者之间在分工基础上通力合作。同组学生要通过多次讨论来确定研究方案和技术路线，继而协作调研、探究结果。倾听、沟通、协作、分享，是学生从这种既分工、又合作的学习形式中获得的益处，它提高了学生交际活动的能力，培养了学生的团队合作精神，增强了集体荣誉感[3]。

5. 培养创新能力

在自主式学习教学方法中，信息的传递是师生间双向、小组间多向和互动的，也将教与学有机、动态地融合在一起。师生讨论、小组讨论、课堂讨论等形式，有助于培养学生的发散性以及批判性思维能力，而这两者恰好是培养创新性思维的重要基础。

三、 自主式学习教学方法在“节事与活动策划”课程中的设计与应用

（一）自主式案例研究

案例教学法(caseteaching method)是由美国哈佛商学院首创的一种教学方法：在教师的指导下，根据教学目的和要求，组织学生通过对案例的调查、阅读、思考、分析、讨论和交流等活动，提高其分析和解决问题的能力，加深对基本概念的理解。与传统的课堂讲授方法相比，案例教学法具有自主性、亲验性、互动性、实践性等显著优势[4]，其核心在于

通过案例分析培养学生形成有效的思维模式，学会发现和解决问题，因而强化综合能力的培养。

在进行“节事”课程教学时，笔者根据课程知识主线，设计了一系列环环相扣、循序渐进的案例。对于每一个教学单元，都精心挑选案例来巩固新的知识点，引导学生运用新知识来分析、解决案例问题。最后，进行理论的总结推演，巩固学习效果。

例如，在讲解“节事的经济影响”这一部分时，以澳大利亚首都堪培拉一年一度的花展作为案例，引导学生查询资料，分析思考“花展的经济影响有多大？体现在哪些方面？可以用什么样的方法来研究其经济影响？抽样调查如何进行？用哪些手段可以维持并扩大经济影响？……”等一系列问题。通过环环相扣的自主式案例分析，帮助学生融会贯通新知识，激发学生兴趣，充分培养其分析和思考能力。

（二）问题探究式的小组调研

最早提出问题探究式教学的是美国教育家杜威。他认为教育不仅是要让学生学习知识，更重要的是要学习科学研究的过程或方法。从20世纪50年代开始，探究作为一种教学方法获得广泛的应用。

问题探究式教学是以引导学生进行探究性学习为主的一种教学方式：在教师的启发下，让学生独立自主学习并进行合作讨论，将所学知识应用于解决实际问题。它更注重“在教师指导下”的“再发现”，即在前一阶段的基础上，通过教师的引导，对发散思维的结论进行精简和整理，然后选择最佳路径去探究事物的本质内涵[3]。探究是以学生为主体，充分激发学生的自主性、能动性，但教师要起到积极有效的引导与组织作用。

在富有开放性的问题情境中进行试验探究，是问题探究式教学的核心。例如，“节事与活动策划”课程探究小组项目，要求学生基于核心知识库创设“核心问题”，继而自主拟定研究计划，进行实地调查，提出“核心问题”的解决方案，并最终汇总调研成果，进行课堂报告。节事探究小组自主提出了丰富的“核心问题”，如节事情境、节事体验、节事原真性、节事危机预警等。对于学生的研究主题和方案，教师持开放式态度，只要主题正确、逻辑清晰、方法可行，就积极加以鼓励和引导，以充分调动学生的自主能力。

（三）节事策划竞标场景模拟

场景教学法，也称情境教学法，是指教师根据授课内容，有目的地引入或创设一定的生动具体的场景，让学生通过场景的体验，激发学生的认知冲动，然后在教师的指导下，开展交流，分享个人体验，提升认知层次，完成教学目标的一种创新教学方法[4]。这种方法通过对真实事件的模拟，能够使学生获得强烈的体验；并且突出学生在教学过程中的主体地位，充分挖掘、肯定学生的能力。

“节事与活动策划”课程的高潮，是最后的节事策划竞标模拟。策划小组要为北京市民策划一场大型节事。他们以一个月的时间来精心策划节事，从主题构想、活动安排、高潮亮点，到场所选择、现场管理、成本效益分析等，对课程知识点进行全面的梳理和运用。所有这些探索和思考最终凝结在一份节事策划标书里，并以精彩的PPT进行课堂现场“竞标”。“评标”专家团由教师和外请的业界专家共同组成，学生也可参与投票，最终胜出的两份策划案将获得年度策划创新大奖。通过这一过程，学生的策划能力、创新能力、表达沟通能力、团队协作能力、自信心都得到明显提升。

四、 结语

人类学习研究表明，通常我们只能记住我们读过的10%，听过的20%，看过的30%，听过且看过的50%，却能记住自己说过的70%，做过的90%。采用自主式学习教学法，能够最大限度地引导学生积极主动地收集信息、思考问题和研究问题，由此极大地提高学习效率和质量，培养学生的学习兴趣和可持续学习能力，对本科人才综合素质的培养非常重要。在应用过程中要合理发挥教师的引导作用，最终达到优化课堂教学和提高教学效率的目的。

参考文献

[1]雅克·韦尔热．中世纪大学[M]．上海：世纪出版集团，上海人民出版社，2007.

[2]张立坤，等．基于网络的英语自主学习能力研究[J]．教学与管理(理论版)，2006(24)：97-98.

[3]唐彬．发现式、探究式和研究式三种教学方法在经济理论课中的综合运用[J]．湖北财经高等专科学校学报，2007，19(3)：42-48.

[4]林枚．运用案例教学法，注重学生能力培养——在“人力资源管理”课程中引入案例教学法的思考[J]．天津商学院学报，1999，19(4)：50-51.

Study on the Teaching Method of Autonomous Learning: The Case of Festival and Special Event Planning

Zhang Yin

(School of Landscape Architecture, Beijing Forestry University, Beijing 100083)

Abstract As a new research-teaching and learning method, autonomous learning has been widely concerned by the education circle including universities. It advocates teaching and learning methods to highlight the cultivation of students' autonomous ability, practical ability and innovative ability. On the basis of expounding the need of talents and the necessity of teaching method reform under the informatization background, this paper forwards the meaning and advantages of the autonomous learning as a teaching method, and discusses the specific design and application of autonomous learning in the course of Festival and Special Event Planning.

Keywords teaching methods; autonomous learning; Festival and Special Event Planning

“任务驱动式”案例教学法在“城乡绿地系统规划”课程中的应用与思考

张 媛

（北京林业大学园林学院，北京 100083）

摘要：“任务驱动式”案例教学法是将任务驱动与案例教学深度融合，以案例为载体，通过任务驱动，引导学习者自主学习、合作完成，从而构建课程知识体系的一种教学方法。“城乡绿地系统规划”是一门实践性较强的课程，通过建立案例库、搭建沟通平台、精心设计任务内容，将上述教学方法在该课程的公园绿地调研环节进行了应用和思考，培养学生的实践能力、建立规划思想。

关键词：城乡绿地系统规划；任务驱动教学法；案例教学法；教学研究

一、 研究背景

（一）课程特点

“城乡绿地系统规划”是风景园林专业的骨干课程之一，教学内容主要分为理论授课和实践操作两大部分。理论部分包括城乡绿地系统规划和各类绿地规划设计，实践部分要求学生完成一个城乡绿地系统规划项目，两个环节紧密联系，缺一不可。本课程的学习目标之一是使学生建立起关于城市绿地布局的宏观规划概念，因此，需要通过对各类城市绿地的课堂讲授和实地调研，逐步构建微观-宏观，个体-系统的规划思想，为城乡绿地系统规划的体系构建和实践操作奠定基础。

对城市绿地的分类认知是绿地系统规划的基础，是教学中的一个重要环节，但由于绿地类型多、分布广，实地调研无法做到面面俱到，成为学生学习的一大难点。因此，这一教学环节主要选取公园绿地作为切入点，让学生能够通过公园的位置、面积、设施配置、服务人群等方面，判断公园的类别，并在特定空间范围内考察并体验这些不同类别的公园的布局，建立起公园绿地体系规划的框架，培养学生从微观认知到宏观规划的能力，也可以帮助学生深入理解城乡绿地系统规划的思想与工作内容。

（二）教学特点

笔者经过多年教学实践，在这一教学环节主要采取课堂授课+实地调研的方式。教师首先进行理论讲授，明确各类公园绿地的概念，选取经典案例进行介绍，帮助学生了解各类公园绿地的特征以及规划设计的程序和要求；之后带领学生对典型公园绿地进行现场的讲解、说明，将理论与实际相联系；最后由学生个人进行实地调研，以绘制图纸的形式形成调研成果。

（三）教学中存在的问题

在教学过程中，学生由于接触专业时间短、阅历少，认识不到公园因类型不同，在选址、服务人群、设计要求方面存在哪些差别，对公园绿地均衡分布、分级配置、类型丰富、地域文化等规划要求不能完全理解。同时，由于专业概念和理念不断更新，不同概念下建

作者简介：张 媛，北京市海淀区清华东路35号 北京林业大学园林学院，副教授，bfuzhyuan73@126.com。

设的公园进行类别归类时也会产生一些混淆，因此，教师需要随时扩充和更新案例，给学生传达优质的知识。在实践教学中，经常有学生因理论学习不到位或规划资料难以获取、参考资料匮乏等原因，出现归类错误或调研的案例质量不高影响学习效果；同时，由于学生作业任务只限于单个案例，缺乏对其他类型公园绿地的认识，也成为实践调研学习的漏洞。

针对以上问题，如何让学生快速建立起明确的公园绿地分类认知，在规划中做到完善布局、构建体系就成为本教学改革的目标。本文通过对“任务驱动式”案例教学的模式构建，扩大对实际案例的资料存贮和认识，共享资料库，建立外业调研时的推荐公园名单，可以让分组调研的学生能够快速覆盖到各种公园类型；通过增强师生、生生之间的沟通，调整学生展示调研成果的形式，促进学生的自我学习与相互学习的效果。

二、 任务驱动式案例教学的概念

“任务驱动式”案例教学是以建构主义学习理论为基础，在吸收案例教学、任务驱动教学以及实践教学的优点下提出的教学模式[1]。这一模式是将所要学习的知识点，以案例为载体，隐含在若干个具体的任务中，在强烈的问题动机驱动下，学生进行自主探究式和团体协作式学习，最后通过完成任务构建课程知识体系。

它具有以下几个特点：①按任务类型组建课程知识体系；②典型案例引领、任务驱动学习；③以能力培养为本位[2]。可以看出，任务驱动式案例教学的方法与公园绿地认知的教学目标非常契合。

三、 任务驱动式案例教学的设计要点

（一）案例库的建设

在这一教学环节，教师需要对北京市公园类型和建设情况有比较清楚的了解，才可以在课堂讲授和学生调研时给学生提供专业、明确的指导，纠正学生在调研中出现的归类错误、案例质量不高等问题，同时在汇报环节对学生的调研成果给予正确、有益的评价。

笔者在校级教改项目的基础上，首先建立了北京市海淀区公园绿地资料库，近几年逐渐增加了东城、西城、朝阳、石景山等城区的案例，完善的案例库建设为“任务驱动式”案例教学奠定了基础。

1. 相关规划研究

根据现行的行业标准，明确公园绿地包括综合公园、社区公园、专类公园和游园 4 个类型，通过对各区绿地系统规划的梳理，理清公园类型及各公园具体信息。通过地图软件、点评软件等，确定公园信息的实效性，在地图上进行定位。

2. 文献资料研究

将从规划中获得的公园绿地名单作为文献研究基础，将公园名称作为关键词，在互联网上查阅专业期刊，购买已出版的设计资料集等，收集整理各公园的资料。

3. 实地考察

根据公园绿地名单进行实地考察，通过观察、照片记录等方法对建设情况、设计质量作出评价，剔除在建、质量不高、管理不良的案例，形成调研推荐名单。

4. 形成成果

每个城区建立一个文件夹，再按照公园类型建立子文件夹，如海淀区的社区公园文件夹包括马甸公园、美和园等 9 个经典案例。每个案例分为照片和资料两部分内容，照片为实景拍摄，记录公园的建设、管理和使用情况，资料包括公园的文字介绍、设计图纸以及

有关的期刊文章等。

(二)任务教学的多环节设计

1. 教师的多层面参与互动

课堂讲授环节，通过实例展示、案例比较，将各类公园的共性和不同之处进行归纳，引导学生领会城市公园绿地规划的丰富多样、均衡布局、分级配置的必要性，以及实施的要点。在实践教学环节，实现资料库与学生共享，推荐调研名单，组织学生实践调研，建立网络互动平台，对学生课堂汇报进行点评，促进学生的自学和相互学习能力。

2. "典型任务"的情景创设

在教学过程中，创设与当前学习主题相关、尽可能真实的学习情景，引导学习者带着真实的"任务"进入学习情境，使学生的学习直观性和形象化，对于学生来说可以实现积极的意义建构[3]。

调研分组进行，每类公园绿地至少由1组负责，每组根据调研对象规模安排2~3个公园。学生先进行资料研究，结合教师提供的资料库选定调研对象；调研中结合教材和课堂学习，明确调研内容，使用现场观察、拍摄照片、调查问卷等方法，完成调研工作；调研完成后进行数据分析、观察分析，总结成果，最后形成课堂汇报成果。

3. 学习方法的过程模式构建

在学习的过程中，需要强调学习情境、协作学习、教师引导等因素对学生自主学习的支持作用，目的是让学生有机会直接参与寻求合作，解决问题，在完成任务的过程中掌握知识，培养能力[3]。"城乡绿地系统规划"教学中，主要从自主学习和合作学习两个方面进行模式的构建。

(1)自主学习

学生从接到任务开始，对调研对象的选取、调研内容的梳理、调查问卷的设计等项都需要进行探索和学习，要基于已有的经验和认知能力形成对自我的提问，并且在完成任务的过程中提出解决问题的方法。学生在多个实境中融入设计师+使用者的身份，获得了积极的、深层次的体验；自主学习各类数据分析软件和多媒体软件，调研结果以PPT、小视频、分析报告等多种形式呈现。

(2)合作学习

小组合作的调研方式，改变了学生"各自为营"的工作范围，在自主学习时既可获得同伴的支持，也有利于培养协同工作能力。规划工作的内容决定了其团队合作的特征，学生需要在现阶段培养任务分配、积极沟通、协同完成的团队精神。课堂汇报的过程也是学生互相观摩和学习的过程，同学们在汇报内容、成果的制作和展示等多方面都可以得到提高。

(三)沟通平台的搭建

教师与学生通过微信、企业微信等平台建立通畅的沟通和交流渠道。组建微信群，及时解决学生遇到的问题，随时共享资料；较大文件上传至企业微信，学生可以查看、下载，引导学生在课下完成自学。

四、 任务驱动式案例教学的实施效果

随着资料库的扩充和逐渐优化，在以下方面达到了比较理想的教学效果。

(1)深化教学内容

通过案例教学，将课堂讲授的概念、理论与实际的案例进行结合，促进学生从抽象认知到具象认知，特别是进行实地调研和观摩分享后，学生从个体认知到体系构建有了比较

深入的领会；通过任务驱动，锻炼了学生文献整理、实地调研、数据分析、公开汇报等各方面的能力，课堂学习和实践能力有了进一步的提升。

(2)激发研究兴趣

在教师对经典案例的讲授和推荐引导下，学生的学习自主性大大提升，各种优质户外空间的体验经历提高了学生专业热情，把个人兴趣与专业学习相结合，自觉查阅大量资料，对考察对象开展较为深入的研究。实践中，学生的调研方法远远超出了“走马观花”的传统模式，突破了教师提供的资料范围和作业要求，普遍使用了绘制图纸、制作和发放调查问卷，参与式观察等较深入的调研方式，激发了主观能动性；同时，使用已有的研究成果与自己现场采集的数据进行综合分析，提出了比较全面的总结，其中不乏创新的思路和成果，对今后教学也非常有参考价值。

(3)培养研究能力

调研前期，学生需查阅文献、具备阅读与总结的能力；调研过程中，需采集数据、构建调查方法的框架，设计并发放调查问卷；调研结束，需使用分析软件对数据进行分析、汇总，并制作汇报成果。学生提出问题、分析问题、解决问题的能力大大提高，特别是研究分析能力显著增强，规划工作所需要的科学性、严谨性都有所体现。

(4)形成团队合作意识

风景园林专业的工作特点是团队合作，这样的意识和能力需要在学生时代逐步培养。工作以小组形式开展，从资料的收集整理到实地踏查，学生都需要有共享和协作的意识，对自己的工作尽责，同时也要配合组内同伴，合作完成，任何一个人的工作态度和工作进度都会影响全组的成果呈现。在此过程中，学生培养了团队意识，互相学习、互相促进，分工明确、团结协作，保证了调研工作的顺利开展，并取得了理想的成绩。

(5)建立规划思想

领取任务之后，学生首先需要解读任务，形成工作思路，构建工作框架，规划工作进度，可以说具备了初步的“规划”意识。在任务完成的过程中，学生对公园绿地分类的目的、在城市中选址和布局要求、调研与规划的关系有了更深入的理解，大部分小组的成果可以做到从全市的均衡布局到单一类型总结两个层面的分析，构建了系统规划的框架；通过成果展示、教师点评，引导学生深入理解公园体系规划的重要性及规划要点，明确公园绿地分类、分级在城市中布局的要求，建立宏观的、统筹布局的规划思想，为之后学习和理解公园体系规划、城乡绿地系统规划打下了比较好的基础。

总而言之，教师应以教学目标为导向，认清学生在教学过程中的主体地位，精心设计各项教学任务，充分调动和发挥学生的主观能动性，实现“教”与“学”的良好互动，为进一步优化教学框架奠定基础。

参考文献

[1]傅永刚，王淑娟．管理教育中的案例教学法[M]．大连：大连理工大学出版社，2008.
[2]刘红梅．任务驱动式案例教学法的构建与应用[J]．江苏高教，2016(4)：71-73.
[3]刘林涛．“任务驱动”教学模式的研究与实践[J]．现代教育科学，2004(6)：12-14.

Reflects on the Application of Task-driven Case Study in the Course of Urban and Rural Green Space System Planning

Zhang Yuan

(School of Landscape Architecture, Beijing Forestry University, Beijing 100083)

Abstract The task-driven case study is a teaching method that deeply integrates task-driven and case-based teaching, and uses cases as a carrier to guide learners to autonomously learn and cooperate to complete the curriculum knowledge system. Urban and Rural Green Space System Planning is a highly practical course. The author applied this method to the park green space research link of the course by establishing a case library, a communication platform, and carefully designing tasks to help students enhance their practical ability and establish planning ideas.

Keywords Urban and Rural Green Space System Planning; task-driven approach; case-based teaching; teaching reform

责任规划师合作下的社区更新设计课教学改革探索

曹　珊

（北京林业大学园林学院，北京　100083）

摘要： 本文介绍了社区更新规划和社区规划师的基本概念，阐述了城乡规划专业培养与社区更新相结合的改革方向，就北京林业大学城乡规划系在教学中与社区责任规划师合作，指导更新规划实际应用展开研究，对教学组织、学时安排以及课程衔接进行了探讨，旨在探索“存量”背景下城乡规划教育教学的改革方向。

关键词： 社区更新；城市设计课；教学改革；责任规划师

我国自改革开放以来城市建设发展迅速，但随着我国经济发展“新常态”阶段的到来，城镇化进程飞速发展的时代已成为过去，城市建设与发展进入了存量时代，旧城改造、城市更新成为新时期城市建设的重要内容，城市更新思路指导下的社区规划越来越受到重视[1]。城乡规划教育教学也应从原来的“适应大规模新城建设”转向“城市更新”的系统研究，明确培养优秀城市更新规划专业人才的教学计划、课程体系和教学内容。

在此背景之下，北京林业大学城乡规划系已率先意识到在城乡规划专业教育中引入社区更新应用教学的必要性。将城市更新引入城乡规划设计课的教学内容，已成为我们探索新时期城乡规划教育教学改革方向的一条重要道路。

一、　社区更新及社区规划师

社区作为居民生活及城市社会功能的最小组成单元，是满足人们思想观念交流和社会活动的最常用城市空间，因此，当城市结构、社会关系适应城市发展要求发生改变时，经济实用的社区更新设计将发挥重要的作用[2]。

北京的社区规划师制度称为“负责任的规划师制度”，自 2007 年开始试行，2017 年开始聘请负责任规划师全面参与城市治理。2018 年年初，全市层面的制度设计工作开展，北京市规划自然资源委草拟了《关于推进北京市核心区责任规划师工作的指导意见》（以下简称《指导意见》），将责任规划师制度纳入法定程序。

二、　规划设计课程教学改革的方向

在城市更新背景下的社区规划设计中，社区更新的空间改造对象也在不断丰富，空间改造对象的增加是改造理念成熟、居民对生活水平要求提升的结果。在保持现有模式的前提下，拆除部分建筑物或公共空间更换和修复，并在延续场地环境的基础上改善人居环境。未来学生面对的将是大量的城市建成区更新设计，在城市设计教学中，应将设计平台建立在现实城市的背景下，增加大量城市更新设计训练[3]。

作者简介：曹　珊，北京市海淀区清华东路 35 号 北京林业大学园林学院，副教授，caoshan@bjfu. edu. cn。

资助项目：优质研究生核心课程建设项目“政府职能转变背景下的城乡规划管理与实务课程调整”（HXKC18017）。

三、 社区更新设计课与责任规划师的结合

（一）内容设置

规划设计课程的内容设置从三个方面出发，包括：现状调研及社会调查、社区更新空间营造、城市公共设施及公共空间规划，分别对应社区责任规划师工作的三个重要组成部分。

1. 现状调研

要做好社区更新规划，必须摸清现状，做好现状调研和公众需求调查。在第一步中，学生将会学习如何进行现状调研，调研时将老旧小区的物质空间划分为公共环境、建筑单体以及服务设施三部分，并在责任规划师的带领下，多次走访实地、访谈居民。

公共环境分为交通空间、休闲空间和景观空间三个部分。其中，交通空间的调研包括道路形式、路面条件、道路连通性以及停车空间。休闲空间是指一切居民可进入的，为居民日常休闲所用的公共区域，包含运动康体、集会演出、棋牌娱乐等各种活动场地。景观空间是指居民不可进入的，仅以提供良好的景观作为功能的区域，主要指在小区的边界或建筑边界存在的绿篱和草地。

建筑条件板块的调研内容主要从建筑的要素出发，包括建筑结构、外立面、楼道以及屋面。

服务设施板块的调研内容包括电力、上下水、燃气、暖气、照明、消防以及卫生。基础服务设施是居住区的重要组成部分，而老旧小区由于建成年代较早，对基础服务设施的需求增加以及现有设施的老化是必然的。

2. 社区调查及更新空间营造

对于老旧小区而言，部分使用频率较高的空间承载着居民在其中活动产生的回忆，有利于场所精神的塑造，提升居民对于老旧小区的认同感以及维持熟人社会的稳定，从而成为老旧小区改造的动力。在充分了解现场的基础上，需要学生开展大规模社会调查，以了解老旧小区的空间形成原因，尊重和理解现有的空间环境以及功能习惯。

（二）教学组织与学时安排

城市更新规划主要安排在城乡规划学本科培养的第5学期，其中，前两个环节安排在前6周，首先进行现场空间环境和建筑调研以及社区居民访谈，之后结合现状分析进行社区空间更新设计和公共设施规划；然后征询社区居民的意见，修改设计结果；最后安排与社区责任规划师的专业沟通和学习，学生将自己完成的社区更新空间营造内容向责任规划师和街道领导等进行汇报。

（三）课程衔接

按照北京林业大学城乡规划学专业的课程安排，经过前期课程的学习和积累，学生已基本具备认识城市、理解城市与建筑的关系、了解城市规划与建筑设计的基本工作流程等专业能力，为进行社区更新设计课做好了准备。北京林业大学城乡规划专业三年级本科学生在初步具备了设计的基本能力及掌握了对事物的专业认知方式后，开始有准备、有目的地进入社区更新规划课程的学习阶段。

四、 教学案例

如在2016级大三秋季学期中，我们带领学生完成了北京市密云区果园中街社区的社区更新设计。果园中街社区建于1996—1999年，共有20栋6层住宅，占地面积4.56hm^2，是个典型的20世纪末期多层居住社区。由于建筑龄期较早，住宅立面状况陈旧，室内保温层

缺乏，冬季非常寒冷。果园社区缺少地下停车设计，现有车位难以满足居民的需求，大量的机动车辆无处停放，车主出于自身需求将车辆放入邻近的其他空间，造成了道路不畅、景观空间被侵占等其他各类空间问题。一楼的住房以商业为主是很常见的，造成社区人员混杂，环境肮脏。此外，还存在缺少幼儿园活动场地，公共绿地缺少且没有养护，道路被停车侵占严重等问题。

（一）以社区规划专业视角展开城市规划设计教育

在更新设计课程果园中街社区的现场调研和社会调查环节中，我们要求学生以3~6人的小组为单位，从社区需求角度对选定的基地及其周边环境进行调研分析，在培养学生集体协作能力的同时，让学生了解在做设计前进行充分的分析研究工作是城乡规划专业学习的基本要求。我们带领学生到现场记录果园社区每一栋建筑的位置、绘制立面图、记录底商使用情况，绘制现状绿地位置、道路位置，记录车辆停放情况。另外，进行居民调查，发放调查问卷，进行居民访谈等。在教学过程中，通过教师具体辅导将城乡规划专业的思维方式与工作方法逐步传递给学生。

在教学中，我们始终要求学生建立起整体的社区设计思想，掌握清晰的逻辑思维方式，要求学生绘制各种现状分析图表，全面掌握和分析现状。在此基础上，展开果园中街社区更新规划设计，培养学生分析“前额锁”的能力——总结“前额锁”——使他们不仅能够做事，而且能够知道为什么要做。

在之后的深化设计过程中，我们引入“与社区责任规划师互动”的环节，与密云新城责任规划师团队合作，请责任规划师带领学生与社区居民深入交流，引导学生主动提出问题，并探索问题的根源。培养学生客观、理性地分析问题，鼓励学生与社区责任规划师一起工作，寻求背景资料和理论支持，为特定社区在复杂环境中找到最合理的利用，据此提出创造性的设计理念和方案。

（二）变被动设计（单纯的空间赋形）为主动设计

果园中街城市设计教学中，我们要求学生除了知道怎样做建筑空间组合之外，还应该知道为谁而做、为何而做与应该做怎样的设计，教师不是简单的提供城市设计任务书和各项用地指标，而是指导学生通过调研和资料收集研究，与果园社区居民亲密沟通和互动，根据社区居民的需求自主确定设计任务书，掌握各项指标的制定方法。

五、 教学难点

（一）学生处理实际问题带来巨大挑战

社区更新不是推倒了重新来，而是在现状基础上进行系统思考，是系统性、综合性非常强的设计课程，其所涉及专业知识面宽广，既需要了解城市的整体发展需求，又需要关注建筑质量和景观环境，还需要了解居民的具体诉求[4]。城乡规划专业本科三年级学生的专业知识储备和社会认知能力都有限，众多复杂的实际问题是对城乡规划专业学生以实际社区作为设计对象的巨大挑战[5]。

（二）合适的用地选择限制条件较多

由于适用于三年级社区更新设计教学的课题受到的限制条件较多，在城市中寻找规模、性质均合适，调研方便，居民配合的社区用地非常困难，因而在具体教学中，需要进行大量的前期准备。北京林业大学城乡规划系的老师们长期和北京市密云区新城片区合作，包括果园街道和鼓楼街道及常营办事处，寻找有需要、能配合的社区安排学生进行调研、访谈和设计，做出的成果既展示给社区居民看，又结合责任规划师工作帮助教师给予学生现场指导，起到了教学培养和实际工作结合的作用。

（三）与社区居民的互动带来多样化的结果

强调与社区居民的互动，往往会导致学生在征求意见之后得到多样化的反馈。社区居民的喜好和教师的指导方向有时也会不一致，学生常常感到难以处理，落实在具体设计中时，不同组的学生在设计上就可能会产生巨大差异，成果也大相径庭。在一个教学环节中同时出现多种可能的建筑类型和设计方法，这对辅导教师的能力及经验是极大的挑战，也要求教师不得不付出更多的精力。

六、结语

到目前为止，这项教学改革已经在两个班的学生中进行了实践。从教学效果上看，在结合实际解决问题，培养学生客观、理性地调查分析问题的方法和习惯，引导学生积极探索问题的本质和根源，将被动设计转变为主动设计等方面取得了良好的效果。城乡规划专业课程设计教育值得进一步探讨，希望通过本文的抛砖引玉可以引发对我国高校城乡规划专业课程设计教学的进一步思考。

参考文献

[1]陈秉钊．当代城市规划导论[M]．北京：中国建筑工业出版社，2003：46-50.
[2]全国城市规划执业制度管理委员会．科学发展观与城市规划[M]．北京：中国计划出版社，2007：72-78.
[3]王承慧，吴晓，权亚玲，等．东南大学城市规划专业三年级设计教学改革实践[J]．规划师，2005(4)：15-17.
[4]约翰·弗里德曼．北美百年规划教育[J]．城市规划，2005(2)：108-110.
[5]谭少华，赵万民．论城市规划学科体系[J]．城市规划学刊，2006(5)：21-28.

Responsibility Planner Exploration on Teaching Reform of Community Renewal Design Course under Cooperation Book Antiqua

Cao Shan
(School of Landscape Architecture, Beijing Forestry University, Beijing 100083)

Abstract This paper clarifies the necessity of community renewal and the importance of adapting to the training needs of urban planning major. It also discusses the practical application of community renewal planning and how to combine it with teaching. This paper aims to explore the reform direction of urban planning education methods and teaching contents under the background of "stock".

Keywords community updates; Urban Design Course; reform in education

应对多元城市计算的风景园林“计算机辅助设计”课程教学方法研究

邵　明

（北京林业大学园林学院，北京　100083）

摘要：随着风景园林学科内涵的不断拓展，风景园林专业关注领域逐步由绿地个体转向多尺度、多层级、多元化、复杂化的国土空间、城市空间、绿地空间等共同形成的复杂系统，如何应对多元城市计算需求成为风景园林学科面临的重要教学难点之一。“计算机辅助设计”课程作为培养高素质风景园林行业人才的重要专业应用类课程，传统的授课方式已经无法满足学生的学习需求与专业的发展诉求。因此，本研究从教学理念、教学内容和教学方法三个层面入手，面向新时期风景园林专业发展需求，立足立德树人的根本教育目标，融入课程思政要素，从而探索“计算机辅助设计”课程的教育教学改革研究与实践途径，为培养新时代风景园林专业人才提供助力。

关键词：风景园林；计算机辅助设计；多元城市计算；教学研究

教育是国之大计、党之大计。为国家培养德行兼备的专业人才是高等院校、高校教师的责任与使命。2021 年，习近平总书记在清华大学考察时指出，随着我国社会主义现代化国家新征程的全面推进，党和国家事业发展对高等教育的需求，对科学知识和优秀人才的需求愈发迫切。

北京林业大学风景园林专业如今已历经 70 年发展历程，形成了完善的科研、教学、实践整体框架体系，而作为一门直面城市人居环境与自然生态环境矛盾冲突的实践类学科，风景园林专业培养体系需求与时俱进的新知识、新理论、新框架，也面临着当下中国社会高速发展带来的新需求、新问题、新矛盾。“计算机辅助设计”课程作为风景园林学科重要的基础课程，立足风景园林专业发展需求，不仅致力于培养学生的动手实践能力，更致力于培养学生对当下时代发展新理论、新技术的知识理论认知体系[1]，因此，面向当下风景园林学科内涵不断拓展的发展需求，对风景园林“计算机辅助设计”课程教学方法的研究与改进，有助于提升风景园林学科竞争力，培养更匹配当下社会发展需求的专业人才。

一、“计算机辅助设计”课程改革的必要性

（一）不断发展的风景园林规划设计的新需求

随着国土空间规划将主体功能区规划、土地利用规划、城乡规划等空间规划融合统一，高质量的城市人居环境发展对风景园林规划设计提出了越来越高的要求[2]。与此同时，随着多规合一的开展，风景园林规划设计的关注对象也逐步由绿地个体转向多尺度、多层级、多元化、复杂化的国土空间、城市空间、绿地空间等共同形成的复杂系统。因此，随着研究尺度的扩大化与研究层级的复杂化，对大数据分析、高精度建模、多尺度模拟等城市计

作者简介：邵　明，北京市海淀区清华东路 35 号 北京林业大学园林学院，讲师，shao_0701@foxmail.com。

资助项目：北京林业大学教育教学研究重点项目“面向国土空间规划的城市绿地系统规划实践课程教学改革研究”。

算技术的研究与应用成为风景园林规划设计的重要需求。

（二）传统模式的计算机辅助设计教学的局限性

随着研究尺度的扩大化与研究层级的复杂化，以调研实证为主的论证方式无法满足大尺度空间与复杂环境的分析需求[3]。多元化城市计算（如国土空间双评价、景观绩效评估、生态价值评估等）有助于规划师与决策者精准判断、合理布局，也是量化评估风景园林规划设计方案效能的重要参考标准。传统计算机辅助设计教学中更多以PS、CAD、Rhino、SU等基础绘图与建模软件为主，对接当下风景园林规划设计所需求的复杂运算、多元评估、精准分析、系统模拟等城市计算需求具有一定的局限性。因此，面向多元化城市计算需求，对风景园林计算机辅助设计的教学框架、教学方法与教学内容进行更新调整具有必要性。

（三）多元拓展的计算机辅助设计教改的新思路

应对多元化城市计算的新需求，其要求风景园林“计算机辅助设计”课程教学思路由“绘图”转变为“分析”，即以绘图制图教学为主的教学内容转变为以分析框架、分析思路、分析工具形成的系统化应用实践技术体系教学；由“工具”转变为“依据”，即以效果呈现工具为主的教学内容转变为提供风景园林规划设计实证依据的思考性教学内容；由“一元”转变为“多元”，即以规划者为主导的规划设计思路转变为由数据分析、理论论证辅助的多元决策机制。

二、“计算机辅助设计”课程改革的目标性

面向不断发展的风景园林规划设计的新需求、传统模式的计算机辅助设计教学的局限性、多元拓展的计算机辅助设计教改的新思路，“计算机辅助设计”课程作为园林学院风景园林、园林专业本科生的重要专业课程之一，也作为一门集科学、艺术、技术于一体的综合性课程，提出了更高的目标与要求[4]。

（一）面向国家战略的新技术方法引入

随着国土空间规划将主体功能区规划、土地利用规划、城乡规划等空间规划融合统一，高质量的城市人居环境发展对风景园林规划设计提出了越来越高的要求，当下“计算机辅助设计”课程不仅要求培养学生使用计算机进行风景园林规划设计与制图的技能提升，更需要服务国家战略需求，在课程教学中尝试引入城市计算新技术、新方法、新内容，从而提供面向当下多尺度、多层级、多元化、复杂化的风景园林规划设计的研究方法与认知途径，如通过遥感技术（RS）、地理信息技术（GIS）增强学生在规划设计前期对场地的认知能力，通过大数据分析、空间计量模型、数据分析模型的引入增强学生对规划设计方案评估的分析能力等，构建以认知论为基础、方法论为手段、面向城市计算需求的“计算机辅助设计”课程。

（二）适应社会需求的高质量人才培养

“计算机辅助设计”课程在引入城市计算新技术的基础上，更需要同步引导学生关注国土空间规划、乡村振兴、公园城市、生态价值、公园体检等社会前沿热点话题，引导学生通过国土空间双评价、生态系统服务评估、景观绩效评估、空间分析等多元化城市计算方法的学习，全面支撑风景园林规划设计课程情景模拟与教学实践。不仅提升学生对城市计算技术的应用能力，也同步提升学生从多学科视角解决问题的创新能力与研究意识，从而培养适应当下城市发展需求的高质量人才。

三、“计算机辅助设计”课程改革的新实践(图 1)

(一)构建“理论—模拟—实践”三大教学内容

科学完整的教学内容是实现“计算机辅助设计”课程改革的重要基础[1]。理论认知是“计算机辅助设计”课程教学的核心基础，模拟训练是“计算机辅助设计”课程教学的重要途径，实践教学是“计算机辅助设计”课程训练的重要方法。因此“计算机辅助设计”课程改革可以构建“理论基础—情景模拟—应用实践”三大教学内容版块。其中，理论基础版块对接当下国土空间规划、乡村振兴、生态价值评估等行业前沿领域技术需求，强化城市计算技术的理论与方法基础教学；情景模拟版块选择真实项目研究区域，提供学生实践应用所学城市计算技术途径，同时结合城市现状对研究内容进行验证；专题实践版块增加公园城市、公共健康、公园体检、碳中和等行业前沿热点专题的深入实践，提升学生自我学习与创新研究能力。三大版块内容逐步推进、相互结合，形成递进式的学习内容框架。

(二)构建“多尺度、多层级、多元化”三大教学专题

与时俱进的教学专题是实现“计算机辅助设计”课程改革的重要抓手[5]。面向当下中国国土空间复杂城市计算的发展需求，“计算机辅助设计”课程应广泛关注国土空间规划、乡村振兴、公园城市等行业前沿领域，全面引入国土空间双评价、景观绩效评估、生态系统服务评估、空间模拟、数学建模等多元化城市计算技术，完整对接城市群、城市、城区、绿地等多尺度绿色空间，引导学生形成完善系统的城市计算方法理论与研究框架，从而全面支撑课程的研究与教学的实践。同时，多专题研究方式可以有效培养学生应对不同情境下风景园林规划设计问题与需求的能力，进而提升学生主动发现问题、解决问题的研究能力、创新能力、实践能力。

(三)构建“系统、完整、高效”的教学资源共享平台

完善的教学资源共享平台是实现“计算机辅助设计”课程教学改革的重要助力[6]。“计算机辅助设计”课程可以积极与科研单位、兄弟院校展开教学资源共享合作，共享遥感数据、环境数据、社会数据、分析模型、模拟系统等城市计算数据、方法、软件等教学资源，构建系统、完整、高效的教学资源共享平台，从而进一步提升教学效率与教学质量。

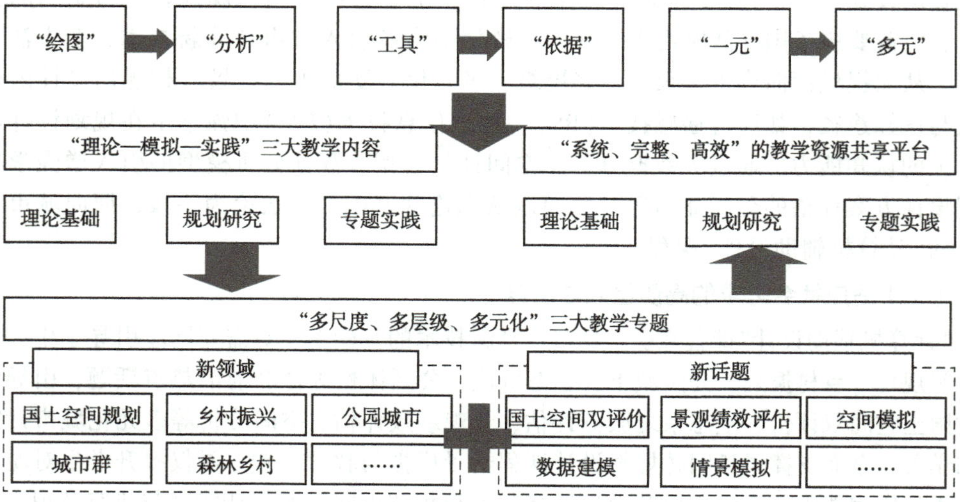

图 1　“计算机辅助设计”课程改革的新实践

四、"计算机辅助设计"课程改革的新展望

"计算机辅助设计"课程教学改革应面向国土空间规划、乡村振兴、公园城市等行业前沿领域与热点话题，直接对接当下生态文明建设发展的新需求，以培养高水平技术人才与应用实践人才为教学目标。同时也应围绕重大国家战略与热点问题，引入国土空间双评价、景观绩效评估、生态系统服务评估、碳效能评估等城市计算核心技术，培养学生扎实牢固、全面广泛的理论技术。

当下中国正处于高速发展阶段，风景园林学科的发展也需与时俱进，"计算机辅助设计"课程教学改革也应推陈出新，构建"理论—模拟—实践"的三大教学内容、"多尺度、多层级、多元化"三大教学专题、"系统、完整、高效"的教学资源共享平台，立足风景园林"双一流"学科建设发展需求，深入分析当下社会发展要求、人才培养需求、学生学习需求，结合课程思政教育，评估学生心理发展特征，从而赋予"计算机辅助设计"课程更符合时代特征的课程责任与时代使命，对于风景园林学科推进新时代中国特色社会主义生态文明建设与美丽中国建设具有重要意义。

参考文献

[1]贺坤，赵杨，吴威，等．风景园林专业计算机辅助设计类课程群的建设思路——以上海应用技术大学为例[J]．中国林业教育，2017，35(6)：52-55.

[2]胡一可，丁梦月．城市社区绿地空间研究进展[J]．风景园林，2021，28(4)：21-26.

[3]周庆华，杨晓丹．面向国土空间规划的区域设计探析[J]．城市规划学刊，2020(6)：87-93.

[4]丁金华．景观学专业景观规划设计课程教学改革探析[J]．高等建筑教育，2011，20(2)：70-73.

[5]康秀琴，王金叶．风景园林专业计算机辅助设计课程教学改革[J]．教育与职业，2016(1)：91-93.

[6]蒋爱云，张勤，吴俊峰，等．基于慕课的翻转课堂教学模式改革探讨——以《计算机辅助设计》课程为例[J]．轻工科技，2019，35(7)：148-151.

Research on the Teaching Method of Landscape Architecture Computer-Aided Design for Multi-city Computation

Shao Ming

(School of Landscape Architecture, Beijing Forestry University, Beijing 100083)

Abstract With the continuous expansion of the connotation of the discipline of Landscape Architecture, the field of Landscape Architecture has gradually shifted from individual green space to the complex system formed by multi-scale, multi-level, diversified and complicated national space, urban space and green space. How to deal with the requirements of multi-city calculation has become one of the important teaching difficulties faced by the discipline of Landscape Architecture. As an important professional application course for cultivating high-quality talents in Landscape Architecture industry, "Computer Aided Design" has been unable to meet students' learning needs and professional development demands with the traditional teaching methods. Therefore, starting from the three aspects of teaching concept, teaching content and teaching method, this study faces the development needs of Landscape Architecture major in the new era, based on the fundamental educational goal of cultivating virtues and cultivating people, and integrates the ideological and political elements of the curriculum, so as to explore the research and practice ways of the educational reform of Computer-aided Design course, so as to provide support for the cultivation of Landscape Architecture professionals in the new era.

Keywords Landscape Architecture; Computer aided Design; multivariate city computing; research on teaching

基于新时代美育背景下的园林专业“中外美术概论”课程教学研究

韩雨对

（北京林业大学园林学院，北京　100083）

摘要：“中外美术概论”课程是一门为园林专业美术基础选修课，课程通过对美术作品的赏析解读建立审美认知，在新时代美育背景下，本课程对专业学生提高审美和人文素养，增强文化自信有重要意义。课程突出园林特色，是园林美术基础教学中的重要环节，为后继的设计课程学习打下必要基础。
关键词：美育；中外美术概论；园林专业

党的十八大以来，以习近平同志为核心的党中央高度重视学校美育工作，把学校美育工作摆在更加突出的位置，作出一系列重大决策部署。2020年10月，中共中央办公厅国务院办公厅印发《关于全面加强和改进新时代学校美育工作的意见》指出：“美是纯洁道德、丰富精神的重要源泉。美育是审美教育、情操教育、心灵教育，也是丰富想象力和培养创新意识的教育，能提升审美素养、陶冶情操、温润心灵、激发创新创造活力。”

高校专业教育中的基础美术理论课程的设置符合以习近平新时代中国特色社会主义思想为指导，以社会主义核心价值观为引领，以提高学生审美和人文素养为目标，弘扬中华美育精神，以美育人，以美化人，以美培元，把美育纳入各级各类学校人才培养全过程的指导思想[1]。

园林专业背景下的“中外美术概论”课程与实践课相结合，对园林专业学生美术基础课的绘画实践有重要指导意义，为专业设计的学习和创作实践提供理论服务，对培养新时代高素质设计人才有着重要意义。

一、“中外美术概论”课程背景

北京林业大学园林学院园林、风景园林、城乡规划专业开设美术课程已经有50多年历史。目前共开设9门课程，包含“素描基础”“色彩基础”“水彩风景画（及实习）”“钢笔风景画”等8门实践课程和“中外美术概论”1门理论课程，形成了比较完备的园林美术教学体系。

“中外美术概论”课程是面向北京林业大学园林学院园林、风景园林和城乡规划三个专业开设的专业选修课，课程已开设20年。本课程是以审美和人文素养培养为核心、以创新能力培养为重点、以中华传统文化传承发展和艺术经典为主的艺术普识教育课程[1]，对专业学生提高审美情趣，增强文化修养，为后继的设计课程的学习和审美能力进一步提高打下必要的基础。

二、“中外美术概论”课程内容

“中外美术概论”课程中国美术可分为三部分：一是中国山水画概述，简述中国山水发

作者简介：韩雨对，北京市海淀区清华东路35号 北京林业大学园林学院，讲师，hanyudui@qq. com。

展脉络，由隋唐山水画面貌—两宋山水画特征—“元四家”及元代山水画特征—“明四家”及“南北宗论”—清代“四王”“四僧”—近代山水画发展。二是中国人物画概述，简述中国人物画发展脉络—战国帛画及西汉帛画—顾恺之人物画—隋唐五代时期代表性画家作品—风俗画与写意人物画。三是中国花鸟画概述，简述中国花鸟画发展脉络—五代时期花鸟画及“黄全富贵，徐熙野逸”—两宋花鸟画及宫廷画院—明代花鸟画的演变及写意花鸟—“八大山人”及“扬州八家”—近现代花鸟画大家(图 1)。通过以上课程安排力求到达学生掌握各时期艺术特征、代表性艺术家和代表性作品，了解艺术风格产生的时代背景、文化渊源和演变的效果。

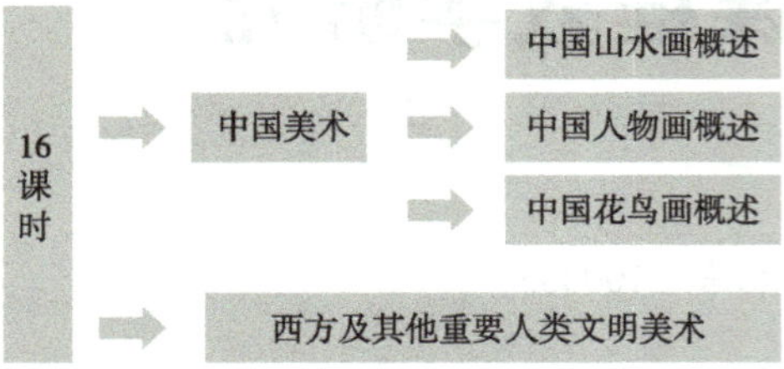

图 1　课程板块

“中外美术概论”课程西方美术部分以时间脉络为主要讲授线索，突出重点时期，由古代世界—文艺复兴-巴洛克时期—新古典主义—浪漫主义—现实主义时期—印象派后印象派时期—现当代艺术。使学生掌握不同时期重点艺术流派的基本特征和风格，代表性艺术家和作品，并对西方艺术演变的文化内涵有基本了解。

“中外美术概论”授课内容包括中、西方美术的概况、特征、发展规律、文化内涵，提升审美素养，陶冶情操，突出传统经典“艺术美”的美育内容，强化学生文化主体意识，授课过程中结合专业突出园林美术特色教学，力图提高学生的抽象思维能力、空间想象能力、形象思维能力、综合分析能力，为下一阶段的专业课程进一步奠定必要的美学基础。

三、“中外美术概论”课程美育目标

（一）培养积极向上的审美情趣、提高审美素养

本课程通过对经典中、西方美术作品的学习，了解中、西方美术中的自然观、宇宙观、人文精神内涵等。

例如，中国传统绘画独有的用“线”方式，提按顿挫、一波三折，运动产生韵律变化，体现中国绘画艺术的最高境界——“气韵生动”，而“气，物之源也”(王庭相《慎言·道体篇》)，一切生命都由气化产生，没有气的化生就没有生命的存在，这种蕴涵气化生命哲学思想的审美准则是中国书画艺术最高的审美准则，体现中国书画以阴阳、黑白、浓淡形成虚实的动化体系，有着超越客观约束的恒定的内在动化规律；中国独有的书画工具，毛笔的提按顿挫轻重缓急、宣纸对于水墨的润华，展现“柔中带刚”、刚柔并济的中国文化精神特质；元代文人画的兴盛，因审美取向的转变，画面所追求的清幽淡雅、含蓄蕴藉的中国审美趣味；……西方文艺复兴时期作品中关怀人、尊重人、以人为本的“人文主义”精神；新古典主义时期“启蒙思想”理想主义的盛行；印象派绘画由室内走向户外，注重自然光写生，建立新的绘画形式和绘画语言；现代主义以观念为主导的艺术形态……

本课程培养学生正确艺术观和价值观，体现“艺术基础知识基本技能+艺术审美体验”的教学模式，使学生从审美认知上知其然，知其所以然，通过课程学习感受艺术、热爱艺术、开启创新艺术思维，为所学技法提升新高度。

（二）体会中国传统艺术精神与审美观，增强民族文化自信

课程通过对中国传统绘画——人物、山水、花鸟三大门类发展脉络的讲解，经典作品分析，了解艺术风格的演变与文化渊源，挖掘艺术作品的美学内涵和精神价值，引导学生充分认知本民族美术的特点、价值和发展趋势，加强对中国传统艺术的认同，弘扬和培育民族精神。

中国山水画与园林艺术的盛行，都是我国文化核心内涵的体现，都源于对于回归山林和净化性灵的渴望，是“天人合一”的人生观与自然观的具体落实与物化。

中国园林的文人属性是中国园林独有的精神特征，文人园林与文人画艺术的关系密不可分。文徵明的《拙政园三十一景图》，倪瓒《狮子林图》，沈周《东庄图册》……众多文人画作品绘园林，绘于园林。在古代建园过程中，亦有许多造园师具备扎实的绘画基础与艺术素养，运用画理指导设计园林，甚至众画家亲自参与园林设计，如唐代文人画鼻祖王维自建“辋川别业”，清代山水画家石涛为扬州何园所作叠石作品“片石山房”。

园林大家童寯在其《江南园林》一文中提到造园与绘画关系：“造园与绘画同理，经营位置，疏密对比，高下参差，曲折尽致。园林不过是一幅立体图画，每当展开国画山水图卷，但见重峦叠嶂，悬瀑流溪，曲径通桥，疏林掩寺，深柳茅屋，四面敞开，琴书以外，别无长物，这就是文人所追求的生活境界，亦即文人园的理想粉本。”[2]

古代园林绘画有艺术家对于符合园林特征景物的“写实”，亦有画家从绘画性出发对于画面本身美感的经营布置和个人情感、想象传达的“写意”，通过引导学生对绘画作品的欣赏和对真实园林的空间想象，从审美感知的高度体会“林泉高致”“卧游”山水之乐，感受“此中有真意，欲辨已忘言”的审美境界。

绘画作品是对当世形象的记录，保存着中国文化发展脉络，南齐谢赫《古画品录》写道：“明劝诫，著升沉，千载寂寥，披图可鉴。”绘画可以让人们明白劝诫，可记载历史的沉浮兴衰，千年来那些沉寂的往事都可在图画中见到。画迹是中国文化历史最忠实的见证者、书写者和承载者，是我们民族复兴的坚实基础。

（三）符合园林教学核心，培养德才兼备的园林设计师

综合能力的培养、艺术品格和艺术修养的提升是设计审美的核心。

园林大师孙筱祥先生强调：“出色的专业造园师应同时是一位诗人、画家、园艺学家、生态学家和出色的建筑师，这五个方面是一位合格园林设计师的基本功。”孟兆祯院士提出：“青年设计师应具备三才——文才、画才、口才。”

艺术创作源于生活，高于生活，学习美术概论知识最终要运用到自身专业的创作和研究中去，无论是中西方绘画中不同的题材表现喜好，是山水笔墨皴法的气韵，还是印象派对于自然光下色彩的捕捉……美术作品的艺术性和诗性及其文化背景和不同思维角度都可以化为养料充分滋养专业的学习和设计。

本课程的学习提升学生综合能力和艺术素养，激发想象力、创新力，为专业学习注入灵感。

四、“中外美术概论”课程教学方法

（一）教学内容整合，突出重点，增加维度

中外美术概论知识内容涵盖面广，但课程计划16课时，非常有限。立足专业学生学习需要，以线带点，以点带面，以各自发展脉络为讲授主体线索，有中心有重点地规划教学单元，在此基础上还可从园林艺术相关角度、中西交流对比等角度拓展知识小节，增加学生获取知识的维度和深度。

（二）立体化知识资源获取

以课堂讲授为主体，结合PPT，同时利用网络慕课、雨课堂、课堂微信群等信息化手段丰富教学。并有针对性地安排课前预习内容，课后布置相关思考讨论问题，纵向拉伸课堂延伸度；通过分享参考书目、优秀美术纪录片等方式，鼓励学生走出课堂，走进美术馆、博物馆，到自然中、城市中发现美、发现艺术，横向增加课堂维度，激发学生学习的兴趣和自主性，丰富教学内容。

（三）优化闭卷考试题型，突出美育，加强学生自主思考能力考察

作为理论课程以闭卷形式结课考核，可督促学生对所学知识的复习巩固，能较好地考察分析学生学习知识掌握情况。在题型设置上，以客观题与主观题相结合的方式，并在此基础上增加作品分析、材料分析以及审美体会、艺术感悟等开放性试题，以拓宽考核视野，充分体现美育核心精神。

五、结语

“中外美术概论”课程是园林基础美术教学体系中重要的美术基础理论课程，将美术理论与绘画实践相结合，将艺术感知与技术相渗透，激发学生的想象力和创造力。

在新时代美育背景下，园林美术教学体系本着“立足于园林，服务于园林”的宗旨，突出园林特色，发扬园林专业学生的潜在优势，全面提高学生综合艺术能力，提升审美和人文素养。

参考文献

[1]中共中央办公厅，国务院办公厅．关于全面加强和改进新时代学校美育工作的意见，2020. 10. 15.

[2]童寯．论园[M]．北京：北京出版集团，北京出版社，2016.

Research on the Teaching of Introduction to Chinese and Non-local Arts Course in the Landscape Architecture Major Based on the Background of Aesthetics Education in the New Era

Han Yudui

(School of Landscape Architecture, Beijing Forestry University, Beijing 100083)

Abstract The Introduction to Chinese and Non-local Arts course is a optional basic art course for the Landscape Architecture major. The course establishes aesthetic awareness through the appreciation and interpretation of works of art, and has important significance in enhancing aesthetic appreciation and humanistic literacy and cultural self-confidence in the new era of aesthetic education. The course highlights the characteristics of Landscape Architecture and is an important part of the basic teaching of landscape art, laying a necessary foundation for subsequent design course learning.

Keywords aesthetic education; Introduction to Chinese and Non-local Arts; Landscape Architecture major

情境认知的教学构建

——以“旅游景区规划”课程案例教学为例

刘　伟

（北京林业大学园林学院，北京　100083）

摘要：有别于传统讲授式教学，情境认知理论强调个体与环境交互过程中的知识建构。案例教学作为情境认知的重要教学模式广泛应用于教学实践。本文以“旅游景区规划”课程案例教学为例，论述在情境认知背景下如何构建案例教学的体系和方法，从而推进课程教学整体的发展和创新。

关键词：案例教学；情境认知；教学方法

一、 情境认知的教育理论

情境认知理论（situated cognition）认为人类认识世界不能仅仅依靠个体逻辑和符号特征，在与环境的直接接触和互动过程中，人们才能更好做出符合自身目标的认知行为，其观点主要包含了寓身认知（embodiment thesis）、情境嵌入认知（embedding thesis）和延展认知（extension thesis）三种维度[1]。情境认知指出学习者需要在相关环境背景主动学习和探究知识，要为学习者提供知识的实践场，创造更为开放的学习生态系统。将学习内嵌于真实的情境与任务之中，促进学习者的知识有效迁移，从而解决传统学校教育中的惰性知识问题[2]。

情境认知的教育理论建构了个体、知识和环境的互动关系，更新了传统认知二元论对学习的认知，强调教学的真实“情景化”，推动了一系列教学模式的发展，包括认知学徒制、抛锚式教学和交互式教学。北京大学教育学者王宇、汪琼（2018）通过情境认知视角对慕课环境下真实学习进行了案例式研究，对比总结了全球的26门慕课，提出5种真实学习活动的教学方法，包括项目式教学、创设故事情境、案例教学、认知学徒制和联系真实实践的反思活动[3]。总而言之，基于实践项目和问题是情境化教学的主要方式，通过问题、案例等情境设置，“教”“学”交互，促使学生主动探究和学习，重新建构学习者个体的知识系统，不断提高运用知识解决问题的能力。

二、“旅游景区规划”课程特点

“旅游景区规划”是北京林业大学园林学院旅游管理专业的专业核心课程，主要分为理论部分和实践部分。理论部分主要讲授旅游景区规划的主要原理，通过介绍旅游景区规划的程序和步骤，掌握景区类规划的基本特点。实践部分则是在旅游景区规划理论课的基础上开设的实习课，使学生通过对旅游景区的亲身考察和体验，从实践中理解和体会合理规划的方法和意义，为学生将来进行真正的旅游景区规划提供了参考。

作为规划设计类的实践性课程，“旅游景区规划”教学过程中需要在任课教师指导下，

作者简介：刘　伟，北京市海淀区清华东路35号 北京林业大学园林学院，讲师，bjfulw@163.com。

资助项目：2019年北京林业大学教学改革研究课题“‘旅游景区规划’课程实践案例教学研究——以北京市域自然景区为例”（BJFU2019JY017）。

通过具体案例的介绍引入与知识相关的情境。学生结合知识在案例的情境下开展分析和讨论，从而做出相应的判断和评价，得出各自不同的结论，以此提高学生分析问题和解决问题的能力。案例教学可以更好拓展学生已有知识和经验，结合实际环境特点进行情境化教学，它有利于学生融汇不同学科的基础知识和基本方法，在具体社会环境下提高主动学习知识和使用知识的能力。

三、 情境认知背景下案例教学设计

（一）案例教学体系构建

课程案例以北京市域内的自然资源典型区域为对象，从“山水林田湖（河）草沙”及自然村落组成的完整生态环境出发，收集规划区域本底资料并进行归纳整理，使学生在现有资料分析研究的此基础上结合实地调查和评价，学习自然风景区的规划编制特点和基本方法以及安排与之相适应的生态游憩活动。

1. 例证型案例——自然景区规划案例体系构建

根据“旅游景区规划”课程教学大纲和课程内容，通过学生已掌握的自然资源类分析评价知识，收集自然型公园的国内外优秀案例，整理和评价相应案例区域的资源特色，用于举例说明并帮助理解自然景区规划所涉及的基本概念、基本理论和基本方法等。

面对复杂风景规划背景知识，案例研究可以更加直观、集中地展示规划综合知识，便于学生理解掌握。案例研究选择灵活性和资料丰富性，有利于不同地域、不同类型和不同层的风景规划实践总结。案例体系主要包括：地质地貌景观、森林景观、湿地景观、农业景观及综合类景观的分类整理和分析评价。依据教学过程中程涉及的基本原理、方法等，将案例作为一种可以转化为概念和理论性知识的媒介，利用图片、图表及视频教学手段，以展示和说明有关的理论与方法。这类案例体系结合理论讲解，重点在于让学生从客观的、局外人的角度来对案例进行分析，理解自然景观“是什么（what）”“为什么是这样（why）”最终达到通过案例掌握自然景区的景观特征评价及相关概念、理论与方法的目的。具体案例讲解过程中需要结合相应国际公约或国内法律规范加以说明，如世界自然文化遗产、国家公园、自然保护区及乡村景观等。

2. 实践型案例——北京市域自然景区典型案例分析演练

前述例证型案例侧重于自然资源的特点及其保护利用原则和方法，实践型案例则需考虑到规划实践教学的特点和目标，教学中还应针对性选取北京市域内典型的自然景区，并展开实地调查研究和规划编制演练。这类实践型案例是在学生已学习并掌握了自然公园规划的基本理论、基本方法以及规划报告编写的技术规范基础上，从“山水林田湖（河）草沙”及自然村落组成的完整生态环境出发，收集规划区域本底资料并进行归纳整理，使学生在真实场地信息的基础上通过实地调查、分析和评价，学习如何编制自然景区的规划方案以及如何有效开展生态旅游活动。

在进行实践规划教学过程中，首先分析北京市自然区域特点，收集整理不同尺度和资源特色的自然景区基础资料，包括该区域的自然、经济、社会条件等。为配合相应区域的资源特征，制订实际规划任务书，并要求学生通过调查不同地域的场地实例，对案例进行分析、比较、讨论和思考，明确不同尺度、不同类型的规划所涉及的理论知识、技术规范等。这部分除了弄清楚自然景区“是什么（what）”和“为什么是这样（why）”，还要结合自然资源特征和规划任务要求掌握“如何规划（how to do）”自然景区。实践案例根据北京市自然地理特征，选择具有代表性的三大自然景观片区：东部（潮白河水系景观）、北部（燕山山系景观）、西部（太行山山系景观），结合地域的基础资料和规划任务，要求学生尽可能了解北京市自然环境特点，在不同国土风貌特色基础上，对比研究不同案例区域的特征并指出进行规划演练区块中可能存在的不足及其优化解决方案。具体框架如图 1 所示。

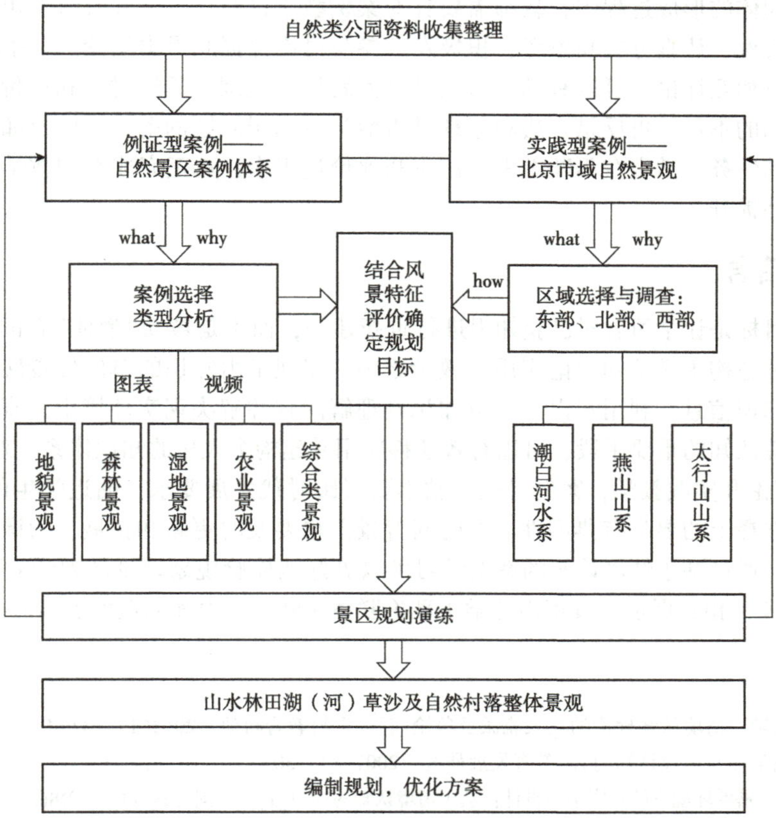

图 1　案例教学体系框架

（二）案例教学方法设计

1. 情境创设

案例教学始于问题的提出，通过合理选择案例(单个或多个案例)，凭借现有的理论知识(或理论假设)收集分析案例数据信息并解释结果，最终解决问题。情境创设从问题出发，教学中以具备真实情节的案例或故事引述问题，可以更好地激发学习者的学习动机，从而主动思考情境中出现的具体问题。情境创设的作用在于为知识的领会和运用创造条件和学习环境，案例的选择要考虑学习者的背景和已有经验，学习者对创设的情境要有一定的熟知度。以“旅游景区规划”课程情境为例，考虑学生平时学习和生活环境，以北京市内的自然景区为对象，根据课程要求选择不同类型案例设置情境，可以产生较高的共识度和认知度。

2. 知识建构

任何知识都不会孤立存在，在学习的过程中，学生将新知识信息与原有知识联系起来，从而建构新的知识意义，并将其纳入已有的认知结构中，完成同化过程。同时，学生已有的认知结构会与新的外在信息产生冲突，引发原有认知结构的调整或变化。“建构”一方面是对新信息的意义的建构，同时又包含对原有经验的改造和重组[4]。通过案例的情境设计要求学习者把新知识与已有的知识经验联系起来，在已有知识结构的基础上建构新知识，丰富或重构原有的认知结构，并在问题和情境中理解课程的知识、概念和原理。

3. 反思评价

当代认知心理学全面揭示了人类的认知活动及过程，科学验证了元认知对学习的促进作用，并将反思纳入元认知概念的范畴。反思可以及时发现并修正学习中存在的问题和不足，加深对深层知识和复杂概念的理解掌握，进而建构知识意义并用来解决实际问题。在教学实践共同体的形成过程中，教师需要针对案例教学进行讨论，并及时作出评价，学生则通过阅读案例，认真分析和思考，积极发言参与讨论并据此得出结论。学生之间和师生之间也要进行相互评论，可以有助于形成良好问题讨论氛围。通过讨论和评价，学生重新发现自己认知的不足，再反思方法和原理是否恰当应用于问题的解决，以及如何更好完成情境中规定的任务。学生在不断思考、讨论和评价过程中，真正完成案例教学中知识学习和应用的循环提升。

四、 结语

教学的目标是让学习者对已获知识进行重新建构，而不是被动“灌注”新的知识。情境认知作为一种建构主义认知理论应用于教学之中，实现了由知识的单向传授转向从情境中主动地获取知识信息，利用知识工具更加深刻理解问题并解决现实环境中的真实问题。案例学习是情境认知的重要手段，可以有效迁移应用并建构个人化的知识体系。对于“旅游景区规划”的理论和实践教学，案例研究和教学要紧跟时代发展要求，贴近学生的生活环境，在地域空间选择上的要具有典型性，在时间背景上也要及时更新和拓展，为课程的总体教学打好基础。通过基于情境认知的案例学习可以更好地检验规划理论的教学效果，“教”与“学”同步开展，相互促进，真正培养学生理论联系实际的能力和创造性思维能力。

参考文献

[1]刘革，吴庆麟．情境认知理论的三大流派及争论[J]．上海教育科研，2012(1)：37-41.
[2]高文．情境学习与情境认知[J]．教育发展研究，2001(8)：30-35.
[3]王宇，汪琼．慕课环境下的真实学习设计：基于情境认知的视角[J]．中国远程教育，2018(3)：5-13.
[4]张健伟，陈琦．从认知主义到建构主义[J]．北京师范大学学报(社会科学版)，1996(4)：75-82.

Teaching Construction of Situational Cognition
——Taking Case Teaching of Scenic Spot Planning for Example

Liu Wei
(School of Landscape Architecture，Beijing Forestry University，Beijing 100083)

Abstract Different from traditional teaching, situational cognition theory emphasizes knowledge construction in the process of interaction between individual and environment. As an important teaching mode of situational cognition, case teaching is widely used in teaching practice. Taking the case teaching of Scenic Spot Planning as an example, this paper discusses how to construct the system and method of case teaching under the background of situational cognition, so as to promote the holistic development and innovation of curriculum teaching.

Keywords case teaching; situational cognition; teaching method

欧美住房社区研究对“城乡社会综合调查研究”课程体系建设的启示

贾宜如　李　翅　高　原

（北京林业大学园林学院，北京　100083）

摘要：“城乡社会综合调查研究”课程是城乡规划专业本科生的必修课，是一门理论与实践相结合的课程。“城乡社会综合调查研究”的教学内容已经形成相对成熟的理论、方法和实践教学三个板块，然而城乡规划专业的学生在难以建立问题、理论、方法之间的联系，阻碍其调研实践的进度和深度。借鉴欧美住房社区研究相对成熟的“问题—理论—方法”研究体系，旨在增强学生整体设计和把握研究的能力，从而培养具备可持续学习能力、自主创新能力和团队协作能力的复合型城乡规划拔尖创新人才。

关键词：城乡规划；社会调查研究；欧美住房社区研究

社会调查研究是包括资料收集和资料分析的完整研究过程[1]，其核心是观察社会现象，解释现象发生的原因，并在此基础上进一步提出预测或指导决策。城乡规划中的社会调查研究主要关注城乡社会空间和与之相关的社会行为和社会现象。“城乡社会综合调查研究”是城乡规划专业本科培养方案中的必修课，也是本专业唯一一门将社科类理论探讨与实践训练相结合的课程。学习社会调查研究，有助于构建相对系统成熟的观察问题、分析问题、解决问题的方法，这正是城乡规划专业学生相对欠缺的能力。城乡规划学诞生于工学土壤，往往聚焦“如何解决问题”而非探求产生问题的机制，这不利于城乡规划学科基础理论和基本原理的形成[2]。

《教育部高等教育司2022年工作要点》提出，深化新工科建设，推动工科与其他学科交叉融合。在建设城乡规划一流学科的背景下，加强社会调查研究类课程的体系建设和教学内容改革，是培养适应新时代要求的、具备可持续学习能力、跨界整合能力、自主创新能力和团队协作能力的复合型城乡规划拔尖创新人才的关键。思政层面，社会调查实践引导学生关心社会民生，树立家国情怀和大局观念，增强社会责任感。党的十八大以来我国经济步入“新常态”，住房与社区是提升城乡品质、实现“以人为本”城市精细化治理的关键，也是当前我国城市工作的重点。例如，2022年发布的《北京市老旧小区改造工作改革方案》和《北京市城市更新条例》等政策均强调改善居住品质、加强城乡社区建设、提升社区治理。住房与社区研究也是城乡社会调查研究中的常见主题。纵观历年全国高等院校城乡规划专业城乡社会调查报告获奖选题，居住空间类调研的获奖选题数量最多[3,4]。

欧美国家的住房社区研究可以追溯到19世纪末20世纪初城市社会学的兴起，在经济学、制度学、管理学等领域也有很多相关的深入研究。城乡规划专业社会调查研究的课程教学可以借鉴欧美住房社区研究中的经典研究问题、成熟的理论基础和研究方法体系框架，

作者简介：贾宜如，北京市海淀区清华东路35号 北京林业大学园林学院，讲师，yjiaofficial@bjfu. edu. cn；
　　　　　李　翅，北京市海淀区清华东路35号 北京林业大学园林学院，教授，lichi@bjfu. edu. cn；
　　　　　高　原，北京市海淀区清华东路35号 北京林业大学园林学院，讲师，gaoyuan92@bjfu. edu. cn。

资助项目：中央高校基本科研业务费专项资金资助项目“韧性思想下的山地城镇国土空间规划实施综合评估”（BLX202112）。

有助于完善课程体系和教学内容，增强学生提出问题和设计研究的能力。本文基于“城乡综合社会调查研究”课程存在的问题，从研究选题、理论视角、研究设计、研究方法几方面介绍欧美住房社区研究，最后总结其对城乡综合社会调查研究教学体系建设的启示。

一、“城乡综合社会调查研究”课程教学中存在的问题

（一）理论、方法和实践教学板块之间的联系不够紧密

“城乡社会综合调查研究”课程的教学已经形成了相对成熟的三个板块，包含理论教学、方法教学和实践教学。理论和方法教学板块中，教师系统讲授城市社会学基本理论和调查研究方法。实践教学板块中，学生分组调研获取并分析各种形式的有价值的一手研究数据并完成调研报告，教师通过分阶段成果汇报指导学生的调研进程。然而在教学中，三个板块之间有一定脱节。理论和方法教学分别聚焦“什么理论”和“什么方法”，并未厘清理论、方法和研究问题两两之间的联系。在调查实践中，学生经常困惑于如何提出合理可行的研究问题，如何选择合适的理论和方法分析和解决研究问题，这从根本上而言是缺乏设计研究的能力。

（二）学生的理论和方法基础较薄弱

本课程授课对象为城乡规划专业大四学生，他们有一定的设计课和专业理论课基础，对城市社会空间有感性的认知，有些学生甚至已经参与过大学生创新创业项目中的社会调研。但是学生对理论和科学研究方法了解甚少，缺乏系统的研究方法和学术写作训练。在以往的专业学习中，学生主要关注如何通过设计解决城市社会空间中的问题；本课程则关注“问题是什么”和“为什么产生这样的问题”。教学中发现大量学生描述问题和解释问题仍旧停留在感性认知，止步于描述现状。改进这些问题需要指导学生运用数据和资料支撑假设并进行有逻辑的、合理的分析和推断。

二、欧美住房社区研究的研究选题、理论视角以及研究设计和方法

（一）研究选题

欧美住房的研究选题可分为宏观和中观层面及微观层面。宏观和中观层面关注城市和区域尺度的三类问题：一是住房市场运行原理；二是住房相关政策的变化，不同城市、区域或国家的政策比较，和住房政策对住房市场和居住区的影响；三是居住流动[5]。微观或者社区层面的研究更为广泛，经典议题包括社区“绅士化”*、社区更新、混合社区、可负担住房、住房选择等。近年来伴随着互联网技术发展、可持续生态理念等热点话题，又涌现出低碳社区、韧性社区、智慧社区等跨学科相关研究。微观层面的研究对应了宏观和中观层面的研究。例如，住房选择行为事实上解释了中观尺度上的居住流动；住房商品化和住房市场下的市场规则经常被用来解释“绅士化”、社区衰败或更新；住房政策和政府干预也是阐释“绅士化”、社区更新、混合社区的重要因素，也可以在这些微观活动中评估其效用。

（二）理论视角

欧美住房社区研究已经广泛运用经济学、社会学、制度学等不同理论。经济学视角的研究强调住房的商品属性，关注宏观和中观层面的住房供需关系和竞租，以及微观层面个人的理性选择。社会学视角的研究关注宏观和中观层面的社会分异隔离，和社区层面的社会关系和社会资本。制度学视角的研究聚焦宏观层面的政策变化和差异，以及微观层面的

---

* “绅士化”（gentrification）由英国学者格拉斯（Glass）于 1964 年提出，是指由中产阶层或更高收入阶层进入，引发区域内人口群体置换、房屋及土地价值变化的过程。

规则和约定。还存在不同理论融合的研究，如从经济制度视角研究社区公共物品[6]。

（三）研究设计和方法

宏观层面的研究多采用断面研究设计(某一个时间点)、纵向研究设计(不同时间点之间的差异)、和对比研究设计(不同城市、国家的差异)，多利用统计数据和大数据，进行城市或国家尺度上的定性或定量描述性统计和相关测量和检测。微观层面的研究采用案例研究设计、对比研究设计和实验研究设计，通过实地调研搜集社区内的相关数据，分析方法既有定性分析也有定量分析。欧美住房社区研究中，案例研究和定性定量混合方法是更常见的(图1)。

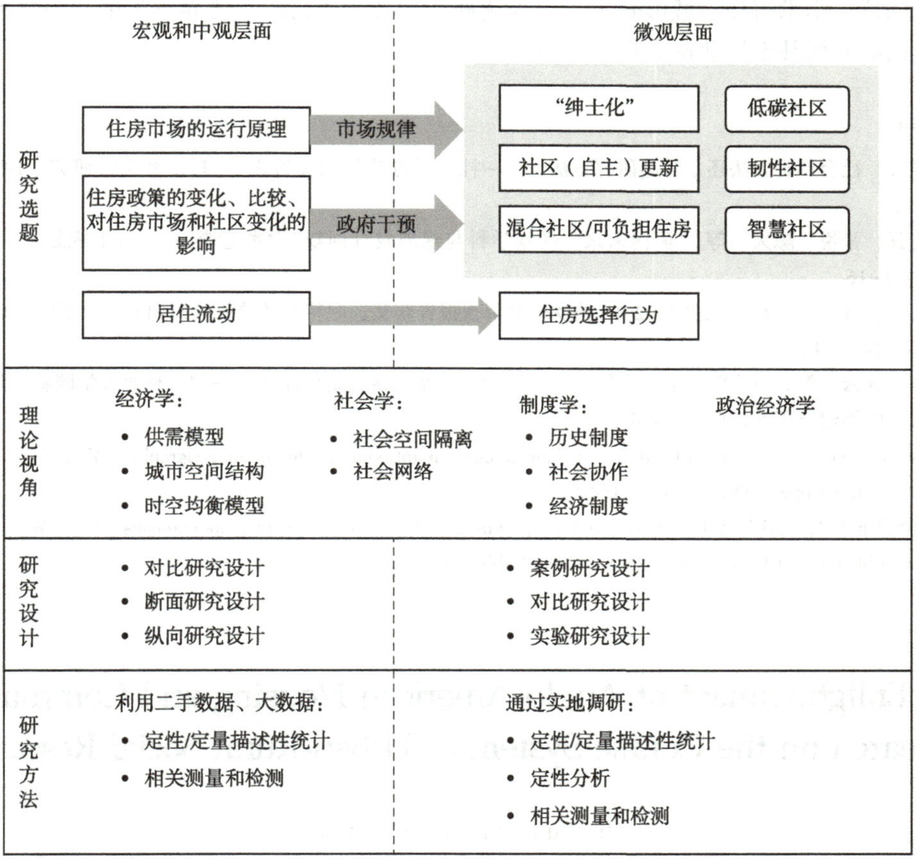

图1　欧美住房社区研究的研究选题、理论视角、研究设计和研究方法

三、欧美住房研究对城乡综合社会调查研究课程的启示

欧美住房研究已形成相对成熟的知识体系，包含不同空间层次的研究选题、多元的理论视角和研究方法，其中，微观尺度的研究和学生调查实践选题的重合度较高。借鉴其研究选题、理论视角、研究设计和研究方法的思路框架，可以改进“城乡综合社会调查研究”课程当前不同板块之间关联度低的问题，培养学生统一把握研究设计，提高学生科研能力。

（一）增加教授研究设计的课时，搭建研究问题、理论和方法之间的联系

在现有课程内增加2课时的研究设计讲解，重点教授学生在提出研究问题后如何布局后续的研究思路，尤其是基于不同理论视角设计研究方案，衡量不同研究方法之间的优缺点，并且通过设计研究来进一步审视研究问题是否合理可行。

（二）课程内增加一个专题讲解，扩展学生的选题思路

考虑到课时限制和学生知识基础，增加一个住房社区专题课程，重点讲解在一个大的研究主题下，能从哪些角度提出不同的研究问题，针对不同问题有哪些研究方案。这样的专题旨在拓展学生的选题思路。专题的选取参照国际前沿研究和热点话题，如社区治理、后疫情时代的社区、互联网背景下的社区。

（三）开设其他相关选修课程或者专题讲座作为必修课的补充

城乡规划专业本科的调研研究不应仅是一门课，而应当是一系列课程。“城乡规划社会综合调查研究”是针对大四高年级学生的专业必修课。可以针对大一大二的低年级学生，增加文献阅读、学术写作、城市研究入门等选修课或者专题讲座，培养学生的科研兴趣，为高年级的必修课甚至毕业论文打好基础。

参考文献

[1]风笑天．社会调查方法还是社会研究方法？——社会学方法问题探讨之一[J]．社会学研究，1997(2)：23-32.

[2]吴志强，张悦，陈天，等．“面向未来：规划学科与规划教育创新”学术笔谈[J]．城市规划学刊，2022(5)：1-16.

[3]向岚麟，邢子博，崔珩．2004—2016 城乡社会调查报告获奖选题特点及趋势分析[J]．规划师，2018，34(11)：142-148.

[4]李翅，钱云，等．高等院校本科生优秀城市社会调查及交通创新作品集——北京林业大学园林学院[M]．北京：中国建材工业出版社，2019.

[5]PAUL L KNOX，LINDA MCCARTHY. Urbanization：an introduction to urban geography [M]．NJ：Pearson Prentice Hall Upper Saddle River，2005.

[6]WEBSTER C J，LAI L W C. Property rights，planning and markets：managing spontaneous cities [M]．Edward Elgar Publishing，Cheltenham：Edward Elgar Publishing，2003.

The Enlightenment of Anglo-American Housing and Community Research on the Course System of Urban-Rural Social Research

Jia Yiru　Li Chi　Gao Yuan

(School of Landscape Architecture，Beijing Forestry University，Beijing　100083)

Abstract　Urban-Rural Social Research, as a compulsory undergraduate course of Urban-rural Planning, combines theory learning and research practices together. This course involves three main parts including theory, methods and practices. However, undergraduate students are struggling with connecting research questions, theoretical frameworks and research methods when conducting their research, which hinders high-quality research. Anglo-American housing and community studies have developed more than a century and systematically merge research questions, theoretical framework and research methods, which can be used to strengthen students' ability of research design and subsequently cultivate skilled and competent talents in the field of Urban-Rural Planning.

Keywords　Urban-Rural Planning; social research; Anglo-American housing and community research

旺“人”兴“碳”：“双碳”人才培养视角下的“景观生态规划与修复技术”课程教学改革探索

徐　昉　董　丽

（北京林业大学园林学院，北京　100083）

摘要：“双碳”战略目标是我国未来几十年里经济建设和生态文明建设的主旋律，充足的人才是“双碳”战略目标实现的必要条件，风景园林应为实现“双碳”战略目标提供人才支撑和智力支持。“景观生态规划与修复技术”课程关注了不同土地利用类型和景观格局的规划设计与生态修复，既有课程设计考虑了一部分碳相关内容，但对于“双碳”理念的应用不够突出，距离“双碳”背景下对碳中和创新人才的培养目标还有一定的差距。课程从形成世界观与思维、掌握知识面与方法、推动应用性与实践三方面入手，系统整理课程内容和大纲设置，通过案例分析、实践落地和模拟演练等教学方法，让学生在理念共振、价值认同、知识更新、思维训练、方法学习、实践指引等方面有所收获，真正实现旺“人”兴“碳”。

关键词：碳达峰；碳中和；生态文明；人才培养；景观生态规划

碳达峰与碳中和战略是一场深刻的经济社会系统性变革，关系到人们对主观世界和客观世界的反省和再认识。“双碳”战略目标催生专业人才需求，人才队伍建设助力“双碳”战略目标实现。2021 年教育部印发的《高等学校碳中和科技创新行动计划》指出，要加快构建高校碳中和科技创新体系和人才培养体系，着力提升科技创新能力和创新人才培养水平；鼓励开设碳中和通识课程，将碳中和理念与实践融入人才培养体系[1]。

园林学院诸多课程设置具有知识的复合性，旨在启迪学生深刻思考人与自然关系，掌握顺应自然、改造自然、修复自然的方法等。“景观生态规划与修复技术”是一门理论性与实践性突出、专业性和交叉性强的课程，人们以何种方式看待人类需求和自然生态，会影响景观规划和生态修复的策略选择。“景观规划与生态修复技术”课程应主动将课程内涵与绿色低碳理念、适应气候变化等有机融合，将“碳达峰”与“碳中和”目标融入该课程，既能帮助师生立足新发展阶段，强化绿色环保意识，践行低碳生活，又能在今后的学习和生产实践中落实低碳发展相关政策和目标，明确策略、措施和行动计划，为实现“碳达峰”目标和“碳中和”愿景贡献力量，努力实现旺“人”兴“碳”。

一、　课程现状评估与教改目标

（一）课程概况

“景观生态规划与修复技术”课程内容涉及风景园林、生态学、地理学、植物学和环境工程等多个领域，与“双碳”战略目标关系紧密。该课程一般设置在第六或第七学期，学生经过前期植物学、园林生态学课程的学习，已经对相关理论知识有所积累，为景观生态规

作者简介：徐　昉，北京市海淀区清华东路 35 号 北京林业大学园林学院，讲师，fangxu2019@bjfu. edu. cn；
董　丽，北京市海淀区清华东路 35 号 北京林业大学园林学院，教授，dongli@bjfu. edu. cn。

划与生态修复基础理论知识的学习打下了一定的基础。既有课程设置里也涉及碳的相关知识，但整体而言还缺少“双碳”知识的专门介绍，“双碳”理念的应用不够突出，与“双碳”背景下对“碳中和”创新人才的培养目标还有一定的差距。“双碳”人才应具备综合科学素养、跨学科视野与跨领域减排增汇能力，能在碳核查、碳计量、碳监测、碳管理、碳交易、碳减排、碳增汇、碳转化、碳利用等岗位上发挥双碳专业技能[2]。“景观生态规划与修复技术”课程更侧重于碳监测、碳减排、碳增汇等方面的能力培养。表1展示了对现有课程中与碳相关内容进行的评估及调整。

表1　现有课程碳相关内容评估

碳相关知识	简要描述	已讲授内容	所在章节	课程内容调整
碳监测	针对碳源、碳汇的监测评估工作	介绍碳排放遥感监测基本方法	生态修复的监测和评价	增加对碳排放、环境中温室气体浓度、生态系统碳汇等的定量监测方法，如综合观测、数值模拟、统计分析等，以及碳汇本底调查等相关内容
碳减排	减少 CO_2 等温室气体的排放量	介绍工业生产、道路交通、水污染等的碳排放问题及对气候变化的影响	绪论；矿山棕地等工业废弃地、道路水体等廊道、农田土壤等其他类型的生态修复技术	增加IPCC指南及工业废弃地、道路交通等相关类型碳排放数据及计算方法，以及相应降碳路径
碳增汇	对 CO_2 的增汇和碳储	介绍生态系统固碳增汇基本作用	绪论；生态修复的理论基础概述	增加河流、湿地、林地、草地等生态系统固碳增汇原理、增汇潜力评价，以及生态修复评价中碳绩效评价相关内容

（二）教改目标

此次教改探索的目标，一是形成世界观与思维，让学生理解减排固碳不是强压而是自主需要，形成用降碳思维观察世界、改造世界的自觉；二是掌握知识面与方法，系统掌握“双碳”的基本知识、概念及碳核算的方法等；三是推动应用性与实践，为园林学院培养知信行合一的人才。基于以上目标，构建了“景观生态规划与修复技术”课程教学改革研究思路(图1)。

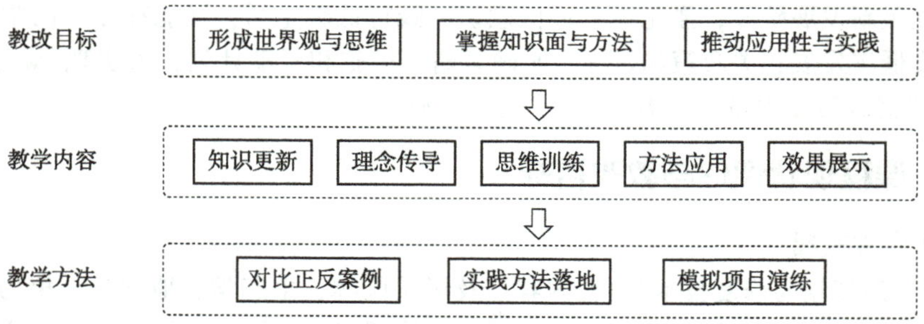

图1　课程教学改革研究思路

二、“双碳”人才培养视角下的课程改革探索

针对课程现状与“双碳”人才培养的差距，该课程拟从教学内容及教学方法等方面进行

改革探索，以提升教学效果，从而提高学生的知识水平和创新实践能力，有助于实现“双碳”背景下对“碳中和”创新人才的培养目标。

（一）应时而变：教学内容改革

课程在既有内容的基础上，有机融入碳相关内容，调整教学重点（表2）。

在知识更新方面，传授学生基本的政策内容、建立“双碳”相关知识结构、掌握测碳储碳相关方法。设立与每个章节相关的“碳达峰”“碳中和”问题，引导学生积极查阅与其相关的各类文献知识。

在理念传导和价值培养方面，让学生了解“碳达峰”“碳中和”战略目标是习近平生态文明思想和新发展理念的重要组成部分[3]，景观规划设计、生态修复是落实“碳达峰”“碳中和”战略目标的重要抓手，学生应树立节能减排的绿色发展理念、人与自然和谐发展的价值观。

在思维训练，“双碳”是指导问题分析、规划设计和生态修复的方法和目标，要养成“碳思维、碳分析”的习惯，重新审视现有的景观规划和生态修复的思路方法，注意低碳、景观美学等不同目标价值的平衡。

在方法应用方面，通过讲授和提问、探讨、汇报等方式，使学生掌握低碳景观营造、低碳导向的生态修复中的常用方法和注意事项，了解并实践碳汇核算相关方法，培养学生将碳相关理论知识运用于解决实际规划与修复问题的能力。

在效果展示方面，通过案例教学体会低碳景观规划的形态，感受既有景观低碳改造的重点难点，设想新区低碳景观规划的可行方案。

表2 “双碳”理念下课程内容调整重点

目标维度	增加内容
知识更新	“双碳”相关术语及方法，政策文件、习近平总书记论述、生态系统固碳能力介绍
理念传导和价值培养	习近平生态文明思想、绿色低碳理念、应对气候变化等理念
思维训练	景观规划和生态修复过程中的碳分析思维、多目标平衡的系统思维
方法应用	结合案例合理运用碳排放[4]、碳汇核算方法[5]（如样地清查法、遥感模型法、涡度相关法等）解决问题
效果展示	展示国内外低碳景观规划及生态修复案例的碳绩效

（二）授人以渔：教学方法改革

1. 对比正反案例

一方面介绍丹麦、瑞典等国低碳社区[6,7]等“双碳”景观规划案例，使学生能直观感受到低碳设计可以取得良好的经济、社会、生态效益，以“双碳”为目标的景观规划设计有广阔的应用前景；另一方面结合规划设计案例指出在绿色建筑方案、道路硬化、电力设施使用等方面的不足。同时，列举贺兰山生态保护修复等典型的生态修复案例，启发学生思考如何在修复过程中体现“双碳”理念。

2. 实践方法落地

风景园林专业学习需要从实地观察操作积累经验，以实例检验证实理论方法。如固碳方法方面，讲授了碳排放和碳汇相关核算方法及其在景观规划中的应用。如有很多学者分析过如何营造低碳公园，但真正去将方法落地的实例并不多。可以组织学生进行文献综述，总结梳理相关措施路径，分组去观察北京典型绿地、公园，既分析现有公园在降碳方面设计的优秀做法和不足，也探讨学者提出景观规划设计方法是否可行。

3. 模拟项目演练

实现旺“人”兴“碳”，就是让学生掌握双碳知识方法，并在工作中得以贯彻落实“双碳”理念战略。教学过程中可以模仿学生的就业方向，有针对性地提前进行相关演练。如可由老师模拟甲方发布某地“‘碳中和’示范景区景观生态规划”招标文件，给定某一区域的现有景观构成、土地类型、水系分布、植物种类数量、预算安排等。学生分组合作制作投标文件，给出自己认为的低碳设计最优解和符合客观实际的最可得解。既可以检验学生对“双碳”理念理解、方法掌握的程度，也可以使其提早感受毕业后可能的工作过程。

三、 教改效果

人无业不立，业无人不兴。课程改革实现旺“人”兴“碳”，要让学生在理念共振、价值认同、知识更新、思维训练、方法学习、实践指引等方面有所收获。

（一）个人学习与国家政策目标衔接

学科发展、学生学习要与党和国家政策目标相一致，学科和个人才会有持久的发展。培养“双碳”人才，课程教改促使学生对既有的理念、路径、技术等进行反思，使“双碳”理念方法由无知无觉、不知不觉到深知自觉，让园林学院学子在未来职业竞争中储备一定的政策知识基础。还可以邀请政策制定专家解读文件原意，通过纪录片等展示“双碳”战略目标成果。

（二）课堂学习与社会实操兼顾

课程以文献梳理方法、比较分析法、历史研究方法和案例分析法等，使学生掌握必要的“双碳”知识方法，理解“双碳”战略的必要性，接受“双碳”战略的必然性，体会“双碳”战略的可行性和正确性。培养“双碳”人才，完成课堂教学的同时，以案例分析、模拟招投标、公园固碳能力分析等，引导学生用掌握的“批判的武器”指导实践。

（三）价值观与方法论协同更新

“碳达峰”“碳中和”是一种理念和价值，更是一种思维和方法。价值观契合确保道路正确，方法科学体现专业能力。培养“双碳”人才，就是既要使学生树立节能减排的绿色发展理念、人与自然和谐发展的价值观，同时掌握与价值理念相匹配的碳测算方法、各类景观固碳能力、人工捕碳方法等，为学生未来从事相关科研和实务工作等打下基础。

（四）定性判定与定量分析兼学

怎么认识“双碳”理念是一种定性判定，如何做到“双碳”、做好“双碳”需要定量分析。人与自然是生命共同体，“双碳”战略要在人与自然关系的大框架下去理解。“双碳”重要，但并不具有唯一性和绝对性。培养“双碳”人才，课程引导学生定量分析各类新能源运用，指导发现风能、光伏能源使用对景观美学等的影响，从而培养学生具有多元化价值目标思维的能力，掌握用数据和事实来定性的方法。

四、 结论

“双碳”理念因人学习、实践而“兴”，个人发展因契合“双碳”战略而“旺”。碳排放问题代表着人们对人与自然、人与经济社会发展关系的反思，风景园林学科的核心关系之一就是在人的需求与自然景观之间进行选择和取舍，与碳排放问题有着天然的关联。景观生态规划是风景园林学科中的重要内容，学生在设计规划之初就应考虑碳排放的问题，这既是人与自然和谐理念的贯彻，也体现了北林学子对时政方针的敏感度和快速应对能力。

在“双碳”背景下，本次通过对“景观生态规划与修复技术”课程的教学改革，尝试将“碳中和”理念与实践融入人才培养体系，从教学目标、教学内容和教学方式等几方面不断优化课堂授课质量，更新教学理念，提高学生对“碳中和”技术的学习兴趣，增强学生的科学素养和创新实践能力，为培养具有“碳中和”科技创新能力的专业技术人才提供理论支持和实践探索。

参考文献

[1]教育部关于印发《高等学校碳中和科技创新行动计划》的通知[J]. 中华人民共和国教育部公报，2021(10)：43-46.

[2]彭必得. 为实现“双碳”目标提供人才与科技支撑[J]. 中国人才，2022(8)：44-46.

[3]习近平. 在第七十五届联合国大会一般性辩论上的讲话[N]. 人民日报，2020-09-23(2).

[4]马翠梅，徐华清，苏明山. 温室气体清单编制方法研究进展[J]. 地理科学进展，2013，32(3)：400-407.

[5]张桂莲，邢璐琪，张浪，等. 城市绿地碳汇计量监测方法研究进展[J]. 园林，2022，39(1)：4-9，49.

[6]苏俐雅. 丹麦低碳社区的可持续发展实践[J]. 世界环境，2015(5)：32-33.

[7]景璨，陈可石. 政府主导下城市棕地向低碳社区转变的探索研究——以斯德哥尔摩皇家海港为例[J]. 城市发展研究，2016，23(7)：46-50，28.

Invigorating “People” and “Carbon”: Exploration on the teaching reform of Landscape Ecological Planning and Restoration Technology from the Perspective of Carbon Peaking and Carbon Neutrality Talent Training

Xu Fang　Dong Li

(School of Landscape Architecture, Beijing Forestry University, Beijing　100083)

Abstract　The goal of carbon peaking and carbon neutrality is the main melody of economic construction and ecological civilization construction in the next few decades in China. Sufficient talents are the necessary conditions for the goal realization. Landscape Architecture should provide talent and intellectual support for the goal. The course of Landscape Ecological Planning and Restoration Technology focuses on the planning, design and ecological restoration of different land use types and landscape patterns. The existing course design considers some carbon-related content, but the application of the concept of “carbon peaking and carbon neutrality” is not prominent enough, and there is a certain gap between it and the training goal of carbon neutral innovative talents under the background of “carbon peaking and carbon neutrality”. The course starts from three aspects: forming the world view and thinking, mastering the scope of knowledge and methods, and promoting the application and practice. The course systematically arranges the course content and syllabus. Through teaching methods such as case analysis, practice and simulation exercise, students can learn about concept resonance, value identification, knowledge updating, thinking training, method learning and practical guidance, so as to truly invigorating “people” and “carbon”.

Keywords　carbon peaking; carbon neutrality; ecological civilization; personnel training; landscape ecological planning

小组宣讲法在"旅游经济学"本科教学应用中的后续探索

赵雅敏

(北京林业大学园林学院，北京 100083)

摘要："旅游经济学"课程建设第一阶段的主要任务是解决"教什么"的问题，第二阶段解决"如何教"的问题，其中"小组宣讲"作为本课程多样化教学方法的一种已使用数年。本文旨在对笔者在应用此教学方法中所做的探索进行总结，并就该方法在使用过程中所反映出的问题进行分析。

关键词：小组宣讲；教学；旅游经济学

一、 问题的提出

笔者自2003年入职北京林业大学园林学院旅游管理专业教授"旅游经济学"课程以来，按照学校、学院以及本专业对教学改革以及课程建设等方面的要求，主要进行了以下探索：

第一，根据调整后的2007年版、2011版以及2015版本专业教学计划的要求，解决了"教什么"的问题，即搭建以教案讲义、教学课件、教学案例、试题库为支撑的、系统化的立体教学资源体系[1]。

第二，进一步探讨"如何教"的问题，即在"课堂讲授与案例教学相结合，教师指导与学生讨论相结合，期末考试与过程性考核相结合"的总体思路指导下，综合有关教学模式与教学方法的理论、他人教学实践经验的总结以及个人以往的教学经验，选择了课堂讲授、案例教学、小组宣讲以及课程论文四种教学方法[2~4]。

按原有设计，"小组宣讲"环节以学生为主导，从课程计划的32学时中拿出6个学时作小组宣讲，每学期上课前将学生随机分成3~4人组。为加强不同班级、不同性别同学之间的沟通，培养学生团队合作能力，不允许学生自由组合。小组宣讲题目来源可以是课程讲解过程中所涉及的思考题，可以是同阶段课程内容中感兴趣的话题，也可以是课程进行过程中媒体关注的热点问题、热点现象、热点话题，要求各组宣讲前务必与教师沟通后确定最终选题以避免重复。课前，各小组围绕既定选题收集资料，整理思路，提炼观点。课上，每个小组有10分钟的时间来阐述自己的观点，具体形式可以自定；小组阐述结束后，教师可做简要评价，亦可由其他同学提问。为保证其他同学能认真对待小组宣讲并积极思考，可将其他同学在提问环节的表现也纳入考核当中。课后，各小组应提交书面资料及参考资料清单(PPT内容，A4)以备案。本环节占学生期末总评的比例为25%。

"小组宣讲"在本课程中使用已有数年。本文旨在对笔者在应用此教学方法中所做的探索进行总结，并就该方法在使用过程中所反映出的问题进行分析。

作者简介：赵雅敏，北京市海淀区清华东路35号 北京林业大学园林学院，讲师，ymzhao@jianqiao.cn。

二、小组宣讲法在“旅游经济学”教学中的具体应用

（一）课前

1. 分组原则

一般课程作业的小组分配是由课代表或者各班学习委员来完成，且在分组时受到同学之间原有亲疏关系的影响，同班、同宿舍或者关系比较近的同学往往会组合在一起。以此方法形成的小组固然会因为小组成员相互比较熟悉，默契程度较高，容易催生出高质量的产出成果，但考虑到学生工作后不可避免地要参与到各种程度的团队工作中，学会与不同背景、不同性格的团队成员沟通与交流已经成为影响其未来职场成功的重要技能。因此笔者在本课程的小组分配中采用了“教师主导，随机分配”的原则，同时兼顾小组成员间性别与班级的平衡，把全体学生按照 4 人左右的规模分成若干小组，并且强调不允许学生间的自由调动。这样，同一小组成员之间就需要与自己原本并不十分熟悉的团队成员来合作共同完成小组作业。正是在这样的合作中，学生们与不同背景、不同性别、不同性格的团队成员沟通与交流的能力逐渐得到了提升。

另外，值得说明的一点是笔者在进行小组分配时并未指定小组负责人。由谁来负责把小组成员召集到一起，完成选题、分工、资料的收集与整合等琐碎而劳心的工作，对小组成员也是一个不小的考验。

2. 确定选题

笔者要求待宣讲小组需要在宣讲前一周确定选题，并通过微信或邮件的形式告知教师。选题范畴集中在以下三个方面：

第一，同阶段课程内容中，小组成员共同感兴趣的部分；

第二，课程讲解过程总所涉及的思考题；

第三，课程进行过程中媒体所关注热点问题、热点现象、热点话题。

旅游经济领域的各种新问题、新现象和新做法层出不穷，在“旅游经济学”的教学过程中适当开展对这些热点问题、热点现象、热点话题的讨论是非常必要的。这不仅可以增加互动，活跃学习气氛，而且可以帮助学生拓宽思路、开阔视野，做到学以致用，加深对课程内容的理解。例如，在讲到“旅行社成本结构与盈利模式”这一部分，刚好发生了某明星炮轰携程捆绑销售的风波（图 1）。笔者顺势向同学们介绍了航空公司与旅行社之间合作关系变迁的历史，课后马上就有小组向笔者表示要对携程的商业模式进行深入研究，并且完成了一份十分不错的小组作业。

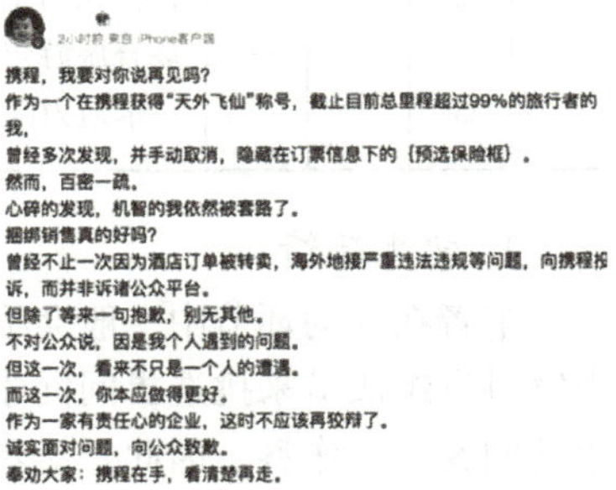

图 1　某明星在其微博中炮轰携程的捆绑销售

（二）课中

1. 小组宣讲的时间安排

以往各小组宣讲时间为 15 分钟，其中包括 10 分钟的陈述时间以及 5 分钟的互动时间。但学生普遍反映陈述时间短，不能将小组讨论的结果完整地呈现出来。因此，在最新一轮的教学计划中，将课堂宣讲的课时从 6 课时增加到 8 课时，每次有 4 个小组参与宣讲，每个小组共有 20 分钟，其中包括 15 分钟的陈述时间，而互动时间则保持不变，各小组将会有更充裕的时间来展示自己团队合作的成果。

2. 宣讲结束后的互动环节

笔者以往未对学生在互动环节的表现作硬性规定，因此出现了个别学生表现过于积极，

但也有学生不热心参与甘当看客甚至逃课的现象。因此，笔者重新制定了规则，即规定“每个学生在互动环节中至少提问一次，否则无法取得本环节成绩(占本课程期末总评成绩的25%)”。这样给学生一定压力，迫使其认真关注、思考其他小组的宣讲内容，并能够积极地与宣讲小组就宣讲内容展开互动，达到教学相长的目的。同时，互动环节当中的问答也使得同学们略微尝试到了毕业论文答辩的感觉。

(三)课后

1. 教师反馈

笔者在课前收到待宣讲小组的PPT后，从宣讲的选题质量、逻辑结构、研究方法等角度对其做初次评价，课堂宣讲时再结合该小组的实际表现(如时间掌控、小组分工、内容呈现方式等)再给出一个评价，并将上述评价结果(表1)当场反馈给相应小组，责成该小组依据老师反馈的问题对宣讲内容进行修改与调整后在规定时间内发送至老师的邮箱。

表1　笔者对小组宣讲完成情况的评价

组别	学号	分数	提问	题　目	结　构	存在问题
1	105			中国出入境旅游失衡	1. 现状：人数与收支、与周边国家对比、未来趋势 2. 原因：经济、政策、社会 3. 影响：积极、消极	1. 题目只给了方向，没有给角度 2. 入境旅游与出境旅游 3. 数据与结论 4. 是否存在失衡、逆差 5. 社会因素包括哪些 6. 原因分析重点：出境消费高或入境消费低 7. 积极影响或消极影响：就业
	124					
	216					
	228					
2	106			旅游年票经济学分析——以锦绣江山全国联合旅游年票一卡通为例	1. 旅游年票简介及概述—what 2. 旅游年票经济学实质分析 3. 旅游年票的优势 4. 旅游年票现存问题 5. 对比—作用	1. 题目：……——以××为例 2. 经济学实质：供给 vs 需求；效益最大化 3. 年票案例——紧紧围绕
	122					
	231					

2. 学生反馈

笔者在互动环节中一般会根据宣讲小组的成员数开放相应数量的提问机会给现场同学，由宣讲宣组成员来挑选提问同学。但由于时间所限，宣讲小组无法对互动环节中同学们提出的问题一一作答。因此，笔者要求宣讲小组从所提问题中选择一个现场回答，其余的问题留待课下查询相关资料整理出答案附在宣讲PPT里返给笔者。

笔者在收到PPT并确认宣讲小组已按照反馈意见对宣讲内容进行修改与调整且对互动环节所有问题进行了解答后，将该PPT分享至相应班级的公共邮箱供学生查阅与学习。

三、从小组宣讲中反映出的问题

从历届学生本环节完成情况看，普遍存在以下问题：

(一)理论基础差，研究设计能力欠缺

低年级本科生尚未接受系统的理论训练及学术训练，研究设计、理论分析以及实践动手能力还较为稚嫩。小组成员在选择好研究对象之后通常就不知道该如何进行下一步研究设计，选择恰当的切入角度以及研究方法了，以至于整体研究思路混乱，研究结构之间的逻辑性差。如表1所示的第2小组，最初跟笔者沟通后确定的研究对象是旅游年票，但小

组成员在具体进行研究设计时混淆了"从一般到具体"以及"从具体到一般"的研究思路，把两者杂糅在一起，先从一般性角度去分析旅游年票的经济学实质、旅游年票的优势，转而又从具体角度分析"锦绣江山全国联合旅游年票一卡通"(以下简称"锦绣江山")使用中存在的问题及局限性，并推而广之认为这类问题是旅游年票普遍存在的问题。而实际上对这个问题，既可以选择从一般意义上研究旅游年票这种形式出现的原因、背景等内容，并用"锦绣江山"去佐证上述研究所得出的相关结论，也可以具体问题具体分析，将研究对象限定在"锦绣江山"上从探讨这个产品出现的背景、原因、市场反馈等内容，在此基础上为推动该产品的普及建言献策。从任何一个视角进行研究都可以丰满地完成一个 15 分钟的汇报。但不幸的是该小组把两个视角杂糅在一起，使得整个研究结构不是很合理。

(二)小组成员"分而不合"或"貌合神离"

虽然小组宣讲应是团队合作的结晶，但从学生们的宣讲表现看，很多时候他们是有分工无合作，从表面上看各部分内容罗列在一起，但研究内容之间有时前后重复、互相矛盾，又或是毫无关联，缺乏有效的整合，因而是"分而不合"或"貌合神离"。如第 1 小组在讨论中国出入境旅游失衡积极与消极影响时都谈到了"就业"。出境旅游的繁荣与入境旅游的停滞确实会刺激对某些岗位人才的需求而同时也会抑制对另外一些岗位人才的需求。但就讨论出入境旅游失衡对就业产生的影响而言，应该是综合考虑上述两方面的情况后综合得出的结论，而不是给出一个自相矛盾的结论。造成此类问题出现的原因在很大程度上是因为小组成员之间的沟通不足，甚至没有沟通。

上述小组宣讲在旅游经济学、教学应用中出现的问题虽具有普遍性，但所幸发现得早。随着专业学习的深入，不同的专业课教师都会从各自的研究背景与研究经验出发对理论学习、研究设计做相应的引导，相信学生的研究能力、团队合作能力一定会得到很大提升。

参考文献

[1]刘俊．研究性教学方法在《旅游经济学》本科教学中的运用[J]．中山大学学报论丛，2007(8)：41-46.
[2]肖湘君．参与式教学法在《旅游经济学》教学中的应用研究[J]．考试周刊，2014(89)：159-160.
[3]曹辉．《旅游经济学》精品课程研究性教学模式的探究[J]．中国林业教育，2016(5)：35-38.
[4]王裕光．关于《旅游经济学》教学改革路径的探索[J]．教育教学论坛，2016(43)：123-124.

Follow-up Exploration on the Application of Group Presentation in the Teaching of Tourism Economics

Zhao Yamin
(School of Landscape Architecture, Beijing Forestry University, Beijing 100083)

Abstract The main task of the first stage of the course construction of tourism economics is to solve the problem of "what to teach" and the problem of "how to teach". Group presentations have been used in this course for several years as part of a variety of teaching methods. This paper aims at summarizing the author's exploration in the application of this teaching method and analyzing the problems reflected in the use of this method.

Keywords Group presentations; teaching methods; Tourism Economics

“手绘表现技法”改革实践成果与探索

刘 虎　杨 东　袁 琨

（北京林业大学园林学院，北京　100083）

摘要：“手绘表现技法”课程是设计基础课程之一，该课程对于学生手绘技能训练和专业素养有切实的影响。本文概述了近三年教学改革所取得的成果，并根据2023年课程时间安排，从课程设置、教学内容和深化数字化建设三方面分析存在的问题，明确提出该课程教学目标为支持专业设计课程，学以致用促进园林设计是教学改革目的。

关键词：手绘表现技法；教学改革；数字化；专业设计课

一、“手绘表现技法”课程概述

“手绘表现技法”课程为风景园林、城乡规划、建筑学等专业的设计专业基础课。手绘表现简洁流畅，能够快速表达设计者思路，是从事设计专业不可或缺的基本技能。一方面，该课程作为本科一年级基础课与素描、色彩课程侧重手绘技法艺术表达，提高学生审美训练；另一方面，该课程又与后续专业课程以及毕业设计一道培养学生的图纸表达能力、形态思维能力和综合设计能力。从2018年课程改革至今，学生从单一手绘技法与实践场地设计结合，通过平面图、剖面图、鸟瞰图对空间设计有一个入手的方法，最终培养自身对于园林设计有基础性了解并取得了一定的成果(图1)。

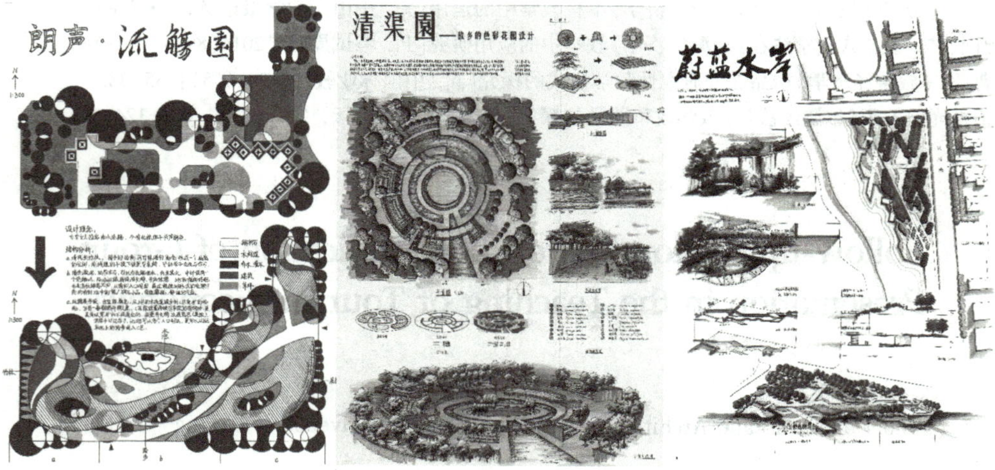

平面元素归纳　　圆形元素效果图　　三角形元素效果图

图1　课程连续性示例图

作者简介：刘　虎，北京市海淀区清华东路35号 北京林业大学园林学院，讲师，liuhu19810506@bjfu. edu. cn；
杨　东，北京市海淀区清华东路35号 北京林业大学园林学院，讲师，yangdong@bjfu. edu. cn；
袁　琨，北京市海淀区清华东路35号 北京林业大学园林学院，讲师，yuankun@bjfu. edu. cn。

二、目前"手绘表现技法"课程存在的主要问题

（一）课程设置安排

在2022年的教学大纲中，"手绘表现技法"改革为16学时的实践类课程，时间上迫切需要美术类课程提前打基础。设计专业与其他专业相比有一定的特殊性，确切地说就是要求学生有一定的"读图能力"[1]。如何在有限的时间内使学生迅速掌握该课程的要点并转化为自身技能，一直是每个教学领域的重要课题[2]。教学过程对于学生而言是一个以心理活动为基础的情感过程和认知过程的统一。北京林业大学园林专业本科第一学期学习"素描""制图基础"课程，第二学期学习"水彩"和"设计表现技法"课程。其中，"素描"讲授基本造型，而"水彩"讲授色彩原理和色彩塑造，这两门课程以美术专业为基础。根据以往教学经验，学生的问题主要出在透视和马克上色两个方面，"制图基础"的画法几何透视可以提供理论基础，但不适应手绘快速表达，"制图基础"中画法几何内容过于繁杂，相对于"手绘表现技法"课程专业性不强。这种课程安排看似合理，但各课程之间缺乏衔接，不能很好地为设计课程服务。以本科一年级第二学期"水彩"课程和"设计表现技法"课程同时开课为例，由于学生缺乏色彩的基本塑造能力，导致"手绘表现技法"课程中，学生从手绘工具到色彩表达非常吃力，从教师到学生需要花费大量时间消化色彩基础知识，造成课程部分重复。

（二）教材与教学内容以教师个人经验为主

目前专业的手绘教材以建筑、景观设计表现技法为主，一些教材内容严重交叉重复，学科设置缺乏对相关知识的综合，横向上过窄，纵向上过浅，只有知识的罗列，缺少连续性与联系性[3]。导致在教学中以教师的个人经验为主，具有北京林业大学风景园林手绘表现技法特点的表现技法教材少之又少，市面上常用的教材专业侧重不同，案例分析各具特色。现存教材缺乏专业性、针对性，某些教材中只涉及手绘技法类基础教学内容，不包括风景园林场地、空间、概念核心内容，脱离风景园林设计课程实质，对学生而言缺乏实用性和指导性。

（三）教学目标模糊

课程目标不明确。目前教师"手绘表现技法"课程备课时间仍然以40学时长期水彩临摹建筑风景照片为主，从学生反映情况来看，在接下来的"建筑小品设计"和"园林设计"课程中，"设计表现技法"课程内容与设计课之间很难联系，甚至导致学生还需要报校外培训班来学习手绘表现技法以适应接下来的专业课程。"手绘表现技法"属于实践类课程，除了让学生学习手绘艺术表现技法之外，应对园林设计形成初步认识过程。目前该课程教学定位在"促进设计"与"纯艺术表达"之间摇摆。课程内容包括了解透视原理，掌握水彩、马克等手绘工具，着重以长期临摹进行色彩描绘的纯艺术性表达，强调表现形式而非设计思维，与后期园林专业设计课程之间的衔接较差。

三、"手绘表现技法"教改策略

（一）明确教学大纲目标为"促进设计"而非"艺术表达"

明确教学目标为"促进设计"而非"纯艺术表达"。要求教师梳理各课程之间的相互关系，明确课程目标，以16学时为基础，根据学生的实际需求切实展开教学。

以往手绘表现技法中通过长时间的水彩或其他临摹来完成高质量"艺术性"作业既不符合专业需求，在教学时间上也不可行。空间特征是风景园林专业的核心特征之一[4]，教师教授课程应该始终围绕设计进行展开，强调手绘表达与场地、空间、概念核心内容。"手绘

表现技法”讲授的不止包括各元素如植物、山石观、水体、天空等的表现方法和技巧，还要有对于场地平面图的分析，教学要以“促进园林设计”而非“纯艺术表达”为目标，培养学生从概念到形式最终生成场地的效果图表达思维习惯。这种从无到有、从二维平面图到实际场地的空间组织和表达创作能力对于学生而言更为重要，使学生可以通过“设计表现技法”课程在接下来的专业课程中对于场地条件和空间诉求有一个基本入手的方法。本科一年级新生对于经典园林的理解不能只有感受和体验，而更要着重于对于用空间形式法则来解构园林设计空间构架的内在逻辑元素[5]，设计表现技法系列实践教学的课程目标是除了让学生了解手绘技法之外，逐步引导学生从塑造开始，提升到对园林设计准确认识过程。从教学角度看，与高年级专业课有前后续的要求；从学生的角度看，有循序渐进的要求。

（二）课程内容强调学以致用

在手绘技法方面促使学生从手绘技法到设计实践知识具有系统性和连续性，明确手绘表达技法课程和设计课程的目的和因果关系。以往课程中，“手绘表现技法”为40课时，水彩临摹是表现技法课程中的一个主要方式，与水彩画一样，优势是这种训练可以长期“临摹”一张图，让学生能够系统地对构图、透视以及水彩上色过程有比较深刻的了解。缺点是对着照片临摹虽有很强的艺术感染力，但是与风景园林设计专业课的需求相距甚远，甚至出现学生在设计专业课中不知如何入手的问题。在课程改革中，要求教师借助平面图、透视图、鸟瞰图练习培养学生的设计分析能力，重点放在空间想象和空间塑造能力方面，而不是单一的艺术临摹。

根据以往教学经验，手绘表现技法类问题主要出在透视和马克上色两个方面，制图基础的画法几何透视可以提供理论基础，但不适应手绘快速表达，让学生利用10×15矩形快速铅笔构图，每5分钟画一张，忽略造型细节，强调整体构图和透视的准确。在工具的使用方面，相对于彩铅、钢笔淡彩、水彩来说，马克笔上色难度较大，可以初期限定马克笔品牌和固定笔号进行指定性训练，让零美术基础的学生能够通过固定色彩快速塑造形体和空间，经过大量练习最终找到自己的表现风格。

（三）数字化教学平台建设

网课可回放功能能够充分解决学生学习表现技法类的难点，尤其零基础的学生，在需要积累的同时更需要正确的方法。数字教学平台课上注重示范、答疑，课下回放可以让学生有充分的理解和画图时间。手绘技法类课程需要观察和大量训练，充分发挥互联网优势和翻转教学的形式。学生通过数字平台将手绘技法类要点的反复学习、慢速学习，有效促进课堂学习效率。研究发现视觉图片随记忆保存时间的增加变得更规则、更对称。借助数字化平台“反复学习，慢速学习”需要学生在非常具体的情况中探索出解决之道，在感性形式中形成个人的清晰认识[5]。一方面，将“手绘表现技法”课程的学习融入数字化教学平台中，教师可以在正式开始教学前首先统一操作规范和教学内容，通过可视化平台将相关的视频短片图片、PPT或文字片段，在每堂课前发给学生，使学生能够随时预习，以便能够更加快速地融入课堂之中；另一方面，数字化平台除了现有大学的公开课程之外，还有来自国内外的专业设计师分享或国内专业技能培训机构的公开课等。通过充分挖掘各种新鲜、充足的教学视频资源，建立资料库，开阔学生视域，丰富设计表现技能技巧的认知，树立多元化的设计表现思维观。通过利用手机的黏着性，学生可以将课外时间用来学习，随时随地熟练掌握课程中习得的手绘表现技法，以期彻底、牢靠地掌握课程的要点及最新的内容更新。

综上所述，学以致用是教学改革的目的，设计表现技法系列课程把纯艺术的手绘技法与场地空间设计结合起来，有利于学生把握今后的专业设计课程，帮助学生从实用的角度去了解设计专业课程景观、生态、文化上与设计表现技法基础课的相互作用，认识综合学科对于专业的重要性。把艺术设计的图形概念提升至对场地空间塑造的理解，引导学生关注风景园林、建筑和规划专业课程，重视场地和空间的实际，通过构建设计表现技法与专业紧密结合的课程体系，深化课程内容数字化建设，充分激发学生自身对风景园林设计专业的探索和热爱。

参考文献

[1]刘虎．微信公众平台在园林设计初步教学中的应用探索[A]．于志明．秉烛者的思考与实践——北京林业大学教学改革研究文集(下)[C]．北京：中国林业出版社，2015.

[2]孙明，高鹏，刘秀丽，等．基于微信平台的“园林植物”课程辅助性学习方法的探讨[J]．中国林业教育，2016(9)：47-48

[3]李恒，郑丽波．设计艺术教育现存问题及原因分析[J]．装饰，2005，8(10)：86-87.

[4]侯晓蕾．艺术院校风景园林空间教学模式思考[J]．风景园林，2015(7)：24-25.

[5]刘虎，张一舟，刘丹丹，等．空间构成课程教学改革探析[J]．现代职业教育，2019(19)：164-165.

Achievements and Thoughts of Hand-drawn Presentation Technique Course Teaching and Reform

Liu Hu Yang Dong Yuan Kun

(School of Landscape Architecture, Beijing Forestry University, Beijing 100083)

Abstract Hand-drawn Presentation Technique course is one of the basic courses of Landscape Architecture design, which has a practical impact on students' professional skills training and professional quality. according to the 2023 course schedule, the reform strategy is analyzed from the three aspects of curriculum setting, textbook teaching content and digital platform construction, the purpose of the teaching reform is to support professional design courses and to promote landscape design by applying knowledge to practice.

Keywords Hand-drawn Presentation Techniques course; teaching reform; digital; design course

五育并举，
全面改革

2022

“双碳”背景下“城乡开放空间规划设计”课程体系研究

李　翅　冯一凡　赵凯茜

（北京林业大学园林学院，北京　100083）

摘要：在国家生态文明建设与空间治理体系现代化的背景下，构建低碳、生态、可持续的城乡开放空间具有重要意义。本文基于城乡开放空间规划发展概况的梳理以及“双碳”战略目标融入课程体系必要性的分析，构建了涵盖城市绿色开放空间、城市街区开放空间、乡村人居环境以及社区开放空间的多维一体规划体系，并从课程体系、规划框架、授课方式三个方面对“双碳”背景下“城乡开放空间规划设计”课程体系提出具体建议。

关键词：城乡开放空间规划设计；“双碳”战略目标；多位一体；课程体系

当前城市建设从增量发展逐步转向存量规划，对城乡开放空间的发展提出精确空间布局和效益提升的迫切要求。在国家明确提出 2030 年“碳达峰”与 2060 年“碳中和”目标的背景下，探索“双碳”背景下多尺度开放空间规划设计方法，集合多学科多类型技术手段，将碳汇碳储量化评价的理论与分析方法融入城乡开放空间规划设计课程体系中，有助于提升城乡开放空间的科学布局与综合效益，具有重要的理论应用与教学意义。

一、“双碳”背景下城乡开放空间规划发展概述

（一）城乡开放空间的概念

开放空间（open space）一词来自国外，也有译作开敞空间，其概念、内涵和外延随着人类社会、经济、生态、环境的变化而不断发展。开放空间是指任何少建筑的，具有生态环境、社会游憩、景观美学或人文内涵其中之一功能或价值的室外空间，主要包括传统的城市绿地、市民交流休闲空间、运动空间、特色农林水利空间、乡村开放空间、城乡联系空间等[1,2]。本课程体系将城乡开放空间的概念解读为包括区域“山水林田湖草沙”等生态空间以及具有开放特征的城市街道、绿地、广场、运动场等市民日常参与的空间场地，是多层次、多类型、多功能的空间系统，具有生态环境、休闲游憩、景观审美与人文内涵等重要功能价值。

（二）“双碳”背景下城乡开放空间的发展趋势

1. 城乡开放空间的生态效益评估

城乡开放空间具有重要的生态系统服务功能，可以净化空气和水体、调节微气候、减少噪声、保护土壤、维持生物多样性等[3]。对于城乡开放空间的生态效益相关研究可以从景观格局优化和生态系统服务价值评估两个视角切入[4]，将具有生态学背景的研究方法应

作者简介：李　翅，北京市海淀区清华东路 35 号 北京林业大学园林学院，教授，lichi@bjfu. edu. cn；
冯一凡，北京市海淀区清华东路 35 号 北京林业大学园林学院，博士研究生，fengyifanbfu@bjfu. edu. cn；
赵凯茜，北京市海淀区清华东路 35 号 北京林业大学园林学院，博士研究生，510892743@qq. com。

资助项目：教育部产学合作协同育人项目“双碳”背景下城市绿色街区规划设计课程体系改革（202102067002）。

用于城乡开放空间课程的研究之中，耦合生态底线约束和空间结构优化的理念指引，协同社会经济发展，推动绿色、低碳、可持续的城乡人居环境建设。

2. 城乡开放空间的规划设计

城乡开放空间的规划设计作为传统研究领域，已有很多成功案例与经验总结。结合“双碳”战略目标展开城乡开放空间的规划设计营造已逐渐成为城市竞争力和城市品质提升的重要途径。当前，我国城乡开放空间面临数量不足、空间环境品质不佳等诸多问题。因此，在课程设计层面，要加强对现存开放空间的管理、保护和价值评估工作的学习，融合“碳中和”“碳达峰”的理论与分析方法，展开对开放空间布局科学性与公平性的分析，为市民提供更多高品质的开放空间。

3. 城乡开放空间的管理、保护与价值评估

目前我国城乡开放空间的管理体制较为缺乏。在课程体系中应贯彻落实新型城镇化“以人为本”的价值理念，进一步探索城乡开放空间结构的优化途径与对策，为城乡开放空间的管理、保护与价值评估奠定理性基础。

（三）“双碳”目标融入城乡开放空间课程体系的必要性

1. 低碳绿色是城乡开放空间高质量优化的核心内涵

以低碳绿色为核心内涵，以城乡开放空间为重要载体，积极应对碳排放量骤增与气候变化问题，在课程教学中积极探索城乡开放空间绿色可持续发展模式，促进城乡开放空间环境品质的高质量优化。

2. 可持续是城乡开放空间课程科学量化评估的关键路径

城乡开放空间中的碳流动与生态过程，很大程度上依赖于准确的核算方法。在课程教学中以低碳可持续为评估关键路径，量化评估不同空间尺度，可以促进规划实践以及政策制定工作走向科学化与创新化。

3.“双碳”理念是城乡开放空间课程实践示范的重要技术支撑

城乡开放空间规划的前提是低碳、生态、可持续性等指标的综合分析，通过高校课程平台开展便于推广的技术体系，以支撑各级各类规划应用实践的环环评估、承接与协同。

二、 多位一体的城乡开放空间规划体系构建

（一）城市绿色开放空间生态效益评估与优化

1. 城市绿色开放空间碳汇及生态效益评估

城市绿色开放空间能够固碳释氧，减少城市能耗并缓解热岛效应，是实现“碳达峰”“碳中和”的重要阵地，对实现“双碳”战略目标具有重要意义[5]。将低碳理念以及量化分析方法引入城市绿色开放空间规划中，开展以生态绿地空间为本位的低碳规划[6]，能够更好地发挥绿色空间直接与间接的减源增汇功能，助力区域及城市的可持续发展。在城市绿色开放空间规划设计前，可基于遥感数据分析碳汇量时空演进特征，分析各类绿色开放空间对整体碳汇的影响，以此为基础指导高碳汇导向下的城市绿色开放空间规划。

2. 城市绿色开放空间优化与提升

基于碳汇量时空分布分析与演进机理分析，以高碳汇为导向探讨城市绿色开放空间格局优化方法。依据碳汇能力由强至弱可依次提取高碳汇空间、中碳汇空间与低碳汇空间以进行分区施策[7]。高碳汇空间加强边缘生态缓冲带的建设以减少人为活动干扰；中碳汇空间是整体增汇的重点区域，应整合破碎斑块以完善生态结构；低碳汇空间多分布于建成区，可增加内部绿地类型丰富度与连通性来提升碳汇能力，构建复合型城市蓝绿空间网络。

（二）城市街区开放空间分析评价与提升

1. 城市街区空间分析评价

作为中观尺度上的城乡开放空间单元，城市街区是城市系统实现低碳目标的基础空间单元[8]，是落实“双碳”战略目标的重要着力点。在规划过程中，可结合多源数据进行分析与评估，采用POI数据分析、空间句法等方法构建低碳视角下的街区空间分析评价体系，对城市街区土地利用、空间聚集、交通可达性、绿化及公共空间、能源及基础设施五个方面进行低碳适宜性评价，提升具体规划策略的靶向性。

2. 城市街区空间优化与环境品质提升

基于低碳适宜性评价结果，可从街区用地统筹、慢行系统构建、公共空间改善以及基础设施体系完善四个方面挖掘城市街区空间优化与环境品质提升策略。在街区尺度下开放空间规划与设计过程中，构建高碳汇、低碳排的空间布局，提高绿地覆盖率以增加街区碳汇空间，营建便捷舒适的慢行交通体系并提倡资源节约型的能源与基础设施体系。通过四个具体方面的提升与优化，更好地贯彻落实低碳、可持续的发展理念，实现街区尺度下的绿色城市更新。

（三）乡村空间分析与低碳人居环境营建

1. 乡村空间特征分析方法

随着我国城乡人均生活用能差距逐步缩小，乡村振兴成为节能减碳的新阵地，在乡村空间实现“双碳”战略目标是落实乡村振兴的重要举措。乡村空间内主要碳排放类别依据集中建设区内部单元可划分为居住组团、工业组团、公服组团、道路交通。通过耦合乡村空间特征测度与能源消耗碳计量测算，借助因子分析、回归分析等方法可以探讨乡村空间特征与碳排放之间的相关性，指导低碳适应性的乡村空间组织结构，推动乡村地区低碳人居环境营建。

2. 乡村低碳人居环境营建

乡村社区形态、建设强度、用地构成等与能源消耗碳排放具有相关性。在乡村空间规划设计过程中，可通过控制建设强度、修复破碎生态斑块、整合乡村社区功能、再造乡土建筑以及探索清洁生产—生活用能模式五个方面的具体策略完善乡村规划体系，建设资源节约、环境友好的乡村低碳人居环境。

（四）社区空间效能评估与环境提升

1. 社区开放空间效能评估

基于能值分析量化方法对社区开放空间展开评价[9]，涵盖社区能值系统图绘制、社区资源数据提取与计算、社区效能评估三部分。首先，制作社区能值系统图；其次，以社区为基本单元构建能值绩效指标评价体系，将因量纲不同而不能统计比较的能量转换为统一标准的能值指数；最后，从社会效益、经济效益、生态效益三个方面出发构建社区能值指标体系，实现对社区开放空间的综合评估。

2. 社区开放空间环境提升

为了将能值分析得出的社区开放空间可持续发展评估结果与社区更新联系起来，从绿色低碳的角度提出社区尺度的更新途径及策略，首先，针对资源利用率低，依赖不可再生资源等问题提出发展绿色建筑，开展垃圾分类与回收再利用以及垃圾焚烧生态化处理，并且增加水循环管理系统等策略；其次，针对空间有限制约发展，土地功能混合度较低等问题提出重视街道互联互通，开展慢行系统建设等策略；最后，针对社区开放空间缺乏等问题提出积极保护生物多样性，开展小微空间更新改造等策略。以期在降低消耗、改善环境、实现绿色低碳的基础上，满足人民对城市宜居生活的新期待。

三、“双碳”背景下城乡开放空间规划设计课程体系建构

（一）发挥学科交叉优势，构建综合性课程体系

北京林业大学城乡规划专业依托风景园林类高校的学科优势，制定了以开放空间规划设计为核心的课程体系，经过多次调整与完善，形成了以城市生态与风景园林融合发展为特色的人才培养体系。在课程体系组织上，应突出城乡规划与风景园林专业的学科交叉与融合，构建综合性课程体系，加深学生对“双碳”背景下城乡开放空间规划相关理论基础与研究方法的认识，培养学生在城乡生态环境营建和城乡绿色空间发展方面的综合能力。

（二）融合多源分析方法，形成科学性规划框架

“双碳”背景下，城乡开放空间规划设计课程体系应引入碳汇碳中和理论，集合多学科多类型的分析方法与手段，关注多尺度城乡开放空间的分析与评估。在规划设计课程中纳入定性与定量结合的分析方法，形成涵盖城市绿地系统、城市街区、乡村人居环境、社区环境等多层次开放空间的规划与优化框架，以教学推动科研，以科研促进教学[10]，提升学生对科学分析方法的理解与应用能力，培养能够适应未来需求的研究型和专业型人才。

（三）结合多样授课方式，打造一体化教学模式

城乡开放空间是居民日常参与的空间场地，具有多层次、多元化的特点。城乡开放空间课程应综合社会实践、城乡社会综合调查和城市认识实习等专业实践活动，打造理论与实践相结合的一体化教学模式。在实践中增进学生对城乡开放空间特征与居民需求的认知，促进多学科专业知识的融会贯通，加强对满足人民需求的规划教育服务社会的实践能力的培养。

参考文献

[1]江海燕，伍雯晶，蔡云楠．开放空间的概念界定和分类[J]．城市发展研究，2016，23(4)：21-26.

[2]江海燕，肖荣波，梁颢严，等．城乡开放空间系统协同型规划方法与实践——以佛山市南海区为例[J]．城市规划，2018，42(8)：44-50.

[3]李志明，樊荣甜．国外开放空间研究演进与前沿热点的可视化分析[J]．国际城市规划，2017，32(6)：34-41，53.

[4]罗涛，林宇晨，樊海强．基于生态效益评估的城市空间扩展模式研究——以厦门市为例[J]．城市规划，2022，46(5)：44-55.

[5]荆贝贝，杜安．上海城市绿色空间碳汇评估及提升策略[J]．中国国土资源经济，2022，35(4)：64-72.

[6]戴星翼，陈红敏．城市功能与低碳化关系的几个层面[J]．城市观察，2010(2)：87-93.

[7]张赫，贺晶，杨兴源，等．碳增汇目标下县域生态空间的分区及管控策略——以京津冀地区县域为例[J]．规划师，2022，38(1)：32-40.

[8]夏冰，张焕．低碳城市街区形态导控方法研究综述[J]．华中建筑，2018，36(9)：8-11.

[9]LI D，DU B，ZHU J. Evaluating old community renewal based onemergy analysis：a case study of Nanjing[J]. Ecological Modelling，2021，449：1-13.

[10]吴志强，张悦，陈天，等．“面向未来：规划学科与规划教育创新”学术笔谈[J]．城市规划学刊，2022(5)：1-16.

Research on the Curriculum System of Urban and Rural Open Space Planning and Design Under the Background of “Carbon Neutrality and Carbon Peaking”

Li Chi Feng Yifan Zhao Kaixi

(School of Landscape Architecture, Beijing Forestry University, Beijing 100083)

Abstract Under the background of national ecological civilization construction and modernization of space governance system, it is crucial to build low-carbon, ecological and sustainable urban and rural open space. Based on the overview of urban and rural open space planning, and the analysis of the necessity of integrating“double carbon”targets into the curriculum system, we built a multi-dimensional planning system. The planning system involves the evaluation and optimization of urban green space, urban block open space, rural residential environment and community open space. Finally, we put forward suggestions on Urban and Rural Open Space Planning and Design curriculum system from curriculum system, planning framework and teaching methods.

Keywords Urban and Rural Open Space Planning and Design; carbon neutrality and carbon peaking; multi-dimensional planning system; curriculum system

基于成果导向教育理念的风景园林专业培养方案修订的思考

张晋石　王博娅　刘志成

（北京林业大学园林学院，北京　100083）

摘要：结合成果导向教育(OBE)理念，从培养目标、毕业要求、课程体系、教学大纲和达成度评价五个方面探讨风景园林专业培养方案修订的思维路径，以期为今后专业培养方案修订提供借鉴。

关键词：成果导向教育；风景园林；培养方案；修订；思维路径

专业培养方案是高校人才培养的关键性文件，如何在充分发挥人才培养计划安排的基础上，形成专业教师群体对人才培养目标和过程的共识、真正实现对人才培养的效用，是每年进行专业培养方案修订时编制团队应该充分思考的问题。尽管教学培养方案都会适时进行修订，但进行培养方案调整时，教师和专业应该考虑哪些方面的问题，怎样调整和修订才是一种科学、合理的思维路径？2022 年人才培养方案的模板中增加了“培养目标分项表述”“毕业要求指标点及其对培养目标的支撑”以及“课程体系与毕业要求指标点对应矩阵”的内容，这些新增内容与成果导向教育理念和工程教育认证标准有着密切联系，为培养方案的修订提供了一种思维路径。

一、 成果导向教育理念

成果导向教育理念(outcome-based education，OBE)是由美国学者(William G. Spady)于 1981 年提出，该理念以培养目标为逻辑起点，以学生为中心，反向设计毕业要求、课程体系、教学大纲等内容，并且所有的教学活动、教学过程和评估目标均指向有助于帮助学生最终学习成果的实现[1]。与传统教育模式相比，OBE 理念不是将焦点放在教育的“输入”方面，而是更强调“输出”方面，也就是“培养怎样的人”，更关注学生的学习成果，以及如何取得和如何评估学习成果。OBE 理念是《华盛顿协议》的核心理念[2]，2016 年我国加入《华盛顿协议》，表明了我国工程教育与世界接轨，我国的工程教育质量认证标准和体系也都体现了成果导向的教育理念，向着实现国际实质等效的迈进。

二、 专业培养方案修订中 OBE 理念的应用

将成果导向教育理念应用在风景园林专业的培养方案中，需要对以下五个方面进行系统考虑：培养目标、毕业要求、课程体系、教学大纲以及评价反馈。

（一）培养目标

在《工程教育认证标准》中，培养目标是用来描述毕业生在毕业五年左右所能达到的职

作者简介：张晋石，北京市海淀区清华东路 35 号 北京林业大学园林学院，教授，zhangjinshi@bjfu. edu. cn；
王博娅，北京市海淀区清华东路 35 号 北京林业大学园林学院，讲师，wangboya@bjfu. edu. cn；
刘志成，北京市海淀区清华东路 35 号 北京林业大学园林学院，教授，liuzhicheng@bjfu. edu. cn。

资助项目：北京林业大学 2022 教育教学改革与研究一般项目“风景园林专业毕业要求分解指标点与支撑课程设置对应关系矩阵研究”(BJFU2022JY023)。

业高度和专业成就，能够清晰地界定学生毕业后应该承担的社会责任与专业责任；培养目标也是构建专业知识结构、制定毕业要求、形成课程体系和开展教学活动的逻辑起点和基本依据。因此，培养目标的制定需要综合融贯考虑国家战略和社会需求、学科和行业发展、学校自身定位等方面的因素，使其真正成为可以指导未来风景园林教育以及落实人才培养的指向性目标。

1. 国家和社会需求

我国目前正处于中华民族伟大复兴的关键阶段，高等教育也应立足其中，为国家富强和人民幸福贡献力量。风景园林专业人才培养目标需要将我国的生态文明、美丽中国、生物多样性保护、国土空间规划、乡村振兴以及应对气候变化等国家重大战略和重大工程的需求纳入考虑，使得学生在毕业后的工作能够适应国家和社会的发展需求。

2. 学科和行业发展

当代风景园林在学科理论研究和行业实践发展方面都具有快速拓展的特征，其原因是：风景园林是协调人与自然关系的重要学科，且是基于自然科学、生命科学、社会科学以及人文艺术等方面的综合性学科。无论是日益深入的人与自然的关系的认知，还是所关联的其他学科的发展，都决定了风景园林的学科发展和行业发展是不断累积、与时俱进的。目前，风景园林学科正处于自身独有的科学研究纲领的形成时期，这些进展变化都应及时呈现在培养目标中。

3. 高校和教育变革

高等教育已进入全新阶段，"四新"建设是高等教育应对未来挑战的重要战略，作为"新工科""新农科"的风景园林专业亟待更多的探索[3]。同时，在这一阶段，培养目标也要全面对接《IFLA-UNESCO 风景园林教育宪章》和国际风景园林师联合会的《风景园林专业教育认证指南》，以宪章规定内容和教育认证要求制定培养目标。此外，也需要结合北京林业大学的发展目标和发展特色、调研行业和用人单位的需求来确定风景园林专业的培养目标。

4. 科学和技术革新

当前，科技革命和产业变革蓄势待发，对于风景园林来说，越来越多的面向未来的创新技术和方法，如参数化、大数据、人工智能等，正不断得以应用，这些都需要及时体现在培养目标里，以适应未来人才的培养需要。

（二）毕业要求

在成果导向教育理念中，毕业要求要基于培养目标而确定，通过全面反映人才培养目标来支撑培养目标的达成。毕业要求是对学生毕业时应该掌握的专业知识、能力和素质的具体描述，参考 2022 年由中国工程教育专业认证协会制定的《工程教育认证标准》的毕业要求部分，毕业要求应该完全覆盖以下 12 项要求：工程知识、问题分析、设计开发解决方案、研究、使用现代工具、工程与社会、环境和可持续发展、职业规范、个人和团队、沟通、项目管理及终身学习[4]，这 12 项要求在《工程教育认证通用标准解读及使用指南》中有详细的解读[5]，在编制毕业要求时可辨析遵循。

在培养方案里，毕业要求具有承上启下的作用：一方面，毕业要求应当是支撑培养目标达成的具体内容，12 项毕业要求与培养目标构成了支撑关系矩阵；另一方面，每项毕业要求还需分解成若干具有层次的指标点[4]，这些指标点必须逐条落实到具体课程上。此外，还要采用合适的教学评价方法，将学习成果量化成学生达到的程度，以引导教师根据毕业要求指标点的达成程度组织教学、优化教学，促进学生核心能力的达成[5]。

（三）课程体系

课程体系是高校有组织开展教学活动的基本依据，也是培养目标和毕业要求达成的最有力保证。课程体系的构建应强调培养学生的专业知识、能力和素质，以支撑毕业要求中各项指标点的达成。课程体系中的每一门课程安排都要围绕毕业要求进行，要将每一门课程与毕业要求中的某一个或若干个指标点关联起来，形成课程体系对毕业设计指标点支撑的关联矩阵；借助课程矩阵，也可以分析各门课程知识点之间的互补、交叠、递进、深化关系，从而为重组和优化课程内容提供依据。正确处理各类课程之间的关系，注意不同层次课程间及同一层面的课程之间的联系，强调课程之间的纵向连贯与横向协同，在此基础上才能形成良好的支撑毕业要求的课程体系。

目前，风景园林专业的课程体系涉及通识教育、专业理论(历史类、原理类、科学类)、工程技术、规划设计、实习实践、政策管理以及毕业论文等内容，今后应在现有课程体系对毕业要求指标点达成度评估的基础上，结合培养目标和毕业要求进行梳理、重组和优化。

(四)教学大纲

课程体系也需要教学大纲来具体规范教师教学行为，是实现预期学习产出的关键文件。传统教学大纲的编写往往是由教师根据固有的学科体系展开教学设计，知识的选择通常限定在课程所在学科的知识结构体系内。成果导向教育理念的教学是基于学生要达成最终学习成果是什么，而不是教师想要教什么。因此，成果导向教育理念下的教学大纲编写应遵循的原则是：把毕业要求及其指标点逐条地落实到每一门课程的教学大纲中去，明确某门具体课程的教学内容对达到毕业要求的贡献[6]。教学大纲本身需要强调知识点、教学环节、教学方法对课程目标的支撑，以增强对课程体系、毕业要求及培养目标的支撑，只有这样才能发挥课程在人才培养中的地位和作用。

风景园林专业各门课程教学大纲的制定，首先要研究培养目标和毕业要求指标点的具体内容以及课程本身与指标点的对应矩阵关系，明确各门课程分别达到了哪几条毕业要求，然后针对这几条毕业要求逐条确定与之相对应的教学内容，再确定完成这些教学内容所需的教学时数以及采取相应的教学方法以利于教学目标的达成。

(五)评价反馈

评价反馈，即通过达成度评价形成持续改进。

成果导向教育理念包含一个持续改进的过程，其关键是建立科学合理的评价体系，通过对培养目标、毕业要求和课程目标进行量化评价来计算达成度，再根据达成度情况定期对培养目标、毕业要求和课程目标进行调整与修订，从而形成一种长效的质量监控体系。

针对培养目标、毕业要求和课程目标，均应由相应的评价体系进行。培养目标达成度可以通过用人单位和毕业生本人的调研进行评判；毕业要求达成度是对学生学习成果的总评价；课程目标达成度是指课程教学过程和活动所能达到课程预设目标的程度。风景园林专业培养方案的达成度评价应是一系列评价方法的组合和应用，需要探索适合自身特点的达成度评价方式开展评估。

三、 结语

由于风景园林学科理论和行业实践的快速发展、国际前沿以及国内重大战略的变化、教育和高校改革的需要，需要对风景园林专业的培养目标进行适时的研究和调整，然后根据成果导向教育理念，制定毕业要求、课程体系及教学大纲，并且要通过恰当的多种达成度评价方法对上述内容进行持续的评价和改进，以落实科学合理的培养方案修订工作。

参考文献

[1]周洪波，周平，黄贤立．OBE 理念下应用型本科人才培养方案的构建[J]．高教学刊，2018(10)：76-78.

[2]詹文，沈守云，刘破浪，等．成果导向理念指导的风景园林专业人才培养模式的思考与探索[J]．园林，2021，38(7)：104-109.

[3]杨锐，钟乐，赵智聪．在大变局中研发风景园林学的新引擎[J]．中国园林，2021，37(11)：14-17.

[4]崔江涛，赵岩松，王泉．毕业要求达成度的多样性评价探索与实践[J]．计算机教育，2018(4)：131-138.

[5]杜娟，王在成，路平，等．工程教育认证背景下土木工程专业人才培养体系构建[J]．高等建筑教育，2021，30(5)：26-32.

[6]李志义．成果导向的教学设计[J]．中国大学教学，2015(3)：32-39.

Thoughts on the Revision of Training Program of Landscape Architecture Based on the Concept of Outcome-based Education

Zhang Jinshi　Wang Boya　Liu Zhicheng

(School of Landscape Architecture, Beijing Forestry University, Beijing　100083)

Abstract　Combining with the concept of results-oriented education (OBE), this paper discusses the thinking path of revising the training program of Landscape Architecture from five aspects: training objectives, graduation requirements, curriculum system, teaching syllabus and achievement evaluation, in order to provide reference for the revision of professional training program in the future.

Keywords　outcome-based education; Landscape Architecture; program; revision; path of thought

园艺专业“果树蔬菜园艺概论”教学如何强化学生专业思想

吕英民

（北京林业大学园林学院，北京　100083）

摘要：“果树蔬菜园艺概论”是我校园艺专业重要专业课，在授课过程中如何强化学生主动学习意识，不仅作为一门专业课来学习，而是能想到我国目前正在实施的乡村振兴战略。引领园艺专业大学生从国家战略需求去学习专业知识。在教学过程中把乡村振兴思想渗透到学生思想中，最后落实到实际行动中。果树蔬菜产业兴旺是引领乡村振兴的重要抓手，产业兴旺是实施乡村振兴战略的根本。果树蔬菜产业对于推动乡村产业振兴作用重大，蔬菜和果品产业不仅具有较强经济生态功能，还能满足人民日益增长的美好生活需要。让学生认识到果树和蔬菜园艺产业高效可持续发展面临的主要问题，努力学习专业课，面对瓶颈问题，学生提高了学习园艺专业的热情，坚定了投身我国乡村振兴实践的决心。

关键词：乡村振兴；果树蔬菜；园艺产业；专业思想

“果树蔬菜园艺概论”是北京林业大学园艺专业重要专业课，园艺学一级学科包含果树学、蔬菜学、观赏园艺学和茶学 4 个二级学科，业界俗称果、菜、花、茶。这四大园艺作物在我国农业生产中发挥着重要作用，不仅能作为经济作物带来产量，在新时代乡村振兴中也发挥着重要的作用。“十四五”是向第二个百年奋斗目标迈进的关键时期，在此时期针对我国是农业大国，要优先发展农业和农村，在前一阶段脱贫攻坚的基础上全面推进乡村振兴。全面推进乡村振兴是实现中华民族伟大复兴的重大任务，全党和全社会都要投入推进农业和农村现代化行动中，让全国农民的新生活更加美好[1]。结合“果树蔬菜园艺概论”教学把党中央关于乡村振兴的政策，从指导思想、目标任务、实现乡村振兴的措施等方面落实在教学过程中，让北京林业大学园艺专业大学生在校期间就准备投身到我国乡村振兴行动中去。

一、 首先让园艺专业大学生了解乡村振兴的指导思想和总体目标

在课上给学生介绍乡村振兴指导思想中与果树蔬菜作物有关的内容：充分发挥果品和蔬菜等园艺产品的供给、果树在荒山绿化中形成的生态屏障等功能，坚持走中国特色社会主义乡村振兴道路，加快果树和蔬菜等园艺作物生产的现代化，促进果树和蔬菜作物安全高质高效生产，把果乡和菜乡建设成不仅宜居而且宜业的新农村，果农和菜农不仅富裕而且富足，为全面建设社会主义现代化新农村提供有力支撑[1]。

果树和蔬菜属于重要的园艺作物，关系到城乡人民群众的果篮子和菜篮子，如何推进果品和蔬菜供给侧改革，如何从果品和蔬菜布局、生产、销售等各个产业链环节实现高质高效，因地制宜发展果树生产和蔬菜生产是实现乡村振兴不可或缺的重要内容。

作者简介：吕英民，北京市海淀区清华东路 35 号 北京林业大学园林学院，教授，Luyingmin@bjfu. edu. cn。

资助项目：北京林业大学 2015 年度教改重点项目“观赏园艺专业人才培养导航机制的研究与实践”（BJFU2015JG010）。

乡村振兴的目标任务中与果树和蔬菜园艺作物有关的内容：果品和蔬菜等重要园艺产品供应保障能力进一步加强，进一步优化果树和蔬菜的区域布局和生产结构，进一步提升果品和蔬菜产品生产效益和国际竞争力。在果树和蔬菜生产中要减少化肥和农药的使用量，实现果树蔬菜的节水灌溉[1]。果树和蔬菜是重要的农产品，保障果品和蔬菜供应更加有力，如何实现保障供应更加有力，如何明显提升果品和蔬菜的国际竞争优势。例如，新西兰生产的猕猴桃品质好，猕猴桃的销售以单个果实为计费单位，我国国内生产的猕猴桃以斤（500g）作为计费单位，所以我国果品生产从品种到品质有很大的提升空间。果树蔬菜的产业体系如何形成，如何实现现代化，如何实现果树与蔬菜生产中较少的农药化肥施用量，实现安全绿色发展，这些都是我们要积极应对的。

二、加快推进果树蔬菜生产现代化

（一）提升果品和蔬菜供给保障能力

乡村振兴战略中提道：实施果树蔬菜等重要园艺产品的保障战略，推动果树和蔬菜优良品种、推进果树和蔬菜标准化栽培和地理标志生产，提升果品和蔬菜的生产品质，打造果品和蔬菜的知名品牌。实施果品和蔬菜园艺产品多元化进口战略，支持果品和蔬菜生产企业融入全球果品和蔬菜农产品供应链[1]。

在全国建设一批果树和蔬菜园艺产品设施促成栽培生产基地。从果树蔬菜的生产基地选择、育苗集约化、栽培标准化、病虫害防治综合化、采后处理商品化和商超物流一体化的产业链，在全国果品和蔬菜生产中积极推进绿色果品和绿色蔬菜生产[1]。

我国新疆由于独特的气候特点以及多样的生态和环境条件，成为久负盛名的“瓜果之乡”。在乡村振兴战略国家政策影响下，新疆的果品产量、质量和地理标志产品价值会得到很大提升。

（二）提升果品和蔬菜种业自主生产

种业的竞争关系到整个国家、整个农业产业的竞争能力，是一场看不见硝烟的高科技战争。加强果树和蔬菜种质资源保护开发利用，长期稳定支持果树和蔬菜育种计划研究。坚持果树蔬菜常规育种和分子育种相结合，积极推进果树和蔬菜育种繁殖和推广一体化[1]。

山东寿光打造蔬菜产业的“中国芯”，蔬菜种业发展成效明显。寿光从事育种研发的企业 13 家，持有种子生产经营许可证的企业 43 家，寿光市国产种子市场占有率提升到 70%以上，其中，黄瓜、圆茄、丝瓜、苦瓜、豆类、西葫芦等作物国产品种占有率已达 90%以上。蔬菜种苗繁育能力达到年产 17 亿株，年产值超过 10 亿元，是山东省第一批区域性蔬菜良种繁育基地和全国最大的种苗繁育基地。

（三）构建果树和蔬菜现代化产业体系

依托乡村果树和蔬菜特色优势资源，打造果树和蔬菜园艺产品全产业链，培育果树和蔬菜生产龙头企业。建设现代果树和蔬菜产业园、果树蔬菜优势产业集群。开发果品和蔬菜休闲采摘旅游线路，提高果树和蔬菜生产体系和经营体系现代化水平，创建果树和蔬菜现代产业示范区[1]。

寿光蔬菜发挥蔬菜产业比较优势，以农业培养工业，靠工业提升农业，实现工农互助、三产互融，城市与农村均衡协调发展，各项事业全面进步。符合农业供给侧结构性改革要求，也符合实施乡村振兴战略要求[2]。

（四）推进果树蔬菜绿色发展

推广应用果实套袋等果树和蔬菜病虫害绿色防治技术，积极推进节水园艺和旱作园艺，加强可降解农用塑料薄膜的研发和推广，实现绿色果品和绿色蔬菜地理标志性产品生产许可制度，加快果树荒山绿化等国土绿化行动[1]。

寿光蔬菜一手抓品牌，目前有国家地理标志产品16个；一手抓质量安全，推广绿色防控、水肥一体化技术等多种土壤改良技术，实现农药用量、化肥用量和农业用水总量三个“负增长”，寿光蔬菜实现二维码追溯全覆盖，成为首批国家农产品质量安全县。寿光国家地理标志产品16个，寿光市成为2022年北京冬奥会蔬菜直供基地[2]。

（五）建设果品和蔬菜现代经营体系

推进果品和蔬菜龙头企业做大做强。积极开展果品和蔬菜生产、供销和信用“三位一体”综合合作，吸引城市各方面人才到乡村创业，参与乡村振兴[1]。

“赣南脐橙”开辟了新的销售模式、渠道和互动传播，推动了赣南脐橙网络销售和电商企业发展。如今，赣州已经初步建立起了覆盖全国的市场营销体系，赣南脐橙因产品品质和品牌力量而享誉海外，产品远销俄罗斯、东南亚、中亚、中东等国家和地区。

（六）果树蔬菜不仅食用还可以应用到乡村景观提升中

观赏果树如柿子、山楂、海棠等树种，春季观花，夏季观叶，秋季观果，冬季观姿，而且可以上山下滩，绿化荒山和滩涂。不仅有很好的景观效果，而且有很好的生态价值。例如，广州市和南宁市用杧果做行道树；海口、三亚用椰子树做行道树；陕西临潼用石榴做道路绿化；北京平谷在春季是桃花的海洋，在秋季是桃的盛宴。绿叶蔬菜可以立体种植打造绿色生态餐厅，在冬季寒冷的北方，绿色生态餐厅生机盎然。北京林业大学园艺专业开设了“庭院设计”等课程，把果树蔬菜作物应用到景观设计和营造中，真正实现乡村园艺生产景观化。

寿光蔬菜小镇风景区（3A级）以“农业观光、旅游、文化”为发展定位，园区内汇聚了多种地域传统文化资源，包括蔬菜种植、农耕文化、蔬菜科技文化等多种文化形式。

湖北省宜昌市秭归县在脐橙园里进行空中观光廊道工程施工。充分利用当地的脐橙主导产业优势，建设高品质脐橙精品果园，推进现代脐橙产业发展，助力乡村振兴。

三、 通过“果树蔬菜园艺概论”课程的乡村振兴教育，让园艺专业大学生认识到自身担负的使命，发奋学习，坚定投身我国乡村振兴实践的决心

园艺产业兴旺发展是引领乡村振兴的重要抓手，乡村振兴归根结底需要产业兴旺。园艺产业对于推动农村产业振兴作用重大，蔬菜、果品产业不但具有较强经济生态功能，还能满足人民日益增长的美好生活需要。园艺产业也是美丽乡村、绿色乡村的助推剂，喀什的杏花、林芝的桃花、金川的梨花、昌平的磨盘柿都是园艺产业带动的旅游景点。果树和蔬菜产业要发展就需要创新，作为当代园艺专业大学生要致力于创新发展思维。针对以上问题，园艺专业大学生清醒认识到果树蔬菜产业在我国乡村振兴中发挥的作用，面对瓶颈问题，学生们提高了学习园艺专业的热情，坚定了投身我国乡村振兴实践的决心[3-5]。

参考文献

[1]中共中央，国务院.《中共中央 国务院关于全面推进乡村振兴加快农业农村现代化的意见》[J]. 农村工作通讯，2021(5)：1-11.

[2]许有亮，刘元雷，李颖琪. 乡村振兴视角下寿光蔬菜产业化发展调查研究[J]. 中国瓜菜，2021，34(7)：91-96.

[3]安普翠，吴妹玲. 乡村振兴背景下烟台苹果产业发展的SWOT分析[J]. 中国市场，2021，28(10)：47-48.

[4]申书兴．农林高校服务乡村振兴战略的现实维度及思考——以河北农业大学“太行山道路”深化拓展为例[J]．中国农业教育，2018(4)：8-12.
[5]邹学校．科技支撑园艺产业兴旺引领乡村振兴[J]．湖南农业科学，2018(6)：124.

How to Strengthen Students' Professional Thoughts in the Teaching Process of Introduction to Fruit and Vegetable Horticulture

Lyu Yingmin
(School of Landscape Architecture, Beijing Forestry University, Beijing 100083)

Abstract Introduction to Fruit and Vegetable Horticulture is an important professional course of Horticulture major in China. In the teaching process, how to strengthen students' awareness of active learning, rather than just learning as a professional course, we think of the Rural Revitalization Strategy being implemented in China. Lead horticultural college students to learn professional knowledge from the national strategic needs. In the teaching process, the thought of Rural Revitalization is infiltrated into students' thoughts and finally implemented into practical action. The prosperity of fruit and vegetable industry is an important starting point to lead the revitalization of rural areas. Industrial prosperity is the fundamental to the implementation of the Rural Revitalization Strategy. Fruit and vegetable industry plays an important role in promoting the revitalization of rural industry. Vegetable and fruit industry not only has strong economic and ecological functions, but also can meet the growing needs of people for a better life. Let the students realize the main problems faced by the efficient and sustainable development of fruit and vegetable horticulture industry, let the students study professional courses hard, face the bottleneck problems, improve the enthusiasm of learning horticulture, and strengthen their determination to participate in the practice of Rural Revitalization in China.

Keywords rural vitalization; fruit trees and vegetables; horticultural industry; professional thoughts

传承创新，教产融合

——“盆景学”课程思政教学改革初探

李庆卫

（北京林业大学园林学院，北京　100083）

摘要：将思想政治教育融入专业教育，帮助园林专业学生树立正确的人生观、世界观和价值观，是落实立德树人的重要举措。本文分析了“盆景学”课程思政教学改革的五个必要性，依据课程特色、科研优势、产业特点、时代发展趋势，提出了课程思政融入“盆景学”课程教学的十个环节，评价了课程思政教学改革效果。研究认为，通过教学手段的创新，将园林专业课程的教学与科研结合、与产业结合，将思政教育与专业知识教育融合不仅是必要的、可行的，而且是事半功倍的。

关键词：盆景学；盆景产业；课程思政；课程体系

“盆景学”是北京林业大学园林专业的一门理论性和实践性很强的专业课程，围绕盆景基本理论、基本材料、基本操作进行教学。通过本课程的教学，使学生了解国内外盆景的研究进展和产业状况，掌握盆景创作基本理论，盆景材料的准备和盆景创作的基本技能，提高学生的美学修养和专业技能，提升学生就业能力，助力我国盆景产业与风景园林事业的发展[1]。新版的高校课程体系改革，园林专业课程授课学时进一步缩减，课程思政融入专业教育的难度进一步增加。为了确保课程思政的教学目标，教师要与时俱进，不断更新教学理念、教学手段、教学内容和教学模式，突出立德树人和专业教育的结合，并落实到课程的教学大纲之中；要将专业教学内容与思政教育有机融合，巧妙设计思政教学环节，运用多种教学方法，潜移默化地开展思政教育，达到“润物细无声”的教学效果[2]。

一、“盆景学”课程体系进行课程思政教学改革的必要性

（一）教材内容滞后于盆景科研发展

中国特色社会主义进入了新时代，科学技术的进步日新月异，轻型环保栽培基质和肥料不断出现，生态文明理念逐渐深入人心，人们环保意识日益增强，审美情趣更加多样。人们对盆景的需求也在发生深刻的变化。北京林业大学承担了“十三五”国家重点研发计划课题——主要木本花卉轻基质简化高效栽培关键技术与示范项目，本人负责梅花轻基质简化促成栽培技术研究，重点研究了盆景轻基质栽培水肥一体化促成栽培技术，科研取得了新进展。而教材的修订是有周期的，最新的研究成果进入教材相对滞后，因此虽然现行的盆景学教材知识的系统性、理论性都很强，体系很完善，但是与科研最新进展存在一定程度的脱节现象。

（二）实践教学场所与盆景生产基地的时空差异需要新手段弥补

大学的盆景实验一般在盆景实验室进行，有专门的盆景实验工具、材料、盆器，原来的

作者简介：李庆卫，北京市海淀区清华东路35号 北京林业大学园林学院，教授，lqw6809@bjfu.edu.cn。

教学方案有到盆景园、盆景基地进行现场实践教学环节，教学效果最好，但是受教学经费、实习学时的限制，实习的次数是有限的，而且受天气、疫情、交通诸多因素制约。盆景生产实践要进行生产成本控制、效益分析。另外，由于传统盆景的山石材料开采会破坏自然山体，破坏自然环境，不符合环保理念。尤其是近3年来新冠疫情影响了学生线下教学，学生在家里上网课，无法进入盆景实验室，无法到盆景园或盆景基地去实习，因此，录制盆景基地视频、制作视频、融合多媒体进行混合式教学成为必要的手段，以适应实践教学示范和实习基地参观的需要。利用山石的替代品进行教学实验有利于环境保护和降低实验成本。

（三）现有专业教学案例与课程思政需求融合度需要进一步提升

传统的盆景教学案例的知识性、理论性、专业性都很强，但是对应中国特色社会主义新时代的思政教育融合度需要进一步提升。

（四）教学课时压缩的挑战

园林专业新版教学计划将盆景学由40学时压缩至32学时，在专业课教学学时不断压缩，新技术、新材料、新思政内容不断涌现的背景下，教学学时更感不足，课时压缩而内容要融入课程思政的育人功能，因此必须与时俱进地对教学手段和形式做出调整，才能适应中国特色社会主义新时代的教学要求。

（五）教学过程中师生的互动性有待进一步增强

受学时限制，往往重视知识的传授和技能的培养，与学生互动的传统环节将减少。随着微信、抖音等信息技术的发展普及，与学生互动的方式要及时调整，进一步开发利用，以弥补学时的不足。

二、 课程思政教学过程

盆景是盆中的风景，是无声的诗、立体的画、活的雕塑，深受人们喜爱[3]。基于学生对盆景艺术的喜爱，教师首先展示盆景大师的优秀作品，以其艺术的感染力让学生产生共鸣，再引入盆景艺术的源与流、传承与创新、艺术价值与经济价值这些问题，讲清楚盆景起源于中国，传播到日本，而后至世界各地。中国盆景在世界盆景展览中屡屡获得国际大奖，为国家赢得荣誉，然而中国盆景在世界盆景贸易中所占的份额落后于日本，分析其原因，导入进行盆景学科研与教育的必要性。从盆景的艺术价值与经济价值引出盆景艺术与盆景产业话题。带领学生分析影响中国盆景产业发展的瓶颈是什么，如何才能振兴盆景产业，如何让中国盆景艺术带动中国乡村振兴和美丽中国建设？逐步设问，激发学生对盆景产业的思考，调动学生学习盆景、研究盆景、振兴盆景产业的积极性，承担起科教兴国的责任，把盆景历史文化的传承创新同美丽中国建设、乡村振兴的伟大实践结合。本次课程思政教学改革主要的融合形式与内容如下：

1.【课堂测试】盆景起源于哪个国家？（A）

A. 中国　B. 日本　C. 美国　D. 法国

测试结果显示该题的正确率为95%，说明绝大部分学生对盆景起源有很好的认识。

【德育】中国历史悠久，文化灿烂，对世界盆景起源与发展做出了贡献，融入爱国主义教育内容。

2.【课堂测试】在世界盆景贸易额中，哪个国家的市场占有率最高？（B）

A. 中国　B. 日本　C. 美国　D. 英国

测试结果显示该题的正确率为80%，说明绝大部分学生对盆景产业有很好的认识。

【德育】中国是盆景艺术起源地，目前中国是盆景产业大国，但不是盆景强国，原因是什么？如何振兴盆景产业？激发学生的科技报国、人才强国的责任意识。

3.【课堂测试】现在你的家庭养的盆景少的原因是什么，请排序？教师发布到课程微信群，学生手机参与讨论。(ABCDEFG)

A. 价格太高 B. 不会养或养不活 C. 没有那么大的空间 D. 重量太重，不好移动

E. 没有喜欢的造型 F. 有异味 G. 其他原因

【德育】盆景的市场需求问题反映出盆景生产需要盆景科技支撑，要降低盆景生产成本，实现盆景无土轻基质栽培，减轻盆景重量，实现无异味；盆景养护技术要精细化、智慧化，满足盆景消费需要；归根结底是依靠盆景科技，依靠盆景教育，依靠盆景人才，激发学生学习动力。

4.【课堂讨论】中国大陆盆景在国际盆景市场所占份额很少的原因是什么？(ABCDEF)

A. 带土栽培，出口检疫通关困难，影响盆景出口 B. 渠道不畅通 C. 包装粗糙

D. 造型单调或球状或团团簇簇，千篇一律，或规格不统一

E. 东西方文化差异，产品不对路 F. 宣传沟通不够

【德育】融入危机意识教育，科技报国责任意识教育。

5.【课堂讨论】我国发展盆景产业的优势有哪些？(ABCDE)

A. 历史悠久，人文积淀深厚，盆景风格流派多样 B. 地域辽阔，气候资源丰富

C. 盆景资源丰富 D. 劳动力成本低，适合盆景生产基地 E. 政府重视，保障有力

6.【课堂讨论】为加大中国盆景进入国际市场的份额应采取哪些措施？(ABCDEFG)

A. 保护性利用我国植物资源的优势，发展盆景苗圃，走可持续发展之路

B. 盆景生产无土栽培科研及应用

C. 针对市场需求，盆景流派创新，有针对性生产盆景产品

D. 改善包装 E. 加大盆景文化国际交流，让世界了解中国盆景

F. 盆景生产规范化，为盆景出口提供好的环境

G. 利用互联网+物联网技术，推进国际贸易

【德育】引入二十大报告，科技是第一生产力，人才是第一资源，创新是第一动力。

7.【课堂讨论】观看安徽歙县卖花渔村——山村地形起伏大、环境优美、道路崎岖，发展盆景产业和民俗旅游而富民的录像视频，让学生讨论卖花渔村的经验与启示。

【德育】山区保护环境优先，因地制宜选择附加值高的盆景产业，通过人工育苗培育梅花和罗汉松盆景，将徽派盆景、徽派民居、自然山水、民俗结合，发展特色旅游，进行产业融合，延长产业链，提高价值链，扩大效益链，带动农民致富，实现乡村振兴。践行习近平绿水青山就是金山银山的理念。

8.【观看视频】北京林业大学“十三五”重点研发计划示范基地——山东临沂梅花盆景轻基质简化栽培与示范基地：盆景轻基质水肥一体化及杂草控制技术综合应用，实现了梅花小盆景3年出圃，每亩10 000棵，每亩产值7万元的效益，带动农民致富。

【德育】科技是第一生产力，科研必须围绕国家战略、围绕产业发展、服务行业发展，服务人民需要。

9.【云课堂仿山水盆景创作实验】

(1)目的要求：①通过视频观看了解硬石和软石不同特点，理解硬石在选、软石在雕的道理。②掌握硬石选石原则：山石的大小适中，形状奇特美观，纹理丰富等。领会硬石山水盆景的制作步骤及要领[4]。③鉴于疫情原因，学生在家上网课，家里没有山石盆景的工具，因此本实习要求学生利用家中的胡萝卜、马铃薯、甘薯、苹果等果蔬材料作为山石替代品。利用家里的盘、碟等餐具作盆器，利用水果刀作工具，进行盆景创作。

(2)材料与工具：马铃薯或胡萝卜或白薯；盘、菜刀、小刀。

(3)方法与步骤：教师通过腾讯会议软件，先现场演示盆景创作全过程，再讲解盆景创作过程及体会。学生创作的过程是：

构思—下料(主峰、配峰)—粗雕—细雕—组合—山脚—配件—命名—拍照—写报告—发邮件给课教师。

【德育】通过作品辅导、优秀作品点评让学生进一步加深对盆景创作的理解，进而引申出选择盆景替代材料的意义，培养环保意识，融入生态文明理念。

10.【观看视频】“十三五”重点研发计划基地——山东临沂郯城梅花小盆景速成及轻基质水肥一体化栽培技术示范基地，通过新型树木盆景试验培育展示梅花小盆景简化修剪、水肥一体化、轻基质栽培及杂草生态控制技术。

【德育】梅花小盆景三年可以出圃，体量小、基质轻、无异味、运销易、见效快，产量高、成本低、效益大、环保优，避免了传统盆景体量大、基质重、有异味、运输难、见效慢的缺陷，以生动的案例诠释：科技提高生产力，带动农民致富、推进农业发展，带动乡村振兴，建设美丽中国，引入中国共产党二十大有关论述。

三、课程思政教学实践效果评价

(一)教学成本大幅度降低，教学效果突出

图1是园林172班王笛同学的山水盆景创作实验作品，利用水果蔬菜作为云课堂山水盆景创作的材料，每个学生在家庭里很容易得到盆景材料和工具，满足了教学实习要求，同时大大节约了教学成本，保证了教学效果。选修“盆景学”课程的学生给教师的评分每年都在90分以上，得到了学生的一致好评。

软石盆景制作

作品：王笛 园林172班 170201208

作品名称：迟迟吾行

名词解释：

“迟迟吾行”取自《孟子》“迟迟吾行也，去父母国之道也”。体现了孟子在“去鲁”与“去齐”这样两个人生抉择上的两种截然不同的思想困境，鲁国是其饱含缱绻之心、眷眷之意和依依惜别之情的母国，而齐国则是更适合他的价值取向。

而在这个盆景中，借用了这个矛盾点，主要侧重于孩子长大后即将远行闯荡时对于父母以及家庭的眷恋不舍之情。

盆景构思：

由于疫情的原因，盆景制作的石材用土豆代替。选用一大一小两个“石头”，雕刻成为大小狮子的样子，大狮子目送孩子远行，小狮子频频回望，依依不舍。主山与配山两石相对，隔水相望，高低错落。在主峰前配以凹凸不平的小石头当作山脚，以形成蜿蜒曲折的曲线。山脚上放置一个小亭子，使画面更为均衡，同时在两山之后点缀一个略小的石头作为远山，将近景与远景进行区分，增加深邃性，从而达到深远的意境。在山石上简单配以一些阔叶植物，增加盆景的生机与活力。水面上一叶扁舟顺流而下，给盆景赋予了一丝人的温度，使其更富生机，同时增加了水面的延伸性，侧面烘托出了一分流动之感。

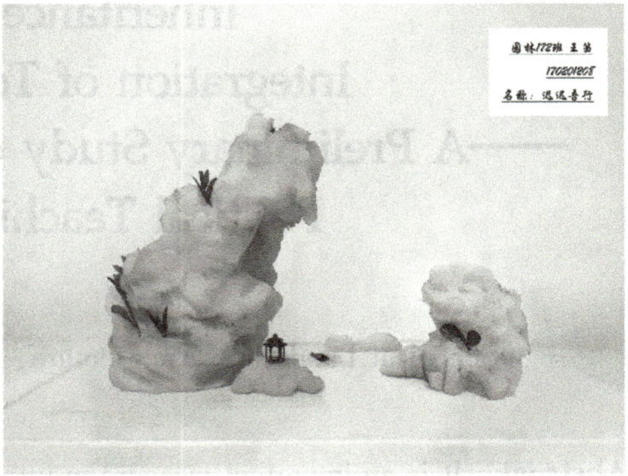

图1　软石盆景制作示例

(二)盆景材料避免了山采，保护了自然环境，践行了生态文明的理念

用果蔬代替自然石材，用人工培育树木代替挖野生树桩，避免了野桩采挖，保护了自然生态环境，同时满足了教学实习的需要，以实际行动践行了生态文明的理念。

(三)教产融合带动产业发展

园林2016级黄芯同学以华东地区盆景流派发展趋势为题做了毕业论文，该生采用文献查阅、历史考证、对比研究、盆景园及盆景市场的实地调查、问卷调查等多种方法，对我国盆景发展历史以及现代盆景流派的发展趋势进行研究，纵向分析了盆景审美偏好的变化，横向调查研究了不同盆景市场，研究华东地区盆景发展趋势。历史考证结果表明，故宫博

物院和大英博物馆珍藏的清代仿生盆景和绘画中的盆景植物有58种，其盆景造型是清代盆景的审美偏好的具象化代表。新时代人们的审美偏好及盆景购买意愿均有较大变化，卧干式盆景、小型化盆景较受欢迎。华东地区盆景树种主要以乡土树种为主，同时引进的外国优良树种及日本小型盆景也较为常见。华东地区盆景类型具有小型化、精致化的趋势，盆景流派发展呈现出以人为本、自然和艺术融合发展的趋势。这些研究成果直接用于指导盆景产业发展，是教产结合的成果案例。黄芯同学的这篇论文被评为"2020年度北京林业大学本科毕业优秀论文"，指导教师李庆卫被评为"优秀指导教师"。

依托本人承担的国家"十三五"重点研发计划课题——梅花盆景轻基质简化栽培与示范研究科研项目，指导园林2017级本科生施晓月同学，系统研究园林废弃物的理化性质，并与珍珠岩配比，作为梅花盆景栽培的基质，进行水肥一体化栽培试验和梅花促成栽培，该研究成果直接在山东临沂进行了示范应用，轻基质栽培的梅花小盆景很适合梅花的快递物流，降低了物流成本，适合家庭应用，直接促进了梅花小盆景直播销售，带动了梅花盆景的产业化发展，这是教产结合的又一案例。

参考文献

[1]李庆卫．北京林业大学园林专业盆景课程教学改革初探[A]．中国风景园林学会．和谐共荣——传统的继承与可持续发展：中国风景园林学会2010年会论文集(下册)[C]. 199-201.

[2]高德毅，宗爱东．从思政课程到课程思政：从战略高度构建高校思想政治教育课程体系[J]. 中国高等教育，2017(1)：43-46.

[3]彭春生，李淑萍．盆景学[M]. 4版．北京：中国林业出版社，2018.

[4]李庆卫．盆景学实习实验指导[M]. 北京：中国林业出版社，2019.

Inheritance and Innovation, Integration of Teaching and Production ——A Preliminary Study on the Reform of Ideological and Political Teaching of Penjing Science

Li Qingwei

(School of Landscape Architecture, Beijing Forestry University, Beijing　100083)

Abstract　It is an important measure to integrate ideological and political education into professional education and help Landscape gardening students establish a correct outlook on life, world outlook and values. we analyzed the five necessities of the ideological and political teaching reform of Penjing science course. According to the characteristics of the course, the advantages of scientific research, the characteristics of the Penjing industry, and the trend of the times, we put forward ten links for the integration of the ideological and political teaching of the course into the professional teaching of Penjing science, and evaluated the effect of the ideological and political teaching reform of the course. According to the research, it is not only necessary and feasible, but also twice the result with half the effort to combine the teaching and scientific research, industry, professional education and ideological and political education of Landscape Architecture courses.

Keywords　Penjing; Penjing industry; ideological and political education; curriculum system

课程思政视角植物景观类课程改革思考

尹　豪　郝培尧　李冠衡　王美仙

（北京林业大学园林学院，北京　100083）

摘要： 基于植物景观类课程体系的特点和教学中存在的问题，从课程思政教育的角度探讨解决途径和方法。在论述了专业课程的教学问题之后，从课程思政的角度进行了深入分析，并建立了课程思政教学的基本目标和途径。以政治教育目标、文化素养目标和法律道德目标为引导梳理了植物景观类课程思政教学的方法和手段。

关键词： 教学改革；课程思政；植物景观；课程体系

将思政教育融入专业课程教学，不仅能够带动教育教学工作的全面发展，也能实现对学生专业能力以及综合素质的培养。基于课程思政教育视角对专业课程建设进行思考，以思想政治的高度认知教学过程中存在的问题，寻找解决途径和方法，带动课程体系教学改革的深入发展。

一、植物景观类课程知识体系的特点及教学中存在的问题

植物是园林景观构成的主要要素之一，是园林艺术思想表达的媒介，也是绿地发挥生态功能的重要载体。植物景观类课程的教学目的在于培养学生认识植物种类、熟悉植物材料的生长习性，并掌握应用植物材料进行景观营造实现设计目的的基本方法。在教学体系中，相关的主要课程包括“园林树木学”“花卉学”“草坪与地被”“花卉应用设计”“植物景观规划”“园林植物栽培养护”，还涉及“植物学”“土壤学”“苗圃学”等专业基础类课程。这些课程围绕植物景观营造涵盖：①植物景观资源认知——涉及植物材料、文化、景观风貌和语汇，相关课程有“植物学”“园林树木学”“花卉学”“草坪与地被”；②植物景观设计训练——涉及空间结构组织、景观特色规划、植物群落设计、植物材料选用，相关课程有“花卉应用设计”“植物景观规划”；③植物景观工程技术——涉及栽植工程、养护技术，支持的课程有“土壤学”“苗圃学”“园林植物栽培养护”（表1）。

各类专业知识在风景园林实际教学中受重视程度不同。往往强调植物材料识别、植物景观特征规划、植物空间布局和植物群落设计，而植物景观文化、工程技术方面常受到轻视。植物景观营造依托规划设计过程实现空间结构布局、植物特色塑造和生态功能设想，而实现设计意图的工程技术支持没有得到足够的重视，苗木栽植技术、土方工程技术、土壤技术乃至修剪和浇灌技术与设计实现的紧密关系存在断点。植物材料的认知是植物景观

作者简介：尹　豪，北京市海淀区清华东路35号 北京林业大学园林学院，教授，yinhao@bjfu. edu. cn；
郝培尧，北京市海淀区清华东路35号 北京林业大学园林学院，副教授，haopeiyao@bjfu. edu. cn；
李冠衡，北京市海淀区清华东路35号 北京林业大学园林学院，副教授，liguanheng@bjfu. edu. cn；
王美仙，北京市海淀区清华东路35号 北京林业大学园林学院，副教授，wangmeixian2000@126. com。

资助项目：①北京林业大学研究生课程建设项目（KCSZ21033）；
②北京林业大学课程思政教研教改专项（2021KCSZZC005）。

表 1 植物景观类课程的知识架构

内容类别	知识组块	支持课程
植物景观资源认知	植物景观材料、植物景观文化、植物景观风貌、植物景观语汇	“植物学”“园林树木学”“花卉学”“草坪与地被”
植物景观设计训练	空间结构组织、景观特色规划、植物群落设计、植物材料选用	“花卉应用设计”“植物景观规划”
植物景观工程技术	栽植工程——苗木、地形土壤，养护技术	“土壤学”“苗圃学”“园林植物栽培养护”

类课程教学的重要环节，不仅是学习植物材料的识别，还有植物观赏特征的了解。但是，植物的生长习性随季节、年龄产生多样变化，也因生长条件(光、水、土)不同表现出不同的景观特征和功能上的差异，这些专业知识上的需求往往得不到课程教学的充分支持。设计概念的生成与表达是设计类专业培养的基本专业能力，过度强调设计表现而忽略工程技术的合理性，就会造成风景园林设计的培养方向偏爱艺术性而忽略科学性，偏离了该专业作为应用学科培养的基本方向。教学中存在的问题总体表现为：重规划设计构思，轻工程技术支持；重植物材料认知，轻生长习性掌握；重艺术表达，轻技术理解。

二、 课程思政维度的思考和建设途径

(一)教学实践问题的思考

植物景观类课程在教学中对知识组成重视程度上的差异，反映了专业发展方向的认识不足、专业理想重视不足和专业核心强化不足的问题。

1. 专业发展方向的认识不足

植物景观类课程体系教学重点上的偏颇表现出课程建设对国家发展战略上响应不足。党的十八大以来，“美丽中国”“健康中国”“生态建设”成为国家发展的战略目标。生态系统保护和生态环境修复、城市更新和公园城市建设等指向高质量发展的人居环境建设行动，为学科发展提出了新的任务和挑战。因循国家发展战略的导向，社会建设对人才专业能力的需求在发生变化，植物景观类课程的教学目标和教学组织亟待根据人才需求的变化进行教学改革。

2. 专业理想培养的重视不足

专业的兴盛发展不仅在于专业发展方向能够紧随时代的变化，还在于有着坚定理想的专业人才培养。课程体系中对于工程技术类课程的重视不足会导致学生对于专业理解的肤浅，材料等知识模块教学出现的片面性会导致学生知识体系碎片化现象的产生。浅显而片面的专业知识学习，必然导致学生对专业认知的不足，从而会使专业理想的培养缺乏基础性支撑。在认清专业发展导向的前提下，将课程建设方向锚定在专业理想培养上，促进植物景观类课程体系化建设，才能更好地保障专业教育的健康发展。

3. 专业核心建设的强化不足

植物材料的认知和设计应用是风景园林学科各专业能力培养的核心教学内容，两者教学内容的充分性及相互之间专业知识点的连通性、能力培养的接续性，是发挥植物景观类课程专业核心作用的关键。

(二)课程思政教学实现的基本目标和途径

教育部印发的《高等学校课程思政建设指导纲要》明确了课程思政建设的重点，内容围绕政治认同、家国情怀、文化素养、宪法法治意识、道德修养等展开。不仅关注理论知识

传授和专业技术训练，还要注意培养专业人才的政治倾向、法律道德意识和文化基本素质，全面提高人才培养质量。基于前面对教学实践中问题表现的分析和思考，可从三个方向设定课程思政的教学目标。

1. 政治教育目标

行业发展与国家命运的辩证关系，以及大学生的使命担当。认清当今民族伟大复兴时局下，国家建设对行业发展的新要求、民生福祉对社会发展的新需求，以及生态文明建设指引下专业课程教育的目标导向。植物景观类课程实现政治教育目标可以通过以下途径：①解读国家政策和经济发展规划，分析总体目标、重点任务与专业发展的关系；②解读学科发展报告，分析行业发展趋势；③认知世界园林行业兴衰发展的特点；④认知人口老龄化社会园林服务功能的转变。

2. 文化素养目标

专业知识学习与中国传统文化相融合，在培养学生科学精神的同时增强其对专业文化底蕴的了解。植物景观类课程实现文化素养目标的途径：①了解中国传统植物文化的底蕴；②了解中国乡土风貌中植物景观特征的多样性和文化性；③辨析中西植物景观特征背后的文化基因和哲学基础。

3. 法制道德目标

熟悉专业课程的法规约束，提升专业道德素养和社会责任感，建立正确的科学伦理观。植物景观类课程实现法制道德目标的途径：①解读相关法律法规、行业标准规范中的规定和约束；②讨论行业发展中出现的生态伦理问题；③讨论职业道德与行业操守。

三、 植物景观类课程思政教学方法和手段

理论与实践的紧密结合是植物景观类课程体系的基本特征，从各门课程内容结构入手易于找到实现课程思政教学的方法和手段。首先，各门课程独立性较好，有着完整的理论知识结构，可以多维度实现课程思政的教学目的。其次，实习和实操类教学是多门课程的重要组成部分，为课程思政接入专业教学过程提供了更多的附着点[1,2]。

课程概述重视介绍国家政策和行业发展，实现课程思政的政治教育目标。课程概述可选取的内容包括国家及地方的经济发展规划、学科发展报告和园艺行业发展动态，以及当前生物多样性和城市更新的政策导向。通过解读当前政策、学科动态、社会情势等，认知国家建设和社会发展需求对行业的影响，从而正视课程学习目的、专业学习目标。

授课内容注重中国文化和哲学思想的讲解。文化素养的培养不仅有利于文化自信，也有利于促进专业认同感。植物资源认知与植物文化、地域特色和乡土风貌相联系能够更为全面地理解植物景观资源的特征。为深入理解中国文化特色，植物景观设计类课程不仅讲解中西植物景观的差异，还需进一步阐述不同种植风格表达的中西哲学理念和美学思想，中国“道法自然、天人合一”哲学观与法国理性主义、英国经验主义、美国实用主义的差异及其在园林风格和植物景观语汇上的不同。

实践操作强调法律道德和标准规范的遵守。植物材料认知、植物景观设计训练和管理养护实习是植物景观类课程实操性教学环节，是培养学生专业技能的重要组成。技术行为遵从法律法规约束、符合行业规范标准要求，需要贯穿植物景观课程实践操作的全过程，也要成为专业考试和考核的基本标准。该方面包括设计类、苗木生产类和工程施工类的相关标准和规范。职业操守和生态伦理问题可以通过对苗木引种与生物多样性保护、乡土物种与地域特色、外来入侵物种等事项的广泛讨论达到思政教育目的。

四、结语

在高校专业教育中融入思政教育内容，强化高校学生思想的政治思维，实现两者协同育人的教学目的是“课程思政”教育的基本出发点[3]。课程思政教育维度的思考有助于促进对专业课程现存问题的认知，从思想建设的高度寻求解决方法，从教学过程出现的问题表象透视思想政治问题的本质。

课程思政的建设不必拘泥于对单一专业课程的教学改革探索，在课程体系层面的整体性思考有利于带动课程思政教育的体系化建设，同时也能促进专业课程之间知识体系的连通性。专业课程之间教学内容的衔接问题会阻碍课程体系的完整性[4]，降低教学效果，借助课程思政的统领作用能使课程教学内容的架构和教学方法的组织更加科学和完善。

参考文献

[1]尹豪，董丽，郝培尧．加强课程间衔接，注重实践中教学——“园林植物景观设计”课程教学内容与方法探讨[A]．中国风景园林学会．中国风景园林学会2011年会论文集(下册)[C]．北京：中国建筑工业出版社，2011：250-253.

[2]赵伟，郝振萍．家国情怀融入“植物设计”课程实验教学的探索[J]．中国林业教育，2022，40(3)：34-37.

[3]万陆洋．“课程思政”理念下的高校专业课与思政课协同育人路径探讨[N]．光明日报，2021-12-1.

[4]尹豪，袁涛．植物景观类课程体系的优化——以北京林业大学为例[J]．中国林业教育，2016，34(6)：70-73.

Thoughts on the Teaching Reform of Plant Landscape Curriculum in the Ideological and Political Dimension

Yin Hao　Hao Peiyao　Li Guanheng　Wang Meixian

(School of Landscape Architecture, Beijing Forestry University, Beijing　100083)

Abstract　Based on the characteristics of the plant landscape curriculum system and the problems existing in the teaching, we explore the solutions and methods from the perspective of the curriculum ideological and political education. After discussing the teaching problems of professional courses, the basic objectives and approaches of curriculum ideological and political teaching are established. Under the goals of political education, cultural literacy and legal morality, the methods and means of ideological and political teaching of plant landscape courses are sorted out.

Keywords　teaching reform; curriculum ideological and political; plant landscape; curriculum system

专业基础课“园林花卉学”思政教改探索

何恒斌

（北京林业大学园林学院，北京　100083）

摘要：“园林花卉学”是园林、风景园林和观赏园艺专业（方向）必修的专业基础课，该课程为“园林植物景观设计”和“园林设计”等课程的学习奠定材料基础。教师在传授专业知识的同时，还应意识到思政教育的必要性，主动引领学生形成正确价值观。本文从“园林花卉学”课程的特色出发，结合思政教育的方针政策，挖掘、探讨本课程的思政元素和方法途径，以期为相近专业课程思政教改提供思路。

关键词：园林花卉学；思政；教改；专业基础课

一、 思政教育的必要性

2018年6月，新时代全国高等学校本科教育工作会议强调，要深入学习贯彻习近平新时代中国特色社会主义思想和党的十九大精神，全面贯彻落实习近平总书记5月2日在北京大学师生座谈会上重要讲话精神，坚持“以本为本”，推进“四个回归”，加快建设高水平本科教育、全面提高人才培养能力，造就堪当民族复兴大任的时代新人[1]。习近平总书记在2019年初召开的学校思想政治理论课教师座谈会上指出，“思想政治理论课是落实立德树人根本任务的关键课程”，思想政治理论课改革创新要坚持“八个相统一”，其中包括“要坚持显性教育和隐性教育相统一，挖掘其他课程和教学方式中蕴含的思想政治教育资源，实现全员全程全方位育人”[2,3]。这些都是自2016年习近平总书记在全国高校思想政治工作会议上提出“使各类课程与思想政治理论课同向同行”以来，对推进思政课程与课程思政有机结合的再次强调。

教师作为传道、授业、解惑的“人类灵魂工程师”，不但承担着教授文化知识、传播科学真理等职责，还要注重引导学生树立正确的价值观及人生观等时代重任。在教学工作中，不能简单地灌输书本知识，更要懂得塑造学生的品格及灵魂，从而培养出以实现中华民族伟大复兴为己任的社会主义建设者和接班人。因此，如何将思政教育潜移默化地融入课程教学中，是值得每位教师都深入思考的问题。

二、“园林花卉学”思政教育的优势

“园林花卉学”是高等院校园林、风景园林和观赏园艺等专业（方向）必修的一门专业基础课和核心课程。园林花卉学包含了花卉的基本知识及相关理论，综合了花卉繁殖、栽培、养护及应用等基本技能的培养；经过栽培实践、社会调研、艺术应用等教学环节，使学生掌握重要园林花卉种类的生物学特性、生态习性、观赏特性及园林用途，可以进行园林花卉繁殖、生产、应用和养护[4,5]。从学科和专业设立之初，经过数代先生们的总

作者简介：何恒斌，北京市海淀区清华东路35号 北京林业大学园林学院，教授，hengbinhe_1220@bjfu. edu. cn。
资助项目：北京林业大学2020年课程思政教研教改专项课题项目（2020KCSZ039）。

结、提炼、完善，形成了“园林花卉学”的基本课程内容体系。《园林花卉学》从1980年开始有铅印版，至今已逾40年。在最近十年中，“园林花卉学”在传承中快速、创新发展，获评国家级精品课程和国家级精品资源共享课，在学科发展中占据了优势位置，在行业中收获了极高的声誉，其配套教材第3版荣获“首届全国教材建设奖全国优秀教材二等奖”，成为全国最受欢迎的花卉学教材，是开展思政教育的优势阵地和优良渠道。

三、 园林花卉学思政教育的探索

为有效开展课程思政教学改革，教师首先必须对课程内容进行深刻的理解与把握，充分筛选及发掘其中的思政元素，同时进行适当的内容拓展，结合实际，收集社会热点，丰富教学内容，才能够提高学生的学习兴趣，实现将课程的思政教育与课本知识有机结合的目的。基于“园林花卉学”课程的教学内容，本文将从以下几个方面进行思政教学元素的挖掘与探讨。

（一）地大物博的“世界园林之母”，增强学生对华夏大地的天然认同感、归属感和自豪感

“绿水青山就是金山银山”“要把生态环境保护放在更加突出位置，像保护眼睛一样保护生态环境，像对待生命一样对待生态环境。”习近平总书记提出了著名的两山理论，并多次强调了生态保护的重要性。“当灿烂的太阳跳出东海的碧波，帕米尔高原依然是群星闪烁；当北国还是银装素裹的世界，南疆早已洋溢着盎然的春色。”我国幅员辽阔，地形复杂，孕育出丰富的植被类型和多样的植物种类。那个从我国引种了约5000种植物的英国博物学家威尔逊，也不得不称“中国——园林之母”。在本课程的绪论中，就让学生明确认识到，现代世界园林之所以绚丽多彩，其重要的物质基础就是从我国引种到世界各地的几千种园林植物资源，园林花卉资源的保护和利用正越发重要。搜集各种资源，将好的素材（如CCTV拍摄的《影响世界的中国植物》等有关我国植物资源的纪录片）推荐给学生，让他们利用课余时间了解、感知我国丰富的植被类型和多样的植物种类，并在课下以兴趣小组的形式进行讨论。既开阔了学生的学术视野、提高了专业素养，也潜移默化地增强了学生对华夏大地的天然认同感、归属感和自豪感。

（二）独特、悠远、灿烂的花文化，提升学生的个人修养和集体品格，增强文化自信，凝练民族性格

“博大精深的中华优秀传统文化是我们在世界文化激荡中站稳脚跟的根基。中华文化源远流长，积淀着中华民族最深层的精神追求，代表着中华民族独特的精神标识，为中华民族生生不息、发展壮大提供了丰厚滋养。”习近平总书记在多个场合反复强调文化自信的重要性。“中通外直，不蔓不枝”“出淤泥而不染，濯清涟而不妖”的荷花、“荷尽已无擎雨盖，菊残犹有傲霜枝”的菊花、“芝兰生于深谷，不以无人而不芳”的兰花、“含香体素欲倾城”“不许淤泥侵皓素”的水仙，古人正是将这些园林花卉的观赏性状或生态习性抽象化、人格化，成为千古流传的诗句，沉淀出我国特有的花文化，成为我国传统文化中的瑰宝，于千年中，熏陶、抚育着华夏大地上的人们；在个人美好价值和精神境界的追求中，凝练出中华民族独特的精神标识。宿根花卉、球根花卉、水生花卉等章节含有我国众多的传统名花，首先使学生掌握这些花卉的观赏特征、生态习性等科学性内容，然后借由历代积累的有关花卉的诗词歌赋、绘画等素材让学生领略文化之美，理解由花卉的生物学性状抽象、升华而成的花文化，深刻体会中国独有的关于人与植物、人与自然“天人合一”的哲学观。

（三）清醒认识我国花卉产业现状和国际发展趋势，增强学生的使命感和紧迫感

“在关键领域、卡脖子的地方下大功夫，集合精锐力量，作出战略性安排，尽早取得突破。”在2018年的两院院士大会上，习近平总书记重磅发声。花卉产业与其他行业和领域一样，产业上游也存在着卡脖子的窘境。我国是许多重要花卉的原产地或分布中心，但是花卉市场上流通的主要品种却主要由欧美国家控制，资源丰富和品种缺乏之间的鸿沟值得深思。例如，百合是世界著名花卉，我国是百合的分布中心，拥有一半以上的自然种质资源，也是目前最大的切花百合生产国；然而，在国际登录的一万多个百合品种中，我国培育的品种占比低于1%，而且市场上流行的品种几乎全部来自国外。缺少具有竞争优势的自主知识产权的花卉品种，几乎是我国各大花卉发展的瓶颈问题。攻克关键核心技术是一项系统工程，在未来的行业主力军——大学生中孕育科技强国的使命感和责任心越发重要。

（四）“园林花卉学”教学塑造学生的价值观

通过花卉栽培过程，观察花卉的生命周期，引导学生树立正确的生命观和人生观。通过实习调查、社会调研，让学生了解行业、社会服务和公益组织。并利用各种途径，讲好“园林人”的故事。作为园林专业的诞生地，园林学院培养出了众多院士和领军人物，他们崇高的爱国情怀、高尚的师德品格、渊博的学识技能、亦师亦友的风格，都要传递给每一位学生。尽职尽责履行好“园林人”的职责和担当，以教师自身的一言一行，在教学过程中让学生观察、体会当代“园林人”的职业素养、道德修养和精神追求，具象感知精神传承与创新活力。“园林花卉学”本身的发展、创新，就凝聚着花卉行业不同世代标杆性人物的心血。从中国工程院首位园林植物院士陈俊愉教授，到中国国家级非物质文化遗产“传统插花”代表传承人王莲英教授，再到国家级“万人计划”教学名师刘燕教授，一脉相承，守正创新。这些领军人物的事迹和形象就像是一粒播种于学生心中的种子，静待发芽、开花，成长为新的参天大树。

青年是祖国的未来，民族的希望，而大学生又处在价值观形成和确立的关键时期，价值引领和能力培养要并驾齐驱，这是当前教学改革实践的方向。围绕“园林花卉学”展开课程改革实践，以灵活的形式融入思政内容，进一步增加“园林花卉学”课堂的吸引力，调动学生主动学习的热情，让学生在潜移默化中接受价值观的熏陶。通过思政教育，使学生能从更高层面重新审视自己的专业和所学的知识，增加学生的内在学习动力；增强学生对专业、行业和科学研究的责任感、使命感和紧迫感。

参考文献

[1]坚持以本为本 推进四个回归 建设中国特色、世界水平的一流本科教育(2018)[EB/OL]. http：//www.moe.gov.cn/s78/A08/moe_745/201806/t20180621_340586.html.

[2]习近平：用新时代中国特色社会主义思想铸魂育人 贯彻党的教育方针落实立德树人根本任务(2019)[EB/OL]. http：//www.12371.cn/2019/03/18/ARTI1552914602174896.shtml.

[3]围绕立德树人根本任务 探索思政课程与课程思政有机结合(2019)[EB/OL]. http：//www.moe.gov.cn/jyb_xwfb/xw_zt/moe_357/jyzt_2019n/2019_zt3/zt1903_jd/201903/t20190327_375691.html.

[4]刘燕．园林花卉学[M]. 4版．北京：中国林业出版社，2020.

[5]刘燕，何恒斌，李秉玲．园林花卉学实习实验教程[M]. 2版．北京：中国林业出版社，2021.

Exploration on Ideological and Political Education Reform of Professional Basic Course Garden Floriculture

He Hengbin

(Schod of Landscape Architecture, Beijing Forestry University, Beijing 100083)

Abstract Garden Floriculture is a compulsory professional basic course for the majors of Garden, Landscape Architecture and Ornamental Horticulture. This course lays a material foundation for the study of Garden Plant Landscape Design and Garden Design. While imparting professional knowledge, teachers should also be aware of the necessity of ideological and political education and actively lead the formation of students' correct values. Starting from the characteristics of garden floriculture, combined with the principles and policies of ideological and political education, this paper explores the ideological and political elements and methods of this course, in order to provide ideas for the ideological and political education reform of similar professional courses.

Keywords garden floriculture; ideological and political; educational reform; professional basic courses

“园林水彩风景画”教学研究与实践

高汶漪　刘毅娟　殷　亮

（北京林业大学园林学院，北京　100083）

摘要：“园林水彩风景画”是教学研究专项课题，是针对园林、风景园林、城乡规划、建筑学等专业的学生提高美学修养、绘画水平、造型能力以及连接后续设计课程而深入改革研究的课程之一；是建立在“素描基础”“色彩基础”两门课程的基础上，突出以园林为特色的专业设计，从美术教学基础向专业设计的美学与艺术教学转换，形成独具一格的课程。主要内容分为四个部分：临摹、改绘、写生、创作。

关键词：园林水彩风景画；临摹；改绘；写生；创作

“园林水彩风景画”课程的建设以“立足于园林，服务于园林”为宗旨，注重风景园林人才培养的科学性和艺术性，整个课程架构围绕美术基础课与专业课之间的衔接作用而设计。梳理园林水彩的教学特色，增加园林建筑、植物、石体、水体等园林要素表现内容，强化园林水彩创作，为今后园林设计课程打下坚实基础。强调三个渗透：“艺术与技术”的互相渗透、“形象与逻辑”思维能力的相互渗透、“想象力与创造力”培养的互相渗透[1]。

一、　课程建设的定位

在课程精简的教学改革热潮中，如何建立在传承的基础上发挥学科特色，如何针对学生特征制定有效的学习方法，如何从专业设计的角度思考美学教育与艺术创作的培养，如何为专业培养更具高度的专业人才等为新时代园林美术教学改革的主要目标。

“园林水彩风景画”课程是在北京林业大学园林学院美术教研室已有 8 门课程基础上的进一步深化，属于专业水彩画的定位，是在从专业设计课的角度思考的美术教育，表 1 展示了“园林水彩风景画”在整个美术教研室的重要作用。课程的建设打破教研室的界限，是教研室合作的一次探索，因此，课程的建设定位为专业的桥梁，起着承上启下的作用。

表 1　美术教研室课程设置思路

阶　段	美术基础课程	园林美术课程	专业设计课程
课　程	“素描基础” “色彩基础” “中外美术概论”	“园林水彩风景画” “钢笔风景画” “水彩风景画实习” “素描风景画”	“风景园林设计” “风景园林工程” “风景建筑设计” “园林植物景观规划” “南北方实习”

作者简介：高汶漪，北京市海淀区清华东路 35 号 北京林业大学园林学院，教授，wenyi-gao@163. com；
刘毅娟，北京市海淀区清华东路 35 号 北京林业大学园林学院，副教授，liuyijuan@bjfu. edu. cn（通讯作者）；
殷　亮，北京市海淀区清华东路 35 号 北京林业大学园林学院，讲师，631346649@qq. com。

资助项目：①北京林业大学教学名师教育教学改革与研究项目“《园林水彩风景画》教学研究与改革实践”（BJFU2017MS007）；
②北京林业大学教学改革与研究项目“设计初步系列课程”教学目的的整合与优化（BJFU2020JYZD016）。

（续）

阶 段	美术基础课程	园林美术课程	专业设计课程
意 义	基本造型能力； 绘画表达； 观察能力； 审美能力	突出创造性； 园林风景创作的想象力和表现力； 提升绘画作品艺术和设计的科学性； 提高依照图纸进行水彩完整创作的绘画表达	逻辑及建构思维； 空间及环境思维； 技术与实践应用

二、 课程设计的内容及教学方法

（一）课程设计的内容

整个课程内容的设计从需求方的角度出发，从专业应用上着手，从生源特征及已掌握的学习内容的基础上，建构出一套简单而实用的教学内容，即临摹—改绘—写生—创作的四部曲，每个环节都建立高效的教学模块化，环环相扣，从而建立一套完整且有利于专业美术表现的技法。

1. 临摹

高效临摹的重点是挑选经典的案例和表现手段，为此根据园林设计与中国传统山水画的特色，制定了九种构图范式，有利于学生了解主题与构图的关系。简化元素分块教学能够帮助学生在短时间内掌握水彩工具的运用方法，如建筑、山石、植物、水系的针对性临摹，能够为即将开展的写生、改绘和创作打下很好的基础。入手皆起于高效的临摹，是站在巨人肩膀上最快的成长方式。

2. 改绘

改绘是建立在临摹与初步写生基础上的环节，依据图片和表达的主题，整体、拼凑、组合成一张全新的画作，主观能动性是整个环节的灵魂，因而培养学生的眼界、视角和美学涵养是这个过程的重点，故此阶段教学方式侧重于讲解和点评。

3. 写生

写生侧重于取法自然，“外师造化，中得心源”[2]，以自然山水为师，是联系自然与绘画的桥梁，是培养园林设计师的必要课程阶段。通过写生，可以提升敏锐的观察力，强化艺术感受，锤炼绘画技巧，提高对中国古典园林艺术的认识和审美水平。写生地点选择颐和园、圆明园及承德避暑山庄，使学生能更好地运用艺术审美眼光认识自然，感悟空间及中国传统园林的特色，强化园林水彩绘画表达。

4. 创作

创作是在前面三个训练后的总结与升华。训练对象为残存或文献记载中的知名园林，需具有一定的场地依据（可现场调研）、史料、文献或已有的复原资料（有参照平面图、立面图和剖面图），以景点立意为主题，进行鸟瞰图的构图组织，最后以水彩绘画、水彩渲染、制图等表现语言重现古典园林的造景与造境，是对专业设计及古典园林解读的进一步铺叙。

（二）课程的课时安排及授课内容

课程重点围绕中国传统园林的表现绘画进行创作（表 2），是针对中国传统园林风景展开的一种艺术再现和艺术创作。

表 2 “园林水彩风景画”课时安排及授课内容

课时(56)	教学内容	备　注
1~4	水彩风景画概述	①水彩画的概念； ②水彩画的源起； ③水彩画的成熟期； ④水彩画在中国的发展； ⑤水彩画与设计之间的关系
5~12	园林建筑、植物、石体、水体等绘画技法临摹	通过绘画示范与理论讲解相结合，教授园林要素的水彩表达技法； 课上绘画与课下练习相结合，为北方皇家园林写生做准备
1 周	北方皇家园林写生实习	①校园写生； ②圆明园写生与考察； ③颐和园写生与考察； 写生第四、五天，写生与调研相结合，通过对现存园林建筑写生以及对园林古建遗迹进行深入调研，在前三天写生基础上，采集相关资料，完成一张 4 开写生作品。 为“水彩风景画”课程的创作作品做好前期准备
13~24	照片改绘	帮助学生选择适合改绘的园林或景观题材图片； 讲授图片转化到绘画中景物的取舍、色调的处理、意境的表达
25~32	创作 1——透视图创作	收集文献材料与创作素材，确立创作构思和立意，根据立意筛选素材； 引导学生进行园林环境的想象和表达，完成局部透视表现，为大鸟瞰图创作做准备
33~56	创作 2——古典园林复原鸟瞰图创作	①利用园林古建遗址现有资料，平、立、剖面和文献资料，结合实地调研与建模，强化对已毁园林遗址的整体认知，运用水彩表现技法，并进行鸟瞰图绘画创作； ②结合绘画、诗词、楹联等艺术成就与造园原理，深入理解园林文化与中国传统艺术精神

（三）课程设计的教学方法

1. 点、线、面结合法

以“水彩风景画”教学研究为“点”，以所有美术课程的先后顺序为“线”，以同阶段、同时期相关课程的展开为“面”，明确“水彩风景画”课程的教学目的，完善课程的体系建构。

通过临摹，掌握园林艺术元素的水彩表现技法；

通过写生，强化园林水彩的熟练表现；

通过改绘，深入研究建筑的透视、绘画构图、景物的取舍、色调的处理、意境的表达；

通过创作，完成美术基础课向专业设计课的过渡衔接，提升园林专业性绘画能力。

2. 研讨法与个案分析法

研讨法是一种以提出问题、围绕问题来组织教学的方法，这种方法有助于提炼观点、突出重点，增强课程的凝聚力。

个案分析法是通过对经典园林水彩作品的分析与研习，凝练绘画规律，总结绘画技法，提升绘画技巧。

3. 文献综合法、实地调研法、虚拟现实技术

在水彩画创作阶段，综合运用文献综合法、实地调研法、虚拟现实技术，对已毁古典园林进行水彩绘画创作表现。文献整理与园林实地考察相结合，在考察基础上进行综合分析，通过文献资料研究和实例研究启发学生对各个景点的联想，借助虚拟现实技术，建立对调研场地的整体认知。

三、课程建设的成效

（一）提高教学质量

“水彩风景画”课程的建设，提高了学生的艺术修养，强化了绘画能力，增强了对园林艺术的理解，学生获奖情况位于兄弟院校前列(表3)。

表3　学生获奖情况

年　份	奖项名称	获奖情况
2017	第十四届全国高等学校建筑与环境设计专业美术大奖赛	金奖2项 银奖1项 铜奖2项 优秀奖4项
2019	首届“鲁本斯杯”全国大学生园林美术作品大赛	一等奖4名 二等奖3名 三等奖6名 优秀奖1名
2019	第十五届全国高等学校建筑与环境设计专业美术大奖赛	一等奖3人 二等奖4人 三等奖5人 优秀奖7人

（二）推动教学、教案及课件的建设

“水彩风景画”课程的建设，推进了教师教案和课件的建设，也促进教学名师的建设(表4)，其中，殷亮老师在北京林业大学教师基本功大赛中荣获一等奖。

表4　教师获奖情况

年　份	奖项名称	获奖情况
2017	第十四届全国高等学校建筑与环境设计专业美术大奖赛	三等奖1项 入选奖1项
2017	北京林业大学教学成果奖	一等奖1项
2019	第十五届全国高等学校建筑与环境设计专业美术大奖赛	一等奖1项 优秀奖1项
2021	第十七届北京林业大学教学基本功比赛	一等奖1项
2021	北京市教学成果奖	二等奖1项

（三）促进教材的建设

"水彩风景画"课程的建设促进了教材的建设，其中《园林水彩》荣获中国林业教育学会第二届林科类优秀教材二等奖。在深入教学研究中，梳理了水彩艺术发展史，更加明确了课程教学思路，完善了课程建构，丰富了园林水彩绘画资料，拓宽了水彩艺术交流平台，也为《园林水彩》教材修订奠定了基础。

（四）加强团队建设，加大教研室和兄弟院校的交流

采用"走出去""请进来"的方式，鼓励青年教师"走出去"进行国外访学活动以及参加国内艺术交流活动，打开思路，拓宽视野，以"学"助教，突破本科教师教学的局限性。针对青年教师缺乏园林美术特色教学经验的问题，组建水彩风景画教学研究团队，通过老教师对青年教师的"传、帮、带"，加强教学观摩，探讨教改细节，统一教学思想，领悟园林特色，以教学研究促进教学团队建设。

通过"请进来"的方式，强化与当代著名水彩画家及各院校美术教育者的横向和纵向的联合。如 2017 年成功举办"世界美术大会——园林分会之园林美术创作艺术展"及其出版画册，2018 年举办"改革开放 40 年园林美术学生作品展"与教学研讨，承办"2019 年首届'鲁本斯杯'全国大学生园林美术作品大赛"，组织兄弟院校共同完成《园林水彩》教材的建设等。

四、 小结

中国园林艺术历史悠久，文化底蕴深厚，艺术水平高超，种类与样式繁多，是多学科兼容并蓄的成果。这使得立足园林、服务园林的"水彩风景画"教学必须有广阔的视野与专业的深度，需要持续的研究探索与发展完善。

参考文献

[1]高汶漪，刘毅娟．北京林业大学园林学院美术基础的教学探索与实践[A]．北京林业大学教育教学研究优秀论文集[C]. 2018，51.

[2]俞建华．中国历代画论类编[M]．北京：人民美术出版社，2000，19.

Teaching Research and Practice of Garden Watercolor Landscape Painting

Gao Wenyi　Liu Yijuan　Yin Liang

（School of Landscape Architecture，Beijing Forestry University，Beijing　100083）

Abstract　Garden Watercolor Landscape Painting is a special topic for teaching and research. It is one of the courses for in-depth reform and research aimed at improving the aesthetic cultivation, painting level, modeling ability of students majoring in Landscape Architecture, Urban Planning, Architecture and other majors, as well as connecting the follow-up design courses; It is based on the two courses of Sketch Basis and Color Basis, highlighting professional design characterized by gardens, and transforming from art teaching basis to aesthetics and art teaching of professional design, forming a unique course. The main content is divided into four parts: copying, redrawing, draw from nature and creation.

Keywords　garden watercolor landscape painting; copying, redrawing; draw from nature, creation

“双一流”学科建设背景下提升大学生科研创新策略研究

——以北京林业大学园艺(观赏园艺方向)专业为例

郑唐春　程堂仁　张启翔

(北京林业大学园林学院，北京　100083)

摘要：大学生作为创新的主体，发挥其主观能动性对促进创新能力培养至关重要。针对当前大学生在基本科研素养培养方面存在的不足，高水平高质量成果产出匮乏等问题，结合北京林业大学园艺专业在本科生教育、研究生培育、毕业论文指导、大创项目评审方面的体会，提出强化大学生科研素养的措施，引导设计高水平科学研究，产出高水平突破性成果，以期为“双一流”建设背景下探索一流人才培养提供参考。

关键词：“双一流”建设；大学生；园艺专业；科研创新；人才培养

大学生教育是教育结构中的高层次教育，肩负着为创新型国家建设培养高素质、高层次、创造性人才的重任。2015 年 10 月，国务院印发了《统筹推进世界一流大学和一流学科建设总体方案》的通知，提出了实现我国从高等教育大国到高等教育强国的发展目标。大学生作为科研后续新生力量支撑，是释放技术创新活力的源泉，通过持续在基础理论研究领域取得突破，才能早日摆脱我国关键领域核心技术受制于人的局面。科研素养是创新能力的保证，创新能力是科研素养的升华。因此，培养学生的创新能力，强化科研素养的培育是创新能力的基础和保证，提升科研素养既是提高大学生教育质量的核心和关键，也是创新人才培养模式改革的必然要求。本文以北京林业大学园艺(观赏园艺方向)专业为例，从如何强化科研素养、规范开展科学研究、设计高水平科学研究、产出高水平高质量科研成果等方面论述。

一、 强化科研素养

科研素养，也称科研素质，是指从事科研工作的科研人员应具备的基本素质。包括：科研基本理论素养、科研能力素养、科研道德素养[1]。近年来，随着高校招生规模的逐年增大，大学生培养中普遍存在不注重科研素养培养的现象，以至于部分大学生科研基本理论匮乏、科研道德素养偏低，这已成为较突出培养质量问题[2]。通过参与大学生创新项目评审与项目指导，总结得出当前大学生对待科学研究主要表现为：缺乏对科研的兴趣和远大的专业志向；缺乏独立发现问题和解决问题的能力；缺乏试验设计能力；缺乏归纳总结能力；缺乏科研表达能力。此外，还存在学术道德缺失现象，主要表现为学术失范和学术

作者简介：郑唐春，北京市海淀区清华东路 35 号 北京林业大学园林学院，副教授，zhengtangchun@bjfu.edu.cn；
程堂仁，北京市海淀区清华东路 35 号 北京林业大学园林学院，教授级高级工程师，chengtangren@163.com；
张启翔，北京市海淀区清华东路 35 号 北京林业大学园林学院，教授，zqxbjfu@126.com。

不端现象等。

倡导学术创新，遵守科研规范，对于提高科研人员的学术研究能力和科研素养至关重要。园艺专业的学生在进入实验室开展科学研究之前，均需通过学校、学院实验室管理部门的准入考试，签订规范科研承诺书，在指导教师的指导下才能按照试验计划开展科学研究。

每一个人的时间和精力总是有限的，尤其是科研新人，刚开始踏入科研之门，无论是创新思维能力，还是科研试验动手能力均需要引导。进入课题组后，在自我素养提升的前提下，更要提倡发挥科研团队的整体研究力量与创新水平，这样才能使个人科研素养与科学研究迈入新台阶。每个人各有所长、要分工合作，形成“做人，有事变没事”的团队精神和“做事，没事变有事”的科研精神。在试验技术方面，课题组应该形成内部通用、简易高效的试验流程，编制课题组 Lab’s Protocol，这样课题组内部在开展相似实验时，不仅可以做到耗材、生化试剂、仪器设备共享，还能相互验证试验过程与试验结果。不同年级的学生通过相互帮助、齐心合力，才能克服困难，保质保量按时完成既定的科研任务，协同攻关，形成科研合力。

二、 设计高水平科学研究

做研究之前，试验者必须想清楚，自己研究与同类研究有何出色之处？自己的大创项目有没有学术价值？有没有创新点？研究内容常包括三种类型：①新观点、新模型：过去没有人这样看问题；②新方法：过去没有人这样分析、解决问题；③新结论：过去没有人得到这样的结果。

（一）科学选题原则

科研选题就是从战略上选择科学研究的主攻方向、确定研究课题的过程和方法[3]。一般包括以下几个原则：①创新性：这是科学研究的前提，如果没有创新内容，就没必要做研究，也没必要撰写相应论文；②科学性：论文的科学性是文章立论的基础，如果科研设计有问题，即使研究内容是新颖的，最终也是没有意义的；③实用性：一篇好的论文应该具有实用价值或潜在应用价值；④高经济价值：可直接转化成果，具有实际价值，或为某些工作节省费用，具有间接价值；⑤高社会生态价值：服务国家战略、企业需求、大众身心健康与保护自然生态环境。以“重要观赏植物——月季基因组组装及连续开花性状”研究选题为例，聚焦上述五大选题原则，利用前沿技术，实现了月季高质量基因组组装和连续开花性状解析，相关研究于 2018 年以“背靠背”形式分别发表在 *Nature Genetics* 和 *Nature Plants* 期刊上，近两年被 320 余篇论文引用，极大推动了月季物种的研究进展。

（二）获取好 idea 的途径

一个好的想法，不是跟风赶潮流，或者空想就能产生的，它需要长时间在相关领域的积累和经历，刻舟求剑不行，闭门造车不行，异想天开更不行。好的 idea 来源包括：①大量地、仔细地阅读文献，多听学术报告、多与同行探讨，从中获得的启示；②总结感兴趣领域内尚未探讨过但很有意义的课题；③总结争论性很强的问题，反复比较研究方法和结论，从中发现切入点；④善于抓住科研过程中遇到的难以解释的问题，往往会成为思维的闪光点；⑤根据研究项目或课题假定的科学问题，论证可行性。尽管学生可以独立查阅很多文献，但如果没有充分的交流讨论，消化和理解这些文献也还是非常片面的。只有在阅读文献的基础上，与导师、同学一起充分地交流讨论，才能提炼出好的研究思路和研究方案。需要提醒的是，他人没做过(未发表)的科学问题，也许不是因为没想到，而是因为没有实际意义或者没有实现的可能性。

三、 产出高水平成果

2020年2月，科技部印发了《关于破除科技评价中“唯论文”不良导向的若干措施(试行)》通知，明确要求破除“唯论文”论不良导向。论文评价实行代表作制度，由“量”转变到“质”，提高高质量论文考核评价权重。鼓励发表“三类高质量论文”(以下简称“三高”论文)，即具有国际影响力的国内科技期刊的论文；业界公认的国际顶级或重要科技期刊的论文；在国内外顶级学术会议上进行报告的论文。

(一)“三高”论文特点

“三高”论文一般具有如下特征：研究内容聚焦并解决行业内关键科学问题，主要学术思想和观点被行业公认，研究结果被广泛重复、引用验证，研究成果产生了重要的经济社会文化影响。园艺领域高水平期刊共37种，其中排名第一的 *Horticulture Research*(《园艺研究》)期刊，采用开放获取形式，专注刊载和园艺作物有关，能引起广泛的国际和学科兴趣的基础和理论研究。期刊主编青睐如下内容稿件：①“有创新性——解决了顽劣的科学问题，颠覆了原有的固化的理论或结论”；②“以园艺植物为材料的跟踪前沿科学的研究”；③“对整个园艺领域和世界园艺具有广泛兴趣的研究”。

(二)“三高”论文要素

创新性、信息量、可读性、参考文献、署名与致谢是优秀科技论文的五要素，也是高质量论文的重要组成部分[4]。众所周知，创新是科技论文发表的必要条件。科研的目的在于发现新事物、提出新原理、研发新方法、产生新结果。创新怎么体现？*Science* 期刊认为创新是指对自然或理论提出新见解，而不是对已有研究结论的再次论证；*Nature* 期刊认为创新是指科研成果新颖，在相关领域取得突破，获得实质性进展并使其他领域的研究人员感兴趣[4]。创新可简单归纳为领域内的新见解，具有实质性进展及启发性。做研究如同讲故事，每项研究课题都是内容丰富、情节离奇的故事，一篇高质量的学术论文，其实质是一个动听的故事。讲故事需要铺垫背景、引人遐想的故事情节和有组织的展现。即利用最前沿的实验技术，聚焦重要科学假设，展现引人入胜的研究结果。因此，撰写高质量论文，关键是设计好故事脉络主线，考虑如何将独立试验数据与主线故事脉络的吻合，而不是简单、枯燥地按时间顺序堆积试验数据。

四、 培养成效

实践表明，近几年园艺专业学生的科研素养与创新能力得到显著提升，创新成果不断涌现，学生在各级各类竞赛中成绩提升显著。近5年，以学生为第一完成人发表高水平论文100余篇，作为主要完成人授权发明专利38项；1人获得“全国林科优秀毕业生”称号，3人获得“北京市优秀毕业生”称号，3人获得“北京林业大学学术之星”称号，72人获得校级“优秀研究生”称号；30人获得国家奖学金，3人获得校长奖学金，100余人获得校级学术创新奖，15人的论文被评为“校级优秀研究生毕业论文”。

五、 结语

创新是一个民族的灵魂，具有创新意识和创新能力的人才是一个民族灵魂的主要载体。作为园林学院的教师将主动适应国家生态文明战略和生态环境建设重大需求，紧密结合学校“双一流”学科建设规划，贯彻改革创新的主线，坚持育人为本，创新为魂，服务构建完善的创新人才培养体系和良好的创新人才发展保障体系。

参考文献

[1]江芳，张红雨，施维．提升学术型研究生科研素养的探索与实践[J]．大学教育，2018(12)：176-178.
[2]杨蕙馨，易子英，赵宵丽，等．管理学科研究生与导师互动现状调研与分析[J]．首都经济贸易大学学报，2014，16(6)：114-118.
[3]王杉．重视科技文献检索与分析 提高科研选题的创新性[J]．技术与创新管理，2014，35(3)：287-291.
[4]熊小芸．优秀科技论文的五要素[J]．科学(中文版)，2000(1)：49-51.

Research on the Strategies of Students' Scientific Research Under the Background of "Double First-Class" Academic Discipline Construction: Taking the Discipline of Horticulture Major (Direction of Ornamental Horticulture) of Beijing Forestry University as an Example

Zheng Tangchun Cheng Tangren Zhang Qixiang
(School of Landscape Architecture, Beijing Forestry University, Beijing 100083)

Abstract As the main body of innovation, it is very important for student to give full play to their subjective initiative to promote the cultivation of innovation ability. In view of the current shortcomings of students in the cultivation of basic scientific research literacy and the lack of high-level achievements, combined with the experience of Horticulture major in student education and guidance on graduation thesis and training plan program, this paper puts forward measures to strengthen students' scientific research, guide the design of high-level scientific research and produce high-level achievements, which provides reference for cultivating first-class innovative talents under the background of "Double First-Class"construction.

Keywords "Double First-Class"; undergraduate; Horticulture major; scientific innovation; talented person training

价值引领、美育与知识传授同频共振

——“中国传统插花”课程思政探索与实践

李秉玲　高　雪　郑　青

（北京林业大学园林学院，北京　100083）

摘要：“传统插花”作为国家级非物质文化遗产，是中华民族优秀传统文化之一。“中国传统插花”课程通过充分挖掘思政元素、重构课程体系，形成以理想信念引领和家国情怀培养、良好品格塑造与美德养成，工匠精神、职业素养培养为核心的课程思政，通过与课程教学内容的紧密联系，使知识传授与价值引领和美育同频共振，实现本课程“立德树人”的核心功能。

关键词：课程思政；传统插花；知识传授；价值引领；美育

“中国传统插花”是面向北京林业大学本科生开设的一门人文艺术类公共选修课，围绕非遗项目“传统插花”传承为主要内容开展教学，对传承优秀传统文化及技艺，提升大学生人文素养和价值引领方面起着十分重要的作用。在课程思政背景下，本教学团队在开展“中国传统插花”课程教学中，注重在知识传播过程中的价值引领和美育培养，探索和实践了将思政教育融入课堂教学的办法和路径，实现了在知识与技能传播的同时春风化雨般的价值引领和美育，实现“立德树人”的根本出发点和终极目标。

一、课程思政背景及“中国传统插花”课程思政的优势

早在2016年12月，习近平总书记强调，要把思想政治工作贯穿教育教学全过程，不断提高学生思想水平、政治觉悟、道德品质、文化素养，让学生成为德才兼备、全面发展的人才[1]。在全国教育大会上，习近平总书记也提出，“思想政治工作是学校各项工作的生命线”[2]，并在党的十九大报告中提出，“培养担当民族复兴大任的时代新人”[3]。时代新人必备的思想政治素质概括起来就是坚定的理想信念、正确的价值观念、深厚的文化底蕴和良好的道德修养[4]。“课程思政”作为一种课程观，通过课程承载思政、思政寓于课程的知识传授与价值引领，引导大学生树立正确的世界观、人生观、价值观，从而发挥课堂承载的立德树人功能与职责[5]。

“中国传统插花”课程在开展大学生思政教学上具有得天独厚的优势。在家国情怀方面，中国传统插花作为东方插花的起源，其理论与实践对世界插花的发展具有重大影响和推动作用，值得每个中国人引以为傲并传承。在价值、哲学层面，无论是花材文化的积淀还是造型表达、意境营造方面，其蕴含的文化、价值追求、道德规范和哲学思想都有其永不褪

作者简介：李秉玲，北京市海淀区清华东路35号 北京林业大学园林学院，副教授，cathy-lingling@126.com；
高　雪，北京市海淀区清华东路35号 北京林业大学园林学院，讲师，gaoxue@bjfu.edu.cn；
郑　青，北京市海淀区清华东路35号 北京林业大学园林学院，副教授，zhengqing@bjfu.edu.cn。

资助项目：北京林业大学教育教学改革项目“插花艺术与花艺设计在线教学资源建设及其线上教学应用研究”（BJFU 2020JY012）。

色的价值。在人文、美育层面，在传统插花艺术实践中，可引导学生领略自然和中国精神的形式美及内涵美，体会自然之美以及生命在不同阶段及环境条件下的存在之美。在技术层面，中国传统插花包含实现传统审美及哲学思考的具体理论和方法，传统插花技艺的实践操作有助于培养学生吃苦耐劳、精益求精的工匠精神。

二、“中国传统插花”课程思政教学元素挖掘及具体实施途径

课堂教学是育人最主要的过程和途径。在“中国传统插花”课程教学中，通过挖掘常见插花花材的观察认知及其花文化、中国传统插花的历史及影响、中国传统插花基本技法及基本花型的习作、中国传统插花的传播推广及传承创新中蕴含的思政元素，重构课程体系，形成一整套以课程思政为主线、与课程教学内容紧密联系的教学体系。

（一）引领理想信念，融家国责任于传统插花历史教学中

本课程把提高政治觉悟作为首要思政目标，强化教学中的政治引领和培根铸魂的责任担当，注重引导大学生增强政治认同，坚定理想信念，厚植家国情怀与责任。作为东方插花的起源，中国传统插花理论与实践对世界插花的发展具有重大影响，通过插花博物馆现场教学与小组汇报结合，通过师生的课堂交流，探讨加深学生对传统插花对世界各国插花影响的了解。针对日本花道受到时下年轻人热捧，但鲜有人知日本插花源于我国隋唐时期的插花艺术和佛前供花形式的现状，通过插花经典文献共读赏析、热点影视中插花片段讨论辨析等形式，引导学生认识中国传统插花在世界插花史的崇高地位，增强文化自信。同时，引导学生思考并研讨为何当今日本花道的发展超越了中国，有哪些值得借鉴和学习的方面，让学生认识到传统插花的兴盛与社会繁荣密不可分，在铭记曾经的辉煌的同时，知耻而后勇，奋勇争先，提高爱国主义教育的感染力和说服力，帮助学生树立家国责任感，从而促进学生坚定“四个自信”，自觉传承优秀传统文化，积极投身相关领域建设。

（二）塑造良好品格，渗美与德之养成于花材选择及构图实践的每一步

美育不仅是审美教育，更是情操教育和心灵教育，与立德树人在目标上具有高度一致性[6]。传统插花追求所选材料的文化意象及精神特质，“大雪压青松，青松挺且直”的松树是坚强不屈、生生不息的民族精神的象征；“不要人夸好颜色，只留清气满乾坤”的梅花是不为强权、傲雪独芳的民族气节的代表；“未曾出土先有节，至凌云处尚虚心”的竹子是刚正不阿、虚怀若谷的民族品格的化身在花材选择中融人花文化内容的讲解与讨论，通过植物诗词接龙等互动教学方式，将微妙的情理和丰富的诗词及传统审美蕴含在鲜活而具体的花材形象之中，不仅提高了学习积极性，活跃了课堂气氛，还可润物无声地提高学生的人文素养及对传统文化的自觉传承。同时，将花材代表的民族精神与气节与现代爱国主义教育结合，在大学生心中形成热爱祖国、捍卫中国文化的强大的感召力。

中国传统插花基本构图形式章节中，通过传统插花表演、经典作品赏析、教师详细讲解示范并带领学生进行实操练习，将美育贯穿于从每一枝花的修剪整形、位置安排到最后作品的陈设、垃圾的清理全部环节，从而提升大学生的审美素养，使其在美的熏陶中养成优良道德品质。创作过程中带领学生感受因材而异、因势而择的构图形式形成的艺术之美、自然之美以及生命在不同阶段及环境条件下的存在之美，近而推及个人的生活处事及人生态度，潜移默化地树立健康向上的审美观和正确的价值观，陶冶人格理想。

传统插花讲究每枝花、每片叶的姿态，在满足每片枝叶呈现的同时，在作品整体的艺术表现上又讲究和谐思想的表达，是儒家“中庸和谐”思想的充分体现。对植物格外珍惜，一叶一蕾不可随意丢弃，只要利用得当，便可使之焕发生命光彩，这便是“仁爱”思想的体现。在插花实践过程中，通过带领学生从一枝一花的观察、剪裁和插作中体会植物的生机

和神韵，感受生命从萌动、纵情快意的成长、繁花盛开的辉煌，以及作品凋谢的沉淀与落幕，感受生命流动的魅力，体悟生命的美好与顽强，从而心生敬畏且珍惜时光与每一个生命。学生沉浸在插花中，还能够使其忘却烦恼与焦虑，提升专注力和耐性，从而达到在关注知识传授、能力培养、情感价值塑造的同时，进行道德品质教育，起到育才与育人一举两得的效果。

（三）培养工匠精神，贯职业素养教育于传统插花实践教学之始终

习近平总书记在全国高校思想政治工作会议上强调，青年人成才既要读万卷书，又要行万里路，要坚持教育同生产劳动和社会实践相结合[1]。团队将插花操作与职业道德、个人修养协调统一，对学生进行团队合作、吃苦耐劳、精益求精的工匠精神的教育培养。在插花基本技能的实践教学中，通过在每次实践中同学们提名规范操作、爱护花材、清洁整理等标兵提升大家在安全操作及意外事故防范、操作规范、实验材料归位整理等方面的意识；在对一花一叶的修剪整形中传达并强调简单的事情重复做，重复的事情用心做，在“技近乎道”的引领下实现卓越技艺的养成。在配花及叶材的作用讲述及创作中，结合个体花材与整体作品的关系，鼓励学生在平凡的工作岗位中实现人生价值，思考行业责任担当；结合国庆传统插花专题展陈布置实践教学及花材调研，分小组设置调研任务、布展区域及作品创作，创设小组问题沟通处理平台和团队协作任务，在提高学生动手能力的同时，也增强团队协作能力。

三、“中国传统插花”课程思政实施成效

“中国传统插花”课程通过将民族精神、民族文化、哲学思想及生活智慧融入插花教学的具体环节，利用多种教学方式增强课程思政吸引力和感染力，将爱国主义教育、责任感、文化自信与传承、美育及工匠精神等思政内容融入课程教学中，将专业知识和课程思政的被动吸收转化为主动探寻，激发了学生们的好奇心与积极性，拓宽了师生间的交流途径，课程评价高，课堂气氛活跃。课程在丰富学生专业知识的同时，坚定了其文化自信，学生对传统插花和传统文化的接受与认识有了明显提升，民族情感和爱国情怀得到增强，甚至开始主动传承和宣传以传统插花为代表的优秀传统价值与审美，实现优秀传统文化在大学生中的自觉传承。

大学是立德树人、培养人才的地方，“立德树人”是所有课程思政的根本出发点和终极目标，“中国传统插花”使知识传授与价值引领和美育同频共振，实现学生将家国情怀、文化自信和对真善美的追求真正“内化于心，外化于行”，从而实现课程“立德树人”的核心功能。

参考文献

[1]习近平．在全国高校思想政治工作会议上强调把思想政治工作贯穿教育教学全过程开创我国高等教育事业发展新局面[N]．人民日报，2016-12-09.
[2]习近平．坚持中国特色社会主义教育发展道路，培养德智体美劳全面发展的社会主义建设者和接班人[N]．人民日报，2018-09-11.
[3]习近平．决胜全面建成小康社会　夺取新时代中国特色社会主义伟大胜利——在中国共产党第十九次全国代表大会上的报告[M]．北京：人民出版社，2017.
[4]孟庆涛，齐媛，侯金芹，等．为担当民族复兴大任的时代新人培根铸魂——习近平总书记关于教育的重要论述学习研究之一[J]．教育研究，2022，43(1)：11-22.
[5]巩茹敏，林铁松．课程思政：隐性思想政治教育的新形态[J]．教学与研究，2019(6)：45-51.
[6]郭瑾莉．新时代高校公共艺术课程价值赋能的三重维度[J]．中国大学教学，2021(12)：48-51，81.

Knowledge Imparting Value Guiding and Aesthetic Education Resonate at the Same Time: Exploration on Ideological and Political Teaching of Chinese Traditional Flower Arrangement

Li Bingling　Gao Xue　Zheng Qing

(School of Landscape Architecture, Beijing Forestry University, Beijing　100083)

Abstract　As a national intangible cultural heritage, traditional flower arrangement is one of the outstanding traditional cultures of the Chinese nation. The course of Chinese Traditional Flower Arrangement explored the ideological and political elements and restructured the curriculum system. This make the value guidance and aesthetic education resonate with the knowledge imparting and accomplish the core function of establishing virtue and cultivating people in this course.

Keywords　ideological and political education in curriculum; traditional flower arrangement; knowledge teaching; value guidance; aesthetic education

乡村振兴社会实践对旅游管理本科生专业认同的影响

王忠君　石　玲　赵雅敏　张玉钧

（北京林业大学园林学院　北京　100083）

摘要：运用叙事研究方法，基于对北京林业大学13名旅游管理本科生的深度访谈进行质性分析，重点比较了乡村振兴规划实践对旅游管理专业本科生在专业认知、专业情感、专业付出、专业发展四个维度对专业认同的影响，发现乡村振兴规划的社会实践促进了旅游管理专业本科生专业整体认识更新、专业情感与忠诚度增强、专业学习意识提升、专业发展前景看好。研究还在课程体系建设、教学环境营造、专业特色定位、新型人才培养模式构建等方面提出了专业发展建议。

关键词：乡村振兴规划；社会实践；专业认同；旅游管理专业本科生

一、 研究背景

乡村振兴并实现全面现代化是中国现代化的基本内涵和重要标志[1]。在编制《乡村振兴规划》中，“乡村旅游发展规划”成了重要的内容和篇章。2018年，北京林业大学旅游规划中心承担了贵州省铜仁市乡村振兴规划乡村旅游发展专项研究课题，派出了3名教师、4名研究生和13名本科生组成的研究团队，全程参与了乡村现场调研、规划编制与论证工作。这次社会服务实践，不仅全面训练了师生参与乡村振兴的规划实务技能，而且对参与项目的学生尤其是13名本科生产生了较大的思想影响。

二、 相关研究进展

梳理文献发现，当前对旅游管理专业认同评估体系的研究发现其差别主要集中于测评指标的选取方面，如翁星、何欢、陈天玉等分别从专业认知、专业情感、专业行为、专业喜好、专业前景、专业趣味和专业发展等方面构建了旅游管理专业认同评估指标体系[2-4]。大部分学者是通过编制量表进行专业认同测评，质性测量的研究较为缺乏。

三、 研究方法与步骤

（一）研究方法

本研究采用质性研究中的叙事研究方法，对参与乡村振兴规划社会实践的旅游管理专业本科生进行访谈调查，探讨这次实践活动对学生们专业认同的影响。叙事研究是以叙述的方式回归到当时时空的具体人物与事件中，将个人经历的事件进行叙述转化，揭示当事人在此种情境下的处境和感受[5]。

作者简介：王忠君，北京市海淀区清华东路35号 北京林业大学园林学院，副教授，wangzj814@bjfu. edu. cn；
石　玲，北京市海淀区清华东路35号 北京林业大学园林学院，副教授，lingshi@bjfu. edu. cn；
赵雅敏，北京市海淀区清华东路35号 北京林业大学园林学院，讲师，ymzhao@jianqiao. cn；
张玉钧，北京市海淀区清华东路35号 北京林业大学园林学院，教授，yjzhang622@foxmail. com。
资助项目：旅游管理专业企业实习与毕业论文一体化教学模式改革探索（BJFU2021JY013）。

（二）研究步骤

2019年4~6月选择北京林业大学参与铜仁市乡村旅游发展促进乡村振兴规划课题的旅游管理专业13名本科生作为研究对象，这些学生均符合如下标准：①旅游管理专业在校学生；②语言表达无障碍；③了解本研究的目的；④自愿参加本研究。

研究采用面对面、半结构式、个体化深入访谈形式收集资料，访谈提纲内容包括：①你所学专业知识在这次乡村振兴规划现场调研中有哪些应用？对现在的专业课程设置有何看法？②你为什么选择旅游管理专业或者可以谈谈报考旅游管理专业的整个过程吗？③你觉得以前学的哪些课程在这次乡村旅游促进乡村振兴规划实践中用处较大？④请谈谈你认为你所学的专业在哪些方面能够帮助乡村实现全面振兴？⑤这次乡村振兴规划实践活动你获得了哪些相关的知识，让你印象最深刻的收获是什么？⑥你如何定位当地乡村旅游发展在乡村振兴中的作用？⑦你认为旅游管理在乡村旅游中有哪些直观应用，乡村旅游在乡村发展的地位如何（可以结合实例来谈）？⑧你认为旅游行业有怎样的个人发展空间？⑨你会选择旅游行业作为你终身从事的行业工作吗（可以结合自己的职业发展规划具体谈）？为什么？访谈地点为校内办公室，取得访谈对象的知情同意后开始访谈。访谈在相对安静的情况下进行，时间为30~40分钟。访谈过程中以受访者谈完自己的想法，没有新信息出现为原则[6]。

四、 研究结果分析

1. 专业认知：专业整体认知更新，专业知识体系活性建立

（1）对旅游管理专业知识体系有了全面了解

参与乡村振兴的旅游管理专业本科生，尤其是三年级的同学对专业知识有了明确的认识和提高，二年级的学生也大都基本了解旅游管理专业的课程设置与知识结构的大致范畴，且持有积极正面的态度。通过参与乡村振兴规划实践，学生逐渐适应乡村旅游规划工作者的角色，对于旅游及相关行业的专业应用认知不断加深，表明乡村振兴规划实践对学生的专业认同产生了积极影响。

（2）对旅游管理专业整体认识发生了较大变化

乡村振兴社会实践促进了旅游管理专业本科生对于专业的整体认识，意识到所学专业能服务社会，是国家实际需求的专业。

个案6：“我以前觉得旅游专业是样样都学，可样样都不精深，这次来铜仁调研与考察，发现我们专业才是有很多直接从事一线工作的机会的，尤其是乡村旅游规划，如果想获得社区支持就一定要懂专业、懂沟通。”

2. 专业情感：专业归属感明显增强

旅游管理专业在招生中不少学生不是第一志愿录取，很多学生是因服从专业调剂而被动选择旅游管理专业，很多学生曾产生过转专业、跨专业考研或跨行业就业的打算。但这次乡村振兴规划实践让旅游管理专业的学生对专业知识的认知和掌握进一步增加，还让专业的情感与忠诚度有明显的改观。

个案13：“高考报志愿6个平行专业我凑数才加上旅游管理，没想到最后被录取到咱们专业，刚来时还挺失望，特别是第一学期没有专业课时觉得园林学院其他专业好忙，我们专业好闲，更加有失落感了……这次乡村调研我忽然发现我竟然无意中成为旅游专家了，特别是当地的很多民俗文化和非物质遗产没有受到重视，而我提出向场景化、商品化转化的建议被当地政府采纳时，我觉得咱们专业系统全面分析事物的方法实在太接地气了，我现在真觉得旅游管理专业挺不错的，我也愿意将来从事旅游行业工作。”

3. 专业意识：实践带来个人成长，渴求专业精深

(1)实践学习带来的积极成长

乡村振兴社会实践的全程参与提升了旅游管理专业学生对于专业学习的兴趣，提高了专业学习积极性。乡村振兴规划实践也让学生逐渐形成了旅游服务意识，专业适用性在乡村振兴实践中表现突出。

个案5："我自己独立制作的乡村旅游发展比较优势PPT震惊了××村委会的所有人，他们都不知道自己的优势有多么突出，那个支书来问我是否能来他们村做村官，如果想来，他负责去和镇上、县里的领导沟通，我当时听了很惊讶、也很骄傲……我们这些年课程学习和作业制作PPT的训练真不白做，我觉得我学的专业知识在这里都用上了。"

(2)渴求专业向精深化发展

由于旅游管理专业的行业面广、专业培养的课程时数有总量限制，专业课程数多、课时量小成为普遍现象，很多学生实践过后发现专业的精深度不足，希望增加技能性课程训练，至少在动手能力方面做到学以致用。这次乡村振兴规划实践，学生普遍反映专业实训不足，希望以后的规划与设计课程增加更多的训练。

个案3："这次乡村旅游规划实践让我觉得我的动手表现能力还是不太够，很多想法在心里却无法在规划图上表达出来，我觉得咱们专业在规划表现方面还应该加强训练。"

4. 专业发展：职业期望变现实，看好专业发展

过去旅游管理专业的学生在就业时"跳槽"现象比较普遍，在大学毕业两年内换数个工作的情况也屡见不鲜，这与最初的职业期望要求过高有一定的关系。这次乡村振兴规划实践让有些学生职业期望变得更加现实了。参与实践的旅游管理专业的学生均对未来发展前景持乐观态度，专业自信心明显增强。

个案4："以前很不想从事酒店、旅行社等服务工作，觉得旅游服务是一件比较低档次的工作，现在考察了乡村民宿的经营，发现经营好一家民宿也不是一件容易的事，要懂顾客营销、品牌维护，还要会做计划和预算……个人感觉的话，旅游一线行业可能都差不多，现在觉得旅游从业者都得是个全才。"

五、 研究结论与讨论

（一）研究结论

本研究运用质性研究的方法讨论了旅游管理专业本科学生参加乡村振兴规划实践后对其专业的认同状况，发现参与乡村振兴规划社会实践让旅游管理本科生增加了专业认同感，专业认知有了较全面提升，专业归属感增强，职业期望更加合乎客观现实，更加重视专业的发展。

（二）研究讨论

1. 在课程与教学层面，要立足社会服务与实际应用，探索自身专业教学特色

旅游管理专业本科教育的内容应紧跟和引领旅游行业发展的潮流，除了向学生讲授教材上的专业知识外，应有效传递旅游行业的最新资讯和发展前景等，培养学生对旅游专业学习的兴趣，提升学生对专业前景的信心，提高学生的旅游专业认同度[7]。

2. 营造产教研结合的教学环境，促进学生发展，提升专业归属感

旅游管理专业教师应努力做"三师"型教师，既要有深厚的学识功底，也要有一线工作经验，更要有国际视野和较高的科研水平，通过组织高年级学生参与教师团队主持的科研课题或实践项目，激发学生学习的热情，让学生提前做好职业生涯规划，提升其专业归属感和职业发展预期。

3. 着眼国家战略，服务城乡统筹与乡村振兴社会发展需求

旅游管理专业的本科教学也应面向国家发展战略，将理论研究、战略思考、政策设计相结合，进而构建新的理论体系、拓展学科前沿，建立并完善产教研协作机制，不断更新学科的教学体系和研究范式，为专业发展增加内功。

4. 打通教学—实践—科研联系，建立"三位一体"新型人才培养模式

加强实践与实训环节，让学生将理论知识与行业实践和旅游科学研究相结合，从而提高学生实践能力、创造能力和就业能力。"三位一体"新型人才培养模式的建立，可以极大地丰富旅游管理本科生专业本科教学内容，全方位培养和提高学生的专业技能和素养，进而提升学习效果，提高学生的专业认同。

参考文献

[1]林继富．"空间赋能"：融入乡村振兴的文化生态保护区建设[J]．西北民族研究，2021：1-13.
[2]翁星，魏毅，蔡海生．公共管理学科硕士研究生专业认同研究——基于个体特征变量的探索调查[J]．中国农业教育，2020，21(3)：81-93.
[3]何欢，查书平．基于模糊综合分析法的旅游管理专业学生的专业认同研究[J]．南宁师范大学学报(自然科学版)，2021，38(1)：157-162.
[4]陈天玉，赵现红．旅游管理专业本科生专业认同现状及提升研究[J]．平顶山学院学报，2019，34(6)：115-122.
[5]董倩．高职旅游管理学生专业认同叙事研究[J]．吉林省教育学院学报(下旬)，2015，31(7)：95-97.
[6]张玉红，东方，戴翠萍．健康管理专业学生专业认同的质性研究[J]．中国当代医药，2018，25(30)：142-144.
[7]闫广芬，范秋艳．研究生教育学学科身份认同的实践逻辑[J]．高等教育研究，2021，42(8)：63-70.

A Qualitative Study About the Impacts of Rural Revitalization Planning Practice on the Major Identity of Tourism Management Undergraduates

Wang Zhongjun　Shi Ling　Zhao Yamin　Zhang Yujun
(School of Landscape Architecture, Beijing Forestry Uniuersity, Beijing　100083)

Abstract　Based on the in-depth interview with 13 Tourism Management undergraduates from BFU, this paper focuses on the impact of Rural Revitalization Planning Practice on the professional identity of Tourism Management undergraduates by the way of the narrative research. Four dimensions are analyzed about the professional cognition, major emotion, professional ideology and major development. It is found that the practice of Rural Revitalization Planning promotes the renewal of the overall professional understanding, the increase of major emotion and loyalty, the enhancement of professional learning consciousness and the optimistic prospect on major development of tourism management undergraduates. The study also puts forward major development suggestions on the construction of curriculum system, teaching environment, major characteristics and new talent training mode.

Keywords　Rural Revitalization Planning; teaching practice; major identity; Tourism Management undergraduates

北京林业大学风景园林专业“素描风景画”美育教学探讨

王丹丹　黄　晓　宫晓滨

（北京林业大学园林学院，北京　100083）

摘要：风景园林专业本科教学中的美术教育是提升学生的美学修养，提高创新思维能力和艺术表达能力的基础。北京林业大学园林学院的“素描风景画”精品课程属于专业绘画范畴，是衔接美术基础与设计课程的重要纽带之一。在做好美育工作弘扬中华美育精神和新时代风景园林教育“以本为本”的双重背景下，指出风景园林专业美术教学的重要地位和作用，提出“素描风景画”课程与专业课程的衔接要点，明确“素描风景画”课程的美育目标和美育主题，并通过该课程的教学研究与实践，推动构建系统的风景园林专业美术教育体系，助力风景园林一流学科的建设和优秀人才的培养。

关键词：风景园林；素描风景画；教学特色；美育；专业绘画

美育是培养学生认识美、欣赏美、爱好美和创造美的能力的教育，也称美感教育或审美教育[1]。习近平总书记在《做好美育工作弘扬中华美育精神》中提出，做好美育工作弘扬中华美育精神，其中美术教育是美育的重要组成部分，对塑造美好心灵具有重要作用。做好美育工作，要坚持立德树人，扎根时代生活，遵循美育特点，弘扬美育精神，让祖国青年一代身心都健康成长[2]。我国的风景园林学科是从中国古典园林艺术传承发展起来的，具有中国文化特色并服务于现代城市环境建设的一门独立学科[3]。如何通过专业美术教学提升学生的美学修养，提高学生的审美能力和创作表现力，这是当前风景园林专业本科教学中美育建设的重点。

北京林业大学园林学院的“素描风景画”精品课程属于专业绘画范畴，该课程是衔接美术基础与设计课程的重要纽带之一。笔者自 2016 年至今，发表了 10 余篇教学研究论文，包括课程的教学目标[4]、教学特色[5,6]、课程内容[7]、案例教学[8]、教学方法和手段等，特别是基于“衔接性”“创作性”的教学研究与实践[9]，中国传统园林的表现绘画创作途径与实践以及教材建设等[10~12]，均取得显著成效：2017 年获校级教案二等奖、教学论文三等奖[8]，2018 年和 2019 年笔者分别在全国高等院校建筑与环境设计专业美术研讨会上作现场报告，教学课件和学生作品获奖 10 余项，发表的《坚守与弘扬——基于园林遗址区的风景画创作研究与教学实践》获 2021 年中国风景园林教育大会优秀论文奖，并在 2021 年教育部风景园林教学指导委员会大会上分享了该教学成果，2022 年“素描风景画”获北京林业大学创新大赛奖。基于以上的研究和教学基础，本文尝试从美育角度出发，探索风景园林学科背景下“素描风景画”专业绘画美育的课程建设。

作者简介：王丹丹，北京市海淀区清华东路 35 号 北京林业大学园林学院，副教授，595756587@qq. com；
黄　晓，北京市海淀区清华东路 35 号 北京林业大学园林学院，副教授，xingying003@163. com；
宫晓滨，北京市海淀区清华东路 35 号 北京林业大学园林学院，教授，gongxb2011@163. com。

资助项目：2019 年教育部人文社会科学研究青年基金项目“遗址与图画：圆明园园林遗址区复原创作研究与实践”（19YJC760102）。

一、 风景园林专业美术教学的地位和作用

美育体现着一个国家和民族的文化传统以及经济社会发展的时代风貌，有助于提升国民的审美水平和国家文化软实力。蔡元培作为美育的提出者，认为美育是健全人格的途径，是搭建人类精神世界与心灵世界的基石。他始终强调美育具备独特的价值与地位，重视通过学校开展的美育活动来培育学生的道德素养，并认为这是一项改变社会的重要措施[13]。

美育关乎学生心灵世界的成长和精神世界的丰富，能开阔他们的眼界，促进其全面发展。美术教育是美育的源头，其中风景画记录了人类自然观的变迁。在风景园林专业学科背景下，充分发挥风景画艺术教育的美育功能，是引领时代并积极应对风景园林学科多元发展对专业人才培养的长远要求。

北京林业大学的园林美术教学是为园林艺术设计服务的，作为基础课，在课程内容上分美术基础(必修)和专业绘画(选修)两部分[14]，前者重在培养学生的写实造型能力，后者与设计相结合，在前者的基础上启发引导学生并培养其创作能力。前辈教师们如宗维城先生、李农先生、谢淑仪先生对美术基础教育做出了很大的贡献，李建臣先生将风景水彩与中国传统园林相结合的探索与实践，开创了一条具有专业特色的风景画之路。对于专业绘画，在孟兆祯院士的倡导下，宫晓滨教授在教学与创作中不断探索，将教育实践与风景园林专业紧密结合，通过开设“钢笔风景画”“素描风景画”课程进一步完善了园林美术教学，目前该课程已在全国园林学科教学中发挥了领先示范作用。其中“素描风景画”课程早在2011 年成了校级精品课程，这是目前美术教学课程中唯一的一门精品课程。经过 11 年的教学研究实践而不断完善，教师课件和学生作品多次在全国高等院校的教学比赛中获奖，充分证明了这门课程的突出价值，并且在一定程度上承担起了引领风景园林设计审美方向的重任，有着更大的格局和意义。

二、 风景园林专业“素描风景画”与专业课程衔接要点

李雄在《北京林业大学风景园林专业本科教学体系改革的研究与实践》一文中提到，第四次本科专业教学计划的调整内容，对风景园林专业现状教学中存在的问题进行了分析，在基础课方面，提出了美术基础教学的针对性不强，与后续的专业课程教学严重脱节等问题[15]。在此探讨在“素描风景画”课程建设中，如何从理论和实践，教学和科研互动两方面，突出强化其与风景园林历史理论和风景园林实习课程之间的衔接。

(一)突出理论和实践的启发性

以中国传统园林教学为核心，增加对山水画论和经典画作的解读，增加对园林遗址进行调研的实习内容，突出教师课堂示范演示以及绘画表现形式的多样化特点，不断启发和引导，带动学生进行创作(图 1~图 3)。

通过“素描风景画”课程训练不断启发和培养学生们园林风景组合的绘画表现力、艺术性的绘画与科学性的设计相结合的能力，提高并拓展学生们对中国传统园林创作表现绘画的认识，从而更深刻地认知源远流长的中国传统文化的本质和精髓。

(二)强化教学与研究的互动性

探索中国传统园林的表现绘画创作途径，体现在品赏楹联匾额、探寻意境、提取物象、搜集史料图画、考证实景、还原情境、借助科研成果、考究细节，以及研习经典佳作、探究画理、求其变法等方面[10]。风景园林类“表现绘画”创作时既要充分遵循科学和艺术的综合，想象和创造要有依据，更要符合造园的内在逻辑[16]。加强学科交叉视野下的园林绘画

图 1　狮子林图(元)　**倪瓒**(款)　**纸本水墨 28. 5cmx 392. 8cm**(北京故宫博物院藏)

图 2　《苏州狮子林图》局部(清)　**钱维城绘**(美)　**高居翰先生提供**(加拿大阿尔伯特博物馆藏)

图 3　圆明园狮子林遗址、如园遗址现场调研和课堂讨论

研究[17]，有助于以研促教，凸显研究型教学在风景园林人才培养方面的重要作用，使学生将艺术、研究和园林深度融合，并综合应用到课程实践中，使学生具有创新思维和创新意识。

三、 风景园林专业“素描风景画”课程美育

（一）美育目标

“素描风景画”课程的美育目标是结合风景园林规划设计的专业特点和实际需要，培养学生高尚的审美情操与艺术修养，能够自如地运用素描及其他艺术形式的表现手法与技巧，较好地进行一系列风景园林艺术设计的表现绘画与创作活动。在满足设计科学性的基础上进行艺术创作和表达，提升学生的形象思维与逻辑思维的综合能力，提高学生依照复原平面图、立面图、剖面图等资料绘制透视图和鸟瞰图的专业绘画表达能力(图 4、图 5)。

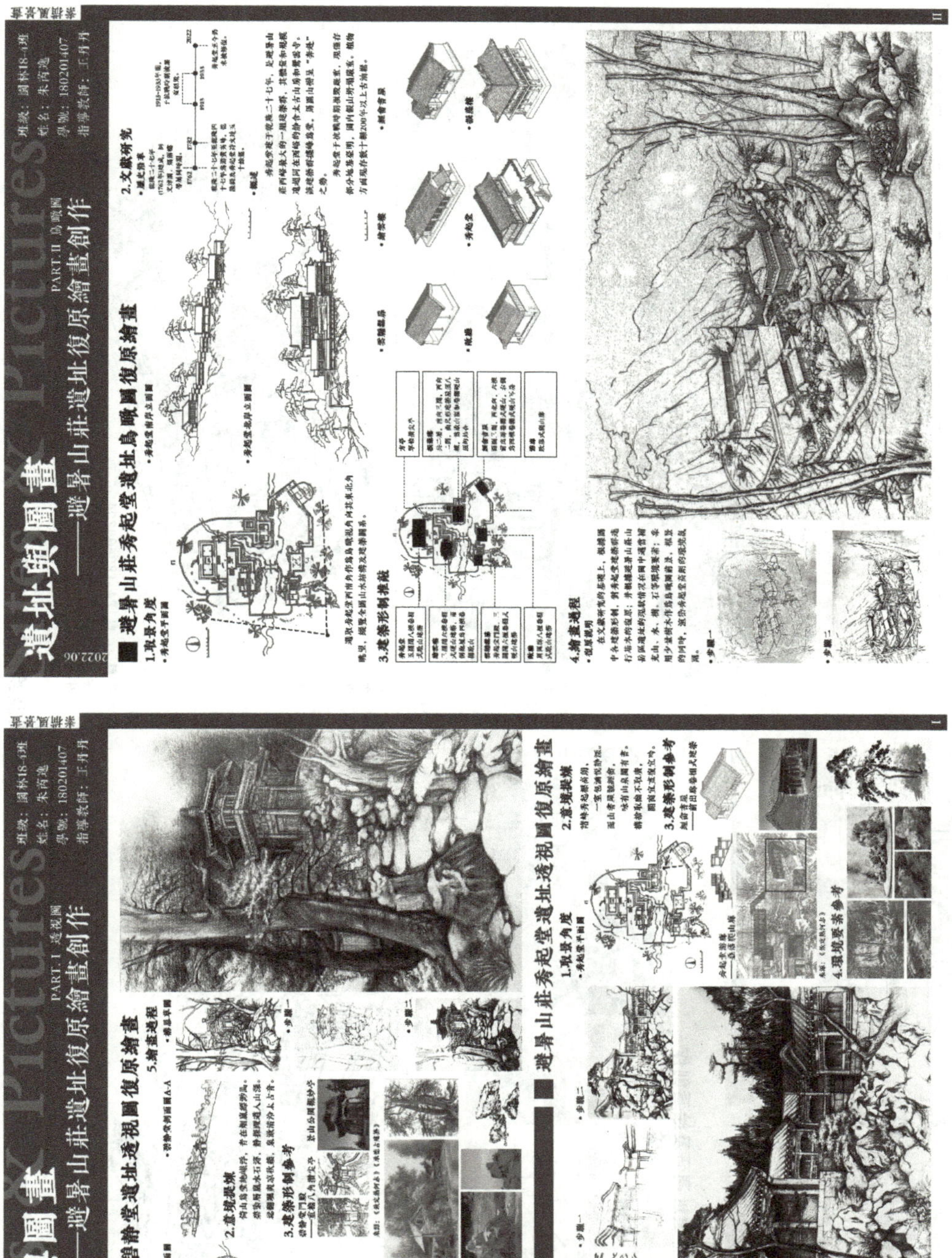

图4　避暑山庄碧静堂、秀起堂复原绘画创作（园林18-4朱芮逸）

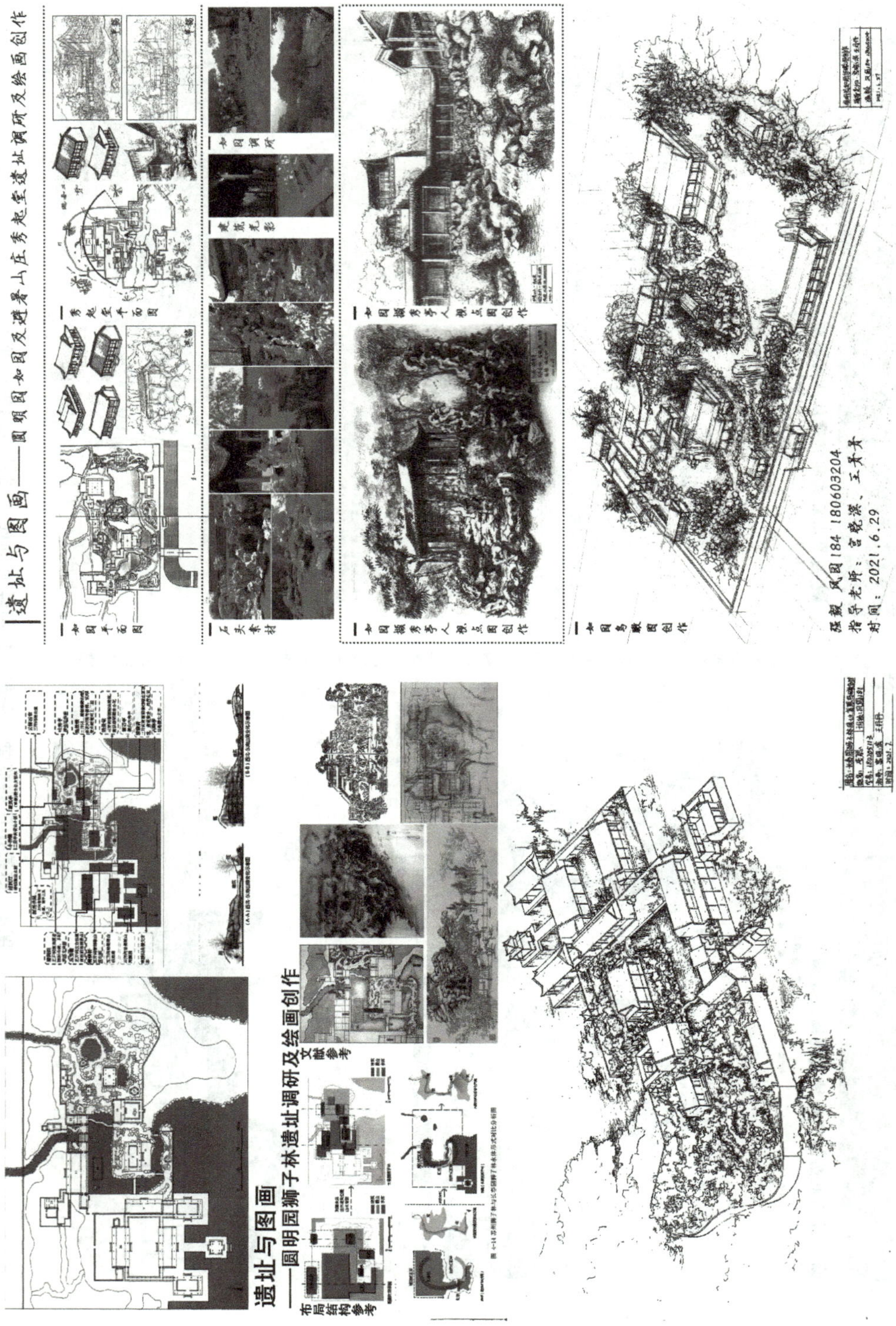

图5　圆明园狮子林、如园、避暑山庄遗址调研及绘画创作（风园18-1李聪、风园18-4张毅）

（二）美育主题

1. 体验审美趣味，培养园林风景物象组合创造力

素描风景画突出以创造性为核心，是风景园林专业中建立在基础造型之上，融合了美学和创造性、逻辑性的一门艺术科学。遵循“从简到繁”“由浅入深”“循序渐进”的原则，在具体课程训练过程中，将写生、速写、默写和临摹有机结合起来。通过训练启发和培养学生们园林风景组合的想象力与创造力。实践证明，创造性的发挥对于审美能力和设计能力的提升大有裨益。

2. 挖掘美的内涵，弘扬中国传统园林的美学精神

在中国传统绘画中，画面意境、空间层次、虚实对比、与山水林木的浪漫结合以及在构思、构图、透视、立意、色彩、绘画技法等诸多方面积累了丰富的绘画经验且形成了完备的理论体系。了解并熟知中国古代建筑的发展及其结构原理等，将使我们从事绘画创作时“胸有成竹”“意在笔先”，有利于思想情感的抒发。品赏古代经典园林题材的绘画作品，是从绘画艺术视角挖掘美的内涵，弘扬中国传统园林美学精神的途径。

3. 继承美育传统，发扬新时代美育精神

中国传统园林绘画创作目的是将中国传统文化和传统绘画结合起来，通过绘画将中国传统园林诸要素准确、真实、艺术地表达出来。所谓科学性是根据风景绘画的自身规律，以准确性为前提，注重风景绘画的说明性和表现力，如涉及园林建筑结构等首先要根据平面、立面等各项技术要求，遵循写实主义的基本规范和设计的各项要求，客观地进行描绘。具体来说就是充分遵照“造园逻辑”，使之既符合造园的内在逻辑又符合艺术创作的规律，使想象和创作合情合理[10]。

四、 风景园林专业“素描风景画”课程建设成效

（一）积累教学案例

本课程内容和案例选择紧扣教学大纲，突出中国传统园林的绘画性表现，以专题的形式，帮助学生梳理中国园林优秀的设计思想和作品。解析园林中的楹联匾额，通过教师的范画演示和实地调研，指导学生直观地参与园林绘画的创作过程，完成避暑山庄、颐和园、圆明园的遗址部分的绘画创作。

（二）出版课程教材

教材建设是辅助教学的重要资源，经过十余年的教学实践和三年的集中教材写作整理，《园林素描风景画》教材于 2019 年 12 月在中国林业出版社正式出版，书中系统介绍了园林素描风景画的创作内涵与特色，表现方法和创作途径，并结合实例对创作的步骤和方法进行了详细说明和范画演示，对历年的优秀学生作品进行点评，为课程教学和学生学习提供重要参考。

（三）优化教学方法

教学过程中，结合授课内容采用多种教学方法。①启发式教学，即授课教师结合图纸资料引导学生通过查阅相关资料识别图纸中的建筑结构形式、空间布局、地形竖向设计等。②渐进式教学，即让学生对保存较好的中国传统园林进行实地考察，搜集图纸资料，绘制效果图和鸟瞰图，使学生在实习考察写生过程中逐步积累经验和素材。③协作式教学，以

团队协作的方式进行调研，以小组为单位，对平面图中的构成要素进行归纳总结，包括建筑形制、山石花木、园路桥梁、水景等。这种协作式教学可提升学生的动手能力和团队协作能力。

五、 结语

传统立基，以美育人。风景园林专业"素描风景画"课程教学蕴含丰富的启发学生创作力和表现力的潜力，可激发学生对传统园林艺术的浓厚兴趣，促成学生对传统文化知识灵活应用。通过绘画艺术形式表现，提高学生独立思考、团队合作的综合能力。通过系统学习，提升学生的识图能力和绘画创作的表现等综合能力，优秀的学生作品不断涌现，学生在艺术素养、审美能力以及绘画表现方面均有大幅提高。多年的教学实践证明，学生在后续的设计课程中表现出了突出的创作设计能力和优秀的绘图表现功底，为学生继续深造和就业打下了坚实的基础，助力风景园林一流学科的建设和优秀人才的培养。

参考文献

[1]安波，贾浩洋．试论新时代加强高校美育工作的必然逻辑及实现路径[J]．艺术视角，2018(4)：96-97.

[2]习近平：做好美育工作弘扬中华美育精神．http：//www.xinhuanet.com/politics/leaders/2018-08/30/c_1123355775.htm 新华网．2018.8.

[3]李炜民．中国风景园林学科发展相关问题的思考[J]．中国园林，2012(10)：50-52.

[4]王丹丹，黄晓，肖遥，等．"素描风景画"课程教学改革的探索[J]．中国林业教育，2018(7)：53-56.

[5]王丹丹，黄晓，宫晓滨．画境文心——风景园林专业绘画教学特色——以北京林业大学"素描风景画"课程教学为例[A]．王琼，张琦．第十六届全国高等美术院校建筑与设计专业教学年会成果集[C]．北京：中国建筑工业出版社，2019.

[6]王丹丹，宫晓滨，黄晓．风景园林专业"素描风景画"课程特色教学的探讨[J]．中国林业教育，2021(7)：49-51.

[7]王丹丹，宫晓滨．风景园林专业"素描风景画"课程教学改革的探索——以北京林业大学为例[J]．中国林业教育，2016(11)：73-75.

[8]王丹丹，黄晓，肖遥，等．案例教学在"素描风景画"课程中的应用——以圆明园长春园狮子林遗址调研和复原创作为例[A]．黄国华．桃李成蹊·育人有道：北京林业大学2017年教育教学研究优秀论文选编[C]．北京：中国林业出版社，2017.

[9]王丹丹，宫晓滨．"素描风景画"课程的教学研究与实践[A]．赵军．第十四届全国高等学校建筑与环境设计专业美术教学研究会教师论文集[C]．北京：中国建筑工业出版社，2018.

[10]王丹丹，宫晓滨．中国传统园林的表现绘画创作途径探索与实践[J]．风景园林，2016(6)：86-91.

[11]王丹丹，宫晓滨，黄晓．坚守与弘扬——基于园林遗址区的风景画创作研究与教学实践[A]．中国风景园林学会教育工作委员会．2021年中国风景园林教育大会论文集[C]．北京：中国建筑工业出版社，2021.

[12]宫晓滨，高文漪，王丹丹．园林素描风景画[M]．北京：中国林业出版社，2019.

[13]马子淇．蔡元培美育思想在当代中国学校教育中的影响与作用[J]．艺术教育，2022(7)：229-232.

[14]宫晓滨．北林园林学院美术基础的作用及影响[J]．风景园林，2012(8)：92-95.

[15]李雄．北京林业大学风景园林专业本科教学体系改革的研究与实践[J]．中国园林，2008(1)：1-5.

[16]宫晓滨．中国园林水彩画技法教程[M]．北京：中国文联出版社，2010.

[17]黄晓，刘珊珊．图像与园林：学科交叉视角下的园林绘画研究[J]．装饰，2021(2)：37-44.

Aesthetic education of Sketch Landscape Painting in Landscape Architecture teaching of Beijing Forestry University

Wang Dandan Huang Xiao Gong Xiaobin
(School of Landscape Architecture, Beijing Forestry University, Beijing 100083)

Abstract The art education in the undergraduate teaching of Landscape Architecture is the foundation to improve the aesthetic accomplishment, creative thinking and artistic expression of students. *Landscape Sketch* Specialized Teaching of Landscape Architecture of Beijing Forestry University belongs to the category of professional painting, which is one of the most important links between art foundation and design course. Especially under the background of spreading the beauty spirit of China through aesthetic education and taking basis as the basis in Landscape Architecture education in the new era, this paper discusses the teaching aim, contents and features, teaching methods from the perspective of the importance and function of Landscape Architecture art teaching and the combination with the professional curriculum system, in order to improve the first-class construction of Landscape Architecture and cultivating excellent talents.
Keywords Landscape Architecture; landscape sketch; teaching features; aesthetic education; professional painting

运用马克思主义思想方法和工作方法指导推进“水彩民居写生实习”课程的思政教学改革

姜 喆

（北京林业大学园林学院，北京 100083）

摘要：本文主要运用马克思主义战略思维、历史思维、辩证思维、创新思维以及工作方法对“水彩民居写生实习”课程进行教学研究，以期增强美术基础课程的专业预见性、传统文化的创造性转化、科学性与艺术性的融合互动以及学生的主动创造性。以问题为导向，深入细致调查研究课程存在的问题，发扬钉钉子精神，切实有效地推进课程思政教学改革。

关键词：科学思维；专业预见性；创造性转化；科学与艺术；问题导向；调查研究；钉钉子精神

“水彩民居写生实习”课程是为城乡规划专业本科生开设的专业基础必修课，已具有12年的教学实践，累计授课人数近千人。课程采用示范教学与写生实践相结合的人才培养方式，一方面以美术写生的教学方式强化学生的绘图技能，提高审美情趣；另一方面以参观讲解的方式帮助学生了解中国传统民居村落的空间规划布局、民居建筑的结构，以及与乡村田野、自然环境和谐共生的关系。在传统历史文化遗产继承发展方面具有引导性；在提高审美能力、营造优美人居环境方面具有指导性；在规划管理、遗产保护方面具有宣传性，是城乡规划专业艺术基础课程体系的重要环节。

目前北京林业大学园林学院各专业的美术基础课程主要采用通识性教学模式，“水彩民居写生实习”课程在此基础上，尝试与专业课程相融合，凸显城乡规划专业特色，是唯一根据城乡规划专业特点开设的美术基础课。随着城乡规划专业发展以及党和国家对高校教育的要求，思政教育与专业知识的融合成了课程教学改革重心所在。党的十九大提出了习近平新时代中国特色社会主义思想，是马克思主义中国化的最新成果[1]，成为全党全国人民为实现中华民族伟大复兴而奋斗的行动指南，也是高校进行思政教学改革的指导方针。

马克思主义由于揭示了自然界、人类社会和思维发展的一般规律而获得了高度的科学性，成为人们认识自我和外部世界的科学手段和理论工具，是经过反复实践和比较得出的正确理论，要坚定不移坚持[1]。运用马克思主义思想方法和工作方法指导“水彩民居写生实习”课程改革，在课程理论实践和教学内容创新中增强艺术教学的科学性，科技手段的艺术化，增强理论与实践的互动融合，推进创新发展，更好地促进课程中艺术与科学的融合互动。

一、 科学思维能力在课程改革中的应用

习近平新时代中国特色社会主义思想中关于掌握马克思主义思想方法和工作方法中提出了提高科学思维能力的要求。蕴含了战略思维、历史思维、辩证思维、创新思维、法治思维、底线思维能力等一系列科学思维，为我们进行教学改革提供了强有力的思想指导。

作者简介：姜 喆，北京市海淀区清华东路35号 北京林业大学园林学院，副教授，39750101@sina.com。

（一）提高战略思维能力把握课程改革的发展方向

战略思维能力，就是高瞻远瞩、统揽全局，善于把握事物发展总体趋势和方向的能力。提高战略思维能力，要以小见大、见微知著，站在时代前沿和战略全局的高度观察、思考和处理问题，从政治上认识和判断形势，透过纷繁复杂的表面现象把握事物的本质和发展的内在规律，在解决突出问题中实现战略突破，在把握战略全局中推进各项工作[1]。

城乡规划专业是综合运用科学与艺术手段探索实践人类社会城乡空间发展规律的专业，是自然科学与艺术手法的融合。目前专业和教学发展的趋势就是要进一步推进跨学科的融合、进一步解放和突破学科知识之间的壁垒、进一步增强相关学科知识的交流，在取长补短、互动融合中推进深化教学改革。开放带来进步，封闭必然落后。“水彩民居写生实习”课程的改革要以城乡规划专业特色为中心，坚持“引进来”和“走出去”并重。“引进来”就是要加强与艺术以及其他相关学科的开放合作，形成内外联动、取长补短的开放格局；“走出去”就是要将自身的教学经验和方法向外推广，与相关学科院校探索求同存异、普惠共赢、包容共生的合作新途径。文明因多样而交流，因交流而互鉴，因互鉴而发展。学科的发展也不能故步自封，唱独角戏，而是要各方共同参与、共同发展，坚持取长补短、择善而从，建设资源共享、合作共赢的学科平台。

（二）运用历史思维能力做好传统文化的创造性转化

历史思维能力，就是知古鉴今，善于运用历史眼光认识发展规律、把握前进方向、指导现实工作的能力。习近平总书记指出：“不忘本来才能开辟未来，善于继承才能更好创新。”[1]提高历史思维能力就要重视学习历史，重视借鉴和运用历史经验，把握历史规律，认清历史趋势。中华优秀传统文化蕴藏着丰富的哲学人文思想、价值观念等，为我们认识和解决当代社会面临的难题提供了重要的历史经验和启示，也可以为学科的发展和课程改革提供有益启发。

“水彩民居写生实习”课程的历史经验主要体现在两个方面，一是水彩画艺术的历史性[2]，二是传统民居是中国优秀传统文化的集中体现，也是城乡规划的一种历史形态。课程改革要运用马克思主义的历史思维，对传统民居和水彩艺术进行分析研究，既不能片面地厚古薄今，也不能片面地厚今薄古，而是要本着科学的态度，有鉴别地加以对待，有扬弃地予以继承。按照时代特点和新进展，对那些至今仍有借鉴价值的内涵和表现形式加以改造。对授课内容加以补充、拓展、完善，凸显传统民居文化和水彩画艺术的历史渊源、发展脉络、基本走向，讲清楚其独特的风格创造和价值理念，实现二者在课程中的相融互通，激发学生对专业的历史性思考和经验总结，做好传统文化的创造性转化。

（三）运用辩证思维能力解决科学与艺术手法的对立统一

辩证思维能力，就是承认矛盾、分析矛盾、解决矛盾，善于抓住关键、找准重点、洞察事物发展规律的能力[1]。提高辩证思维能力要求我们正确分析矛盾，在对立中把握统一、在统一中把握对立，客观地而不是主观地、发展地而不是静止地、全面地而不是片面地、系统地而不是零散地、普遍联系地而不是孤立地观察事物、分析问题、解决问题，避免极端化、片面化。

正确分析科学理性和艺术手法二者之间的矛盾，解决二者之间的对立统一，是探索和实践城乡空间规划需要具备的辩证思维能力，也是“水彩民居写生实习”课程改革需要重点解决的矛盾。不能片面孤立地强调某一方面，而是要普遍联系地、系统地分析二者之间的关系，在矛盾对立中协调把握统一。作为一种艺术表现形式，水彩画写生在保证一定程度的客观写实性的前提下，更注重艺术化、个性化的独特艺术表现力和想象力。而城乡规划专业的水彩民居写生不能片面强调运用艺术学科的教学方法，要注重结合专业特色，强调科学理性、逻辑思维和感性的艺术手法的结合互动[3]。在保证基本的透视结构以及色彩空间准确性的基础上，适当地激发学生的创造性和艺术洞察力，但不能以破坏既有的相对合理的表现模式为代价。面对学生某些独特的创造性表现手法，要结合专业特点分析说明其中的合理成分以及现实局限性，适当引导和鼓励。一言以蔽之，“水彩民居写生实习”课程的教学应当以严谨科学的表现技法作为核心和基础，启发学生在科学理性和艺术感性之间进行合理创造，在既定教学规则和创造性思维之间把握好二者之间的辩证统一关系，避免采用片面化、极端化的教学方法，不能片面强调某一方面。

（四）运用创新思维能力做好课程改革的创新性发展

创新思维能力，就是破除迷信、超越陈规，善于因时制宜、知难而进、开拓创新的能力[1]。“明者因时而变，知者随事而制。”提高创新思维能力要求我们从根本上破除因循守旧、迷信权威的惯性思维，破除思想僵化、本本主义、形式主义和无所作为，在把握事物发展客观规律的基础上勇于开拓，实现变革和创新。

习近平总书记在谈到“以新发展理念引领经济高质量发展”时指出，创新是引领发展的第一动力，创新发展注重的是解决发展动力问题，必须把创新摆在国家发展全局的核心位置，让创新贯穿党和国家一切工作。实践性要求高是城乡规划专业教学的一大特点[4]，“水彩民居写生实习”课程也秉承了这一专业特色，具有创新实践的特点。破除美术专业教育的既有模式，尝试与自然科学学科融合互动[5]，因专业发展需要“随事而制”“因时而变”。在探索课程创新过程中要注重顶层设计和摸着石头过河相结合的改革方法。摸着石头过河就是摸清专业发展的规律，对必须取得突破但一时还不那么有把握的改革，可以试点探索、大胆创新。随着改革不断推进，必须加强顶层设计和总体规划，注重专业教师间的交流协商，提高改革决策的科学性，增强改革措施的协调性。同时，加强专业教师顶层设计也要在推进局部阶段性改革的基础上进行规划决策，二者是辩证统一的关系。既要加强宏观思考和顶层设计，又要继续鼓励大胆试验、大胆突破，不断打破陈规，更好地促进美术基础课程与专业课程的融合互动，把课程的改革开拓引向深入。

二、 马克思主义工作方法在课程改革中的应用

（一）坚持问题导向是马克思主义的鲜明特点，善于发现课程中的问题，重点解决问题

习近平总书记指出：“每个时代总有属于它自己的问题，只要科学地认识、准确地把握、正确地解决这些问题，就能够把我们的社会不断推向前进。”[1]

问题无处不在、无时不有，关键在于是否善于发现问题。要对“水彩民居写生实习”课程中存在的问题进行深入思考和全面把握。美术与专业相融合的发展方向要清晰，涉及基础常识性知识的原则问题必须要坚持，创新融合的难点问题要重点解决。在发现问题的前提下更要具体问题具体分析，课程中存在专业差异造成的问题，也存在教学管理体制造成的问题，还有因不具备教学条件一时难以解决的问题。善于透过现象看本质，把握专业发展的规律性，发现课程改革的倾向性，明确有效破解问题的主攻方向，要抓住理性逻辑思维方式与感性艺术思维方式这一主要矛盾，局部带动整体，深入推广有效教学经验，推进课程体系综合全面发展。

（二）要重视调查研究，“深、实、细、准、效”地推进“水彩民居写生实习”课程改革

调查研究是我们党的传家宝，是做好各项工作的基本功。习近平总书记指出：“调查研究是谋事之基、成事之道，没有调查就没有发言权，没有调查就没有决策权。”[1]调查研究

重点要处理好调查和研究两个环节的关系，要把事情的真相和全貌调查清楚，在调查的基础上进行深入细致的思考，把零散的认识系统化，把粗浅的认识深刻化，准确把握事物的本质和规律，把解决问题的思路和对策研究透彻。

开展调查研究，务求“深、实、细、准、效”[1]。结合“水彩民居写生实习”课程的改革，“深”，就是要深入学生群体和专业教师队伍，对课程的实际情况进行调查了解和分析研究。“实”，就是工作作风要扎实，真正做到听实话、摸实情、办实事，切实去解决课程发展中存在的问题。“细”，就是要认真听取各方面的意见，深入细致地分析问题。“准”，就是要透过现象看本质，善于分析矛盾、发现问题，把握专业和课程发展的规律和趋势。“效”，就是提出解决问题的方法要切实可行，制订的教学内容和计划要有较强操作性，实施后要有较好的成效。

（三）推进“水彩民居写生实习”课程的改革创新发展就要“发扬钉钉子精神”，不折腾、不反复，切实把课程改革干出成效来

“水彩民居写生实习”课程作为城乡规划专业美术基础课程中开拓创新型的课程，经过十几年的理论和实践探索，我们对课程结构的认识，对专业发展规律的把握，已经具有了一定的高度。同时也要看到，特色化美术基础教学尚处于初级探索阶段，不是尽善尽美、成熟定型的，还有很多模糊不清的问题和有待解决的难题，对学科专业的认识和把握还处在不断发展深化的过程之中。要从实际出发，像钉钉子一样，不是一锤子就能钉好的，而是要一锤一锤接着敲，直到把钉子钉实钉牢。坚持完善现有成果，以实践基础上的理论创新推动课程创新，及时制订一些新的课程策略，构建系统完备、科学规范、运行有效的课程体系，使课程的各个环节更加成熟、更加定型。钉牢一颗再钉下一颗，不断钉下去，必然大有成效。如果东一榔头西一棒子，结果很可能是一颗钉子都钉不上、钉不牢[1]。

专业课程的改革发展需要一个过程，专业越发展、课程改革越深入，新情况新问题就会越多，面临的难题和挑战就会越多。因此，必须坚持马克思主义的思想方法和工作方法，提高战略思维能力，从专业发展的大趋势中思考认识美术基础课程发展的内在规律；借鉴历史思维的经验做好现实的课程改革工作；运用辩证思维能力解决课程改革中存在的主要矛盾；“随事而制”运用创新思维打破陈规推动课程改革，不断有所发现、有所创新、有所发展。“知”是基础、是前提，“行”是重点、是关键。必须以知促行、以行促知，做到知行合一，既解决认识提高问题，又解决行动自觉问题，要坚持问题导向，善于发现问题，准确分析问题，正确解决问题。“深、实、细、准、效”做好调查研究工作，发扬钉钉子精神，坚持完善既有成果，进一步深入研究调整课程结构和授课内容，使“水彩民居写生实习”课程改革成果落地稳，课程创新发展扎根深，将有效经验和方式方法融入美术基础课程体系的整体中去，贯穿于美术课程的全部教学研究工作中。

参考文献

[1]中共中央宣传部．习近平新时代中国特色社会主义思想学习纲要[M]．北京：学习出版社，2019.
[2]吴兴亮，高文漪．园林水彩[M]．北京：中国林业出版社，2004.
[3]宫晓滨．北京林业大学风景园林[A]．北京林业大学园林学院，2012(4)：93.
[4]向岚麟，李翅．城乡规划系统工程的交互式教学方法探讨[A]．于志明．秉烛者的思考与实践——北京林业大学教学改革研究文集[C]．2015：523.
[5]宫晓滨．中国园林水彩画教程[M]．北京：中国文联出版社，2010.

Using Marxist Ideological Methods and Working Methods to Guide and Promote the Ideological and Political Teaching Reform of Watercolor Folk House Sketch Practice

Jiang Zhe

(School of Landscape Architecture, Beijing Forestry University, Beijing 100083)

Abstract This paper mainly uses Marxist strategic thinking, historical thinking, dialectical thinking, innovative thinking and working methods to conduct teaching research on the Watercolor Folk House Sketch Practice course, in order to enhance the professional foresight of the basic art course, the creative transformation of traditional culture, the integration and interaction of science and art, and the students' initiative and creativity. Problem oriented, in-depth and detailed investigation and Research on the problems existing in the curriculum, carry forward the nail nailing spirit, and effectively promote the ideological and political teaching reform of the curriculum.

Keywords scientific thinking, professional foresight, creative transformation, science and art, problem orientation, investigation and research, nail spirit

美育的转向

——从蔡元培的"大美术"观论设计美育的重要作用

张玉军　高　晖

（北京林业大学园林学院，北京　100083）

摘要：蔡元培先生提出的"美育是大美术"观，既包含了脱离日常的艺术美育，如绘画、雕塑等纯粹造型艺术，也包括与日常生活紧密相关的设计美育，如建筑、园林、产品设计等实用性美术。并且在蔡元培看来，由于实用美术与日常生活密切关联，设计美育才是真正的美育启蒙工具。当前，高校美育应走出以艺术美育代美育的误区，重新认识设计美育的重要作用。

关键词：大美术；美育；设计美育；艺术美育

台湾学者汉宝德在《汉宝德谈美：美，从茶杯开始》这本书中，提出了一个发人深省的问题：从百年前蔡元培先生提出"美育代宗教"，到20世纪80年代一度兴盛的"美学热"，都反映出我们对美的热衷和追求，但现实状况却是，我们的城市景观、日常用品，乃至生活方式与品质，都因美感的缺乏而呈现出令人痛惜的芜杂与粗陋，这到底是什么原因呢？

汉宝德指出：百年来我们思考美和谈论美的方式一直都走在歧路上，在美育的教育和推广上，把"美"与"美术"混为一谈，一直是我们美育推广的最大障碍。那么，"美"与"美术"到底是一种怎样的关系？为什么在美育上推行"美术"反而会与美育的初衷渐行渐远？为什么汉宝德谈美要从一个茶杯开始呢？

一、 蔡元培的"大美术"观

其实早在20世纪初蔡元培先生提出"以美育代宗教"的概念时，就对"美育"和"美术"的关系做出了明确的阐释，他在《教育法规汇编》中指出："有的人常把美育和美术混在一起，自然美育和美术是有关系的，但这两者范围不同，只有美育可以代宗教，美术不能代宗教，我们不要把这一点误会了。"[1]

蔡元培认为，"美育"与"美术"的最大不同就在于"美育"是广义的，"美术"是狭义的，在此基础之上，他提出"美育是大美术"这一观点。在蔡元培看来，"大美术"既做脱离日常生活的"纯粹造型艺术"并作用于社会，也包括日常生活中的实用美术。此外，"由于实用美术与日常生活有密切的关系，所以做出'启蒙的工具'的作用"[2]。由此看来，蔡元培所提出的"大美术"观，既包含了脱离日常的艺术美育，如绘画、雕塑等纯艺术活动，也包括与日常生活紧密相关的设计美育，如建筑、园林、产品设计等实用性设计。并且在蔡元培看来，这些日常生活中的实用美术才是美育真正的"启蒙的工具"。

作者简介：张玉军，北京市海淀区清华东路35号 北京林业大学园林学院，副教授，zhangyujun72@sina. com；

高　晖，北京市海淀区清华东路35号 北京林业大学园林学院，副教授，gaohui19834@bjfu. edu. cn。

二、 走出艺术美育的误区

如今，距蔡元培先生提出“大美术”的观念转眼已是百年，但我们却仍未领悟这一观念的真正内涵。纵观我国各大高校的通识美育课程就不难发现，艺术史和纯艺术类课程依旧是通识美育的中坚力量，这一课程结构表明，甚至在我国的高等教育界，仍旧将“美育”和“艺术美育”等同起来，却不知“设计美育”和“艺术美育”是美育思想中两个并行的观念，二者缺一不可，若论美育的启蒙，前者甚至更为重要。

汉宝德在《汉宝德谈美》中讲到：多年来台湾地区一直把美育等同于艺术美育，并让艺术家去担当美育的工作，结果却是差强人意。由于对美育的错误认知，台湾地区的教育中实际上等于没有美感教育，因而人们的美感觉察能力低落，就连大部分知识分子都缺乏审美素养，甚至社会上许多有影响力的人也不辨美丑，这种情形已使台湾地区的美育沉沦到谷底[3]。

汉宝德对台湾地区美育状况的剖析可谓犀利，但是，就这一点来说，大陆和台湾地区的情形又是何其相似，如果我们稍加留意就会发现，在中国这样一个制造业大国中，我们甚至很难买到设计上乘的各类生活用品，事实上，是某些家居类快消品牌在客观上担当着国人美育启蒙的重要职责。

三、 美育的转向

（一）设计美育思想的发端

1880—1910 年，威廉·莫里斯推动和领导的“工艺美术运动”波及欧美，并对后世的设计运动产生了深远的影响，威廉·莫里斯呼唤“艺术服务于人民”，希望通过一种实用性的工艺与美术拯救人类的思想，给那些由于物质文明而荒芜了的心灵以美的滋润和艺术的熏陶。就此来看，“工艺美术运动”并不仅仅局限于审美情趣问题，而是西方美育思想的发端，它第一次从艺术家和设计师对个人艺术旨趣的关注转向了通过艺术设计对大众心灵的哺育和对社会问题的改善。可贵的是，与威廉·莫里斯几乎同时代的蔡元培先生也在亚洲率先提出“美育是大美术”的观点，使得设计美育与艺术美育并驾齐驱，为后世的美育进程点亮了指路明灯。

（二）设计美育的作用

1. 设计美育的美学启蒙作用

多年以来，汉宝德通过对身边美术界和设计界朋友的观察，发现了艺术教育与设计教育间的巨大差异：大部分的美术家都无法分辨一座建筑的美，但是，大部分的建筑师或设计家却能够欣赏美术作品的美。汉宝德认为，发生这种现象的原因是因为美术教学和设计教学在方法上的不同，前者往往从作品的创作入手，教学过程中真正涉及美感培养的内容其实并不多，而建筑与设计的基础课程首先就是美感启蒙，之后的各种设计课题则全部是对美感原则的应用和实践，美几乎成为设计学科的学业核心[3]。

汉宝德说的这种情况其实在中国大陆也普遍存在，在美术教育的基础训练中，我们更为关注的是物体的明暗、光影、体积、色相以及造型的准确性，是将实物搬到画布上的方法训练，但是在设计学科的启蒙中，我们着重研究的却是比例、尺度、节奏和韵律等基本美学法则，这些都与美感的训练紧密关联，对美育的启蒙至关重要。其实，回望西方国家百余年的发展历程，思考从“工艺美术运动”到包豪斯设计教育对欧美国家的影响，我们也会发现，设计美育对于欧美国家国民美感的启蒙和提升的确功不可没。

2. 设计美育的思想启蒙作用

由于威廉·莫里斯很早就参加了以约翰·拉斯金(John Ruskin，1819—1900)为中心的“美的社会主义运动”，受其影响，他希望通过实用性的工艺与美术拯救人类的思想，滋润人类的心灵，他不仅提倡恢复劳动者的尊严和手工工艺的美，还主张给予整个生产劳动阶层以选举权。无独有偶，蔡元培先生提出“以美育代宗教”，希望通过美感教育，培养人们认识美、体验美、感受美、欣赏美和创造美的能力，使人们具有美的理想、美的情操、美的品格和美的素养。无论是威廉·莫里斯还是蔡元培，他们的美育思想从诞生之初，就绝不仅仅局限于“美学”的范畴，而是希望通过美育来化解社会矛盾、改造国民精神，因此，当我们今天重提美育，不仅要将设计美育中的美感启蒙作用体现出来，更要将设计美育中的思想启蒙作用宣示出来。

蔡元培先生在《美育实施的方法》一文中指出，除了美术馆、博物馆和影剧院等专设的社会美育场所，“又要有一种普遍的设备，就是地方的美化。”这里所说的地方的美化包括道路、建筑、公园、公墓以及名胜的布置、古迹的保存等。由此看来，我们的美育还要走出课堂，通过高品质的建筑、景观和城市公共空间，让学生和民众在可感知、可触摸的空间中真实地体验美、感受美，这些空间与美术馆和歌剧院的不同之处在于，它们没有经济的门槛，参与者不需要为昂贵的门票而烦恼；也没有学养的藩篱，参与者不需要为没有相应的知识储备和看不懂艺术而慌张，任何人都可以在自由而松弛的状态下使用它们、感受它们，并经此体悟到美的意蕴，从而真正达到“以美育人，以文化人”的最终目的，体现出设计美育的开放性、公共性和民主性。

3. 设计美育是“中国创造”的必由之路

第二次世界大战前后，包豪斯的现代设计理念迅速波及欧美，辐射日本，使得这些国家的建筑、景观和工业产品设计水平遥遥领先，不得不说，这就是现代设计的力量。1999年，后起之秀韩国以日本为师，重走“设计立国”的老路，把“韩国设计，设计强国”作为一项重大国策。韩国认为，从技术上全面追赶上欧美日等竞争对手无疑尚需时日，但是，如果集中力量发展设计，对提高本国品牌的竞争力却是最为迅速、最为有效的突破性手段。如今，20年弹指一挥间，韩国已经成为继日本和新加坡之后的第三个亚洲发达国家，而且，伴随韩国设计崛起的不仅有韩国的经济实力，还有韩国的电影和流行文化，从战争废墟中爬起来的韩国也开始凭借其软实力对亚洲和世界进行文化输出。

目前，我国正在从“中国制造”走向“中国创造”，正在从制造业大国走向制造业强国，在这一转变中，我们对自身在科学技术方面和发达国家的差距认知深刻，但是，对于设计创意的重要意义却仍然认识不足，笔者以为，只有设计美育的普及和实现，才能真正实现设计强国，设计美育是“中国创造”的必由之路。

行文至此，我想我们在本文开篇提出的几个问题自然而然已经有了答案，美育是“大美术”，“大美术”不仅是展厅里悬挂的绘画、陈列的雕塑，还是渗透在我们日常生活中的平凡之物，艺术美育的浸染熏陶固然重要，设计美育的深耕细作更是必不可少。在美育上一味推行“艺术美育”而忽略了“设计美育”，无异于跛足前行，必将独木难支，在美育的推广上，设计美育比艺术美育更加具有启蒙的作用，也更能春风化雨，滋润人心，因此，汉宝德谈美，要从茶杯开始。

参考文献

[1]潘耀昌. 20世纪中国美术教育[M]. 上海：上海书画出版社，1999.
[2]孟亨在. 蔡元培美育理论中的设计思想[J]. 设计艺术研究，2015(4)：97.
[3]汉宝德. 美，从茶杯开始：汉宝德谈美[M]. 桂林：广西师范大学出版社，2006.

The turn of aesthetic education
——on the important role of aesthetic education in design from CAI Yuanpei's view of "Big Art"

Zhang Yujun　Gao Hui
(School of Landscape Architecture, Beijing Forestry University, Beijing　100083)

Abstract　Mr. Cai Yuanpei proposed the concept of "aesthetic education is great art", which not only includes art aesthetic education divorced from daily life, such as painting, sculpture and other pure plastic arts, but also includes design aesthetic education closely related to daily life, such as architecture, garden, product design and other practical art. Moreover, in Cai Yuanpei's opinion, because practical art is closely related to daily life, Design aesthetic education is the real tool of aesthetic education enlightenment. At present, aesthetic education in colleges and universities should get rid of the mistake of replacing aesthetic education with artistic aesthetic education and re-understand the important role of design aesthetic education.

Keywords　great art; aesthetic education; design aesthetic education; art aesthetic education

“芳香植物学”教学中的美育探索与实践

包 菲 韩 瑜

（北京林业大学园林学院，北京 100083）

摘要：“芳香植物学”是农林类高校植物学课程的补充和拓展。植物学相关课程传统授课模式较侧重于知识的灌输，忽略对大学生鉴赏美、欣赏美和创造美的能力培养。“芳香植物学”课程蕴涵着丰富的美育资源，在传授知识的同时，探索运用植物之美、芳香之美、传统文化之美和科学家精神之美对学生开展美育，让学生沉浸在视觉、嗅觉、听觉的芳香课堂之中，引导学生欣赏和体会外显美和内在美，获得多重美的体验，促进身心健康，以达到提升学习效果、获得人文熏陶、增强学生民族文化自信的目的。

关键词：芳香植物学；美育；传统文化；科学家精神

习近平总书记在《在文艺工作座谈会上的讲话》中指出：“我们要结合新的时代条件传承和弘扬中华优秀传统文化，传承和弘扬中华美学精神。”在全国教育大会上还指出：“要全面加强和改进学校美育，坚持以美育人、以文化人，提高学生审美和人文素养。”“芳香植物学”是植物学基础课程的补充和拓展，传统植物学类课程教学着重于知识灌输，较少侧重对学生鉴赏美、欣赏美和创造美能力的培养。“芳香植物学”课程本身蕴涵着丰富的美育资源，在教学中挖掘美育素材，唤起美感，对培育学生正确的审美观念、崇高的审美理想、健康的审美情操和高尚的审美趣味具有重要作用。

一、 什么是美育

美育，即培养学生鉴赏美、欣赏美以及创造美的能力，它与德育、智育、体育以及劳动技术教育共同构成素质教育，是培养全面发展人才的重要组成部分。美育的作用很特殊，它是靠情感的力量，让学生在鉴赏美的过程中，辨别真、善、美，揭露假、恶、丑，从而培养高尚的道德情操；它不像智育一样强调学生知识能力的培养，却能够在知识培养的过程中开发学生的学习兴趣，以达到“以美启智”的作用[1]。由此可见，美育在“五育”中的作用尤为重要。

二、 美育对学生的发展有何意义

审美活动是一种重要的人生实践，它广泛地体现在我们日常生活的各个方面，是我们最基本的存在方式之一。法国著名雕塑家罗丹说：“世界上并不缺少美，而是缺少发现美的眼睛。”在现实生活和学习中如何提高学生的审美体验能力，即对美的感知、欣赏和创造能力，有赖于对学生的美育教育。美学家朱光潜先生在《谈美》中说道：“匆匆忙忙的疾驰而过，无暇一回首流连风景，于是这么丰富华丽的世界变成一个了无生趣的囚牢。这是一件多么可惋惜的事啊！”[2]美育作为塑造健康人格的教育，其本质特征是情感教育，是通过引

作者简介：包 菲，北京市海淀区清华东路 35 号 北京林业大学园林学院，副教授，baofei@bjfu. edu. cn；

韩 瑜，北京市海淀区清华东路 35 号 北京林业大学园林学院，副教授，15201425912@126. com。

导学生去体验、感知、欣赏世界上美好的事物或情感，逐步培养学生的审美能力和审美情趣，形成高尚、乐观、自由的人格。在高校中开展美育教育可以让学生自觉树立马克思主义的美学观，培养健康的审美情趣和高尚的审美理想，对促进大学生身心健康和全面发展有重要意义[3]。

三、 芳香植物的美学

植物中蕴含着丰富的美育资源[4]，总的来说包含外显美和内在美。外显美是指通过图片、视频，以及花卉、精油等实物形式让学生从感官上能够直接体验到的美，而内在美包括科学、文化和精神内涵等层面，需要学生经过理解、想象、逻辑思维等加工后才能体验到的美，常以和谐、统一、奇妙、振奋等为主要表现形态。相对于外显美，学生对内在美的体验更需要授课教师善于从讲授内容中发现和做适当的课堂引导。将植物学中蕴含的美育资源充分挖掘运用，不仅能使学生获得更加丰富的科学文化知识，而且能够多方位提高学生的综合素质，启迪学生鉴别美、感受美、创造美，对培养学生的创新精神和完善的人格具有非常特殊的意义。

四、“芳香植物学”教学中的美育实践

（一）通过收集有形资料和课程内容重编排，引导学生体会自然界中的植物之美

植物本身是一种自然美的典型化身，植物的枝条、叶片、花朵、果实、根等无一不来自大自然的鬼斧神工。视觉是最直观的获得美感的途径，广泛收集、筛选课程相关植物的彩色照片、纪录片等资料，力求将植物本身的形态、线条、色彩之美真实地呈现给学生，让学生在学习、认识植物形态特征的过程中，领悟植物界的自然美，激发学习兴趣。

对课程内容进行重新编排和组织。传统的植物学教学是按照植物分类的基本单位——科进行植物分类讲解。鉴于“芳香植物学”是一门公选课，为了降低非植物类专业学生的学习难度和突出芳香植物在应用上的特征，在课程编排上调整为按照香草、香叶、香根、香皮、香树脂、香花、香果、香木植物八类开展教学，在每类植物介绍过程中引导学生通过观察和比较不同科植物相似的特征，如橄榄科的乳香、安息香科的安息香和松科的马尾松都可以在树皮的伤口处分泌芳香树脂，以防止病虫害感染，加快伤口愈合的现象，从中领悟自然界中植物的多样和统一之美。

（二）结合理论知识学习和实验动手操作，让学生切身感受植物芳香带来的美好身心体验

首先，从生物进化角度向学生解释植物合成芳香物质的原理，引导学生体会知识本身蕴涵的自然哲学之美。芳香化学分子是芳香植物体内合成的活性物质，有重要的生理功能：香花植物在花朵开放过程中释放花香，可以吸引昆虫前来传粉，提高授粉结实率，有利于植物的传宗接代；香草植物和香叶植物的枝叶含有芳香油，可以防止昆虫或牛羊啃食；香树脂植物在伤口处会流出胶状树脂，树脂里也含有很多芳香成分，可以杀菌和促进细胞再生。在教学活动中引导学生体会这种植物自身进化出合成芳香物质来处理其与其他物种的关系的现象——或者是互利互惠，或者是保护自己，反映自然界的和谐之美。

其次，植物的芳香可以让人同时享受心理和生理的双重美好体验。研究表明，植物体内合成的芳香物质可以对人体产生心理和生理双重调节功能。为了加强学生对芳香物质作用于人体特殊功效的理解，在理论课的课堂上设置植物精油熏香体验，结合植物形态特征、芳香化学成分、精油功效等内容的教学，让学生在课堂上能接受到视觉、听觉和嗅觉的多

重感官刺激，在体验芳香之美的同时提升学习效果。此外，在实验课上还特别设计植物精油功效涂抹油配制、植物精油香水调配和芳香植物香囊制作等内容，结合香草植物实物观察、多种类型植物精油嗅闻等参与式互动体验形式，让学生沉浸在芳香课堂之中，促进身心健康，培育温润的芳香品格。

（三）搜集古典故事和名花古诗词，弘扬我国传统文化之美

中华优秀传统文化是中华民族的精神命脉。许多芳香植物属于药用植物，我国有很悠久的芳香植物应用历史。广泛搜集与课程内容相关的历史故事，挖掘其中先人智慧的闪光点，增强课程的文化底蕴，获得民族文化认同感。

我国传统名花梅花、牡丹、菊花、桂花等都是著名的芳香植物，在讲授这些传统名花植物学、芳香化学知识的同时，让学生重温"墙角数枝梅，凌寒独自开""唯有牡丹真国色，花开时节动京城""采菊东篱下，悠然见南山""广寒香一点，吹得满山香"等古韵诗词，带领学生体会传统名花的品格和深厚的文化底蕴，可以让学生在美育中提升精神品格。

传统名花的寓意美好，值得向学生传颂。例如，芍药是我国的爱情花，在《诗经·国风》有记载，男女有情人去溱洧河边春游，互赠芍药以表情长；菊花在我国传统文化中有吉祥长寿的美好寓意，"悠然见南山"也照应了"寿比南山"之意，而菊花传入西方后被栽种在墓地，表哀悼之意，因而菊花的寓意在西方文化中发生了改变。当前市场上菊花鲜切花的用途多受西方文化的影响，而我们传统文化中菊花的美好寓意被遗忘了。在教学过程中让学生了解一些名花在中西方文化中的不同寓意，可以使学生深刻领略传统文化之美，认识到文化是多元的，增强学生对民族文化的自信，从而自觉弘扬传统文化。

（四）挖掘整理芳香植物应用领域科学家的事迹，传颂科学家精神之美

习近平总书记在两院院士大会上说道："在中华民族伟大复兴的征程上，一代又一代科学家心系祖国和人民，不畏艰难，无私奉献，为科学技术进步、人民生活改善、中华民族发展作出了重大贡献。新时代更需要继承发扬以国家民族命运为己任的爱国主义精神，更需要继续发扬以爱国主义为底色的科学家精神。"大学以教学、科研为主业，大学生是科研队伍的后备军。在课程内容中深入挖掘身边科学家、植物学家的故事，在教学过程中可以用身边的榜样人物来启发、激励学生。以屠呦呦发现青蒿素的故事为例，屠呦呦在疟原虫产生抗药性、疟疾正严重威胁世界人民生命安全的大环境下，接受国家开展新抗疟药攻关的号召。引导学生体会科学家临危受命，把个人的发展同国家的命运联系起来，勇于担当国之重任的气魄。另外，在药效试验阶段，屠呦呦和团队几个骨干成员自愿试服该提取物，加快青蒿素临床实践进程。在教学过程中引导学生体会科学家这种敢为人先的牺牲精神。人无精神则不立，国无精神则不强。在"芳香植物学"课堂上，用老一辈科学家爱国、创新、求实、奉献、协同、育人的科学家精神激励学生，肩负起历史责任，现阶段努力学习科学文化知识，将来做科学家精神的传承者。

（五）基于学生教学评价统计分析课程实践效果

基于北京林业大学教务处教学评价系统和学生的日常学习反馈，对"芳香植物学"课程的教学内容和课堂实践开展评价分析。统计分析结果显示：66%的学生认为课程内容难度适中或偏难，95%的学生认为可以主动投入较多的时间和精力学习这门课程，99%的学生认为该课程在专业知识结构及能力、素质培养等方面对自己有较大的帮助。以上结果表明，这门课的课程难度合适，课程内容能够吸引学生主动学习，经过该课程学习，学生对芳香植物相关的专业知识、传统文化和日常应用有了更多的了解，并获得多层次的美育体验，综合素质得到提高。

五、 以花为媒，以美育人

“芳香植物学”课堂尝试以芳香植物为媒介，让学生在学习芳香植物的形态特征和芳香精油化学基础及功效的同时，欣赏植物形态、色彩多样和统一之美，陶醉于植物芳香传递的和谐、平静、愉悦之美，受熏陶于传统名花蕴涵的文化之美，以及热爱祖国、艰苦卓绝、敢为人先的科学家精神之美，塑造学生细腻和润、坚定执着、尊重生命、敬畏自然的芳香气质，增强学生的文化自信和民族自信。

参考文献

[1]颜怡，冯益平．高校“五育并举”育人体系构建研究[J]．学校党建与思想教育，2021(20)：82-84.
[2]朱光潜．谈美[M]．桂林：广西师范大学出版社，2004.
[3]李悦．浅谈民族高校美育的现实意义[J]．艺教论坛，2021(19)：131-133.
[4]陈聪玲．植物教学中美育的研究[J]．运城学院学报，2005，1(20)：1314-1316.

Exploration and Practice of Aesthetic Education in the Teaching of Aromatic Botany

Bao Fei　Han Yu
(School of Landscape Architecture, Beijing Forestry University, Beijing　100083)

Abstract　Aromatic Botany is the supplement and expansion of Botany courses in agricultural and forestry universities. The traditional teaching mode of *Botany* related courses lay particular emphasis on knowledge, ignoring the cultivation of College Students' ability to appreciate, enjoy and create beauty. The Aromatic Botany contains rich aesthetic education resources. In the teaching process of Aromatic Botany, we explore to appreciate the beauty of plants, aroma, traditional culture and scientific spirit to carry out aesthetic education for students. The students have been immersed in the aromatic class with visual, olfactory and auditory, guided to appreciate and experience explicit and internal beauty, and got multiple beautiful experiences, promoted physical and mental health, so as to improve the learning effect, obtain humanistic edification and enhance the students' national cultural self-confidence.

Keywords　aromatic; botany; aesthetic education; traditional culture; scientific spirit

“产教研”一体化科技平台体系建设路径初探

——以风景园林一流学科为例

宋　文　葛韵宇　姚　朋*

（北京林业大学园林学院，北京　100083）

摘要：科技创新是提升国家竞争力的根本动力，高校科技平台则是科技创新成果的孵化基地和转化平台，也是培养创新型人才的重要阵地。本文围绕北京林业大学园林学院风景园林一流学科科技平台体系建设中，国家级平台基地资源紧缺、省部级平台急需升级、规划设计平台亟待突破、人才梯队建设不完善等现存问题，从聚焦产教研融合、打造多维度科技平台体系，建设“产教研”一体化行（产）业战略联盟，组建跨学科前沿创新团队三方面，探索了学科科技平台体系建设路径，为科技平台支撑学科发展提供思路。

关键词：双一流；科技平台；风景园林学

2016年，在全国科技创新大会上，习近平总书记强调，“科技兴则民族兴，科技强则国家强”，实现“两个一百年”奋斗目标，实现中华民族伟大复兴的中国梦，必须掌握全球科技竞争先机。在党的十九届五中全会上，习近平总书记强调，“加快建设科技强国，实现高水平科技自立自强”，将科技创新、科技自立自强放在支撑国家发展战略的高度。科技创新平台从广义上讲，是探索未知世界、发现自然规律和实现技术变革的复杂科学研究系统，是突破科学前沿、解决经济社会发展和国家安全重大科技问题的技术基础和重要手段。科技平台集聚先进的实验设备、优秀的科研人员、精湛的创新团队、良好的科研项目、科学的运行管理机制和开放的学术氛围，为孕育科学灵感、催生原创成果提供了无法替代的优越条件[1]。高校科技平台则是培养创新人才、服务产业升级的重要阵地。产教研融合是推动高校科研创新和人才培养的重要方式，也是高校服务社会的重要途径[2]。

一、　风景园林学科科技平台体系概况

北京林业大学园林学院风景园林学于2017年位列我国第一轮“双一流”建设学科名单，并于2022年入选第二轮“双一流”建设学科名单。立足于科技创新和“产教研”一体化建设，面向学科发展，学院现有科技平台13个，其中，科研平台7个，产业平台6个，各平台详细情况见表1所列。

作者简介：宋　文，北京市海淀区清华东路35号 北京林业大学园林学院，实验师，342468753@qq.com；

葛韵宇，北京市海淀区清华东路35号 北京林业大学园林学院，讲师，geyunyu717@bjfu.edu.cn；

姚　朋*，北京市海淀区清华东路35号 北京林业大学园林学院，教授，13810030521@163.com（通讯作者）。

资助项目：北京林业大学热点追踪项目“风景园林历史理论与传统人居环境研究信息化采集及数据库构建”（2022BLRD09）。

表1　园林学院风景园林学科科技平台建设情况

序　号	平台类型	平台名称	级　别	获批时间
1	科研平台	国家花卉工程技术研究中心	国家级	2005年
2		花卉种质创新与分子育种北京市重点实验室	省部级	2013年
3		教育部园林环境工程研究中心	省部级	2001年
4		国家林草局花卉产品质量检测检验中心(北京)	省部级	2016年
5		城乡生态环境北京实验室	省部级	2014年
6		城乡园林景观建设国家林草局重点实验室	省部级	2018年
7		国家林业和草原局风景园林工程技术研究中心	省部级	2019年
8	产业平台	国家花卉产业技术创新战略联盟	国家级	2009年
9		国家林业和草原局花卉产业国家创新联盟	省部级	2019年
10		国家林业和草原局菊花产业国家创新联盟	省部级	2019年
11		国家林业和草原局美丽乡村与乡村振兴研究创新联盟	省部级	2019年
12		国家林业和草原局园林植物与人居生态环境建设国家创新联盟	省部级	2019年
13		北京林业大学风景园林规划设计研究院	校级	2014年

二、科技平台建设现存问题

(一)国家级平台基地资源紧缺

小汤山基地是我校双一流学科“风景园林学”的重要支撑平台，是国家花卉工程技术研究中心的核心资源保存和核心育种科研基地。然而作为风景园林学科以及花卉领域唯一的国家级科研平台，国家花卉工程技术研究中心不具备校属产权的固定基地，其核心基地小汤山基地是临时基地，占地面积200多亩[3]，目前存在政策性不确定因素和管控风险，实验基地设备老化，存在诸多隐患；不少教师依靠个人寻找零星基地，不利于成果集中展示以及学科合力发展，基地建设任重道远。

(二)省部级平台急需升级

学院现有省部级平台10个，部分平台方向凝练不够突出，存在重叠交叉；除城乡生态环境北京实验室外，平台依托的学科基本为设计或植物其中之一，由于缺乏统筹规划和展示途径，两个学科之间缺少交流合作，科研人员优秀成果无法被校外甚至学院内部教师了解，难以促进成果转让；同一学科内部存在团队研究方向分散，缺乏组织凝练，没有形成合力，难以发挥优势资源去更好地支持风景园林一流学科的发展。

(三)规划设计平台亟待突破

规划设计平台缺少相应的专业资质，教师和学生的实践成果难有出口。现阶段，众多横向课题需要经过招投标、政府采购等流程来获得立项资格，投标环节以及后期图纸输出等需要具有相应专业资质，而我校尚不具备学科相关专业资质，教师难以直接通过学校名义来实现大部分横向课题的申报和获批，只能与具有专业资质的单位合作共同完成，再通过合作单位划拨到我校作为横向课题立项，环节重复、管理费和税费多层扣减，严重挫伤了教师的积极性。

（四）人才梯队建设不完善

园林学院人员基数大，共有专任教师154人，在一流学科建设中人才队伍问题越来越突出。

一方面，院士与国家级领军人才选育和引进措施不足，缺少院士、千人、长江、杰青、"四青"等领军人才，逐渐丧失在相关领域的话语权；同时，各系、教研室拔尖青年人才培养欠缺，人才梯队建设不完善。

另一方面，学院教师队伍年龄结构不合理，教授人数占比较低，仅占24.68%(图1)，尚未形成可持续发展态势。植物学科问题尤为突出，因队共36人，其中，教授占比41.67%(图2)，远高于学院平均水平；41~45岁教师1人，占比2.78%，46~50岁教师4人，占比11.11%，36~40岁人员最多，为11人，占比30.56%(图3、表2)。可以看出，植物团队缺少41~50岁的科研中坚力量，而青年人员年龄层集中，资源竞争尤为激烈、发展缓慢，导致人才队伍严重断档，队伍呈现老化趋势，发展后势不足。

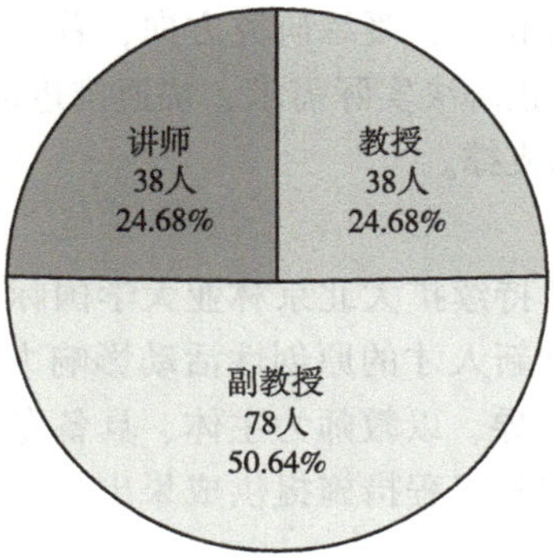

图1　园林学院专任教师职称结构分布情况

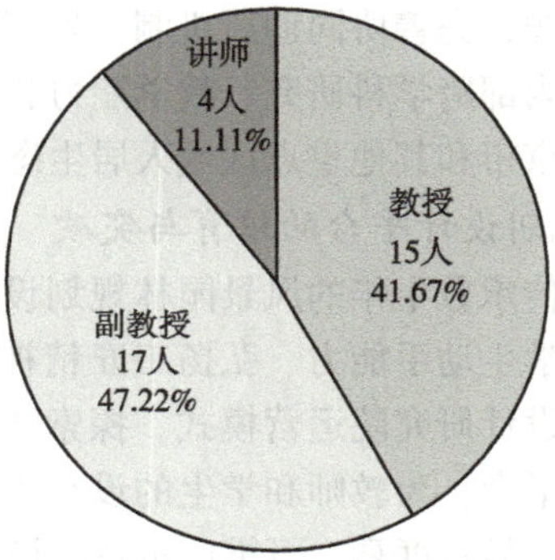

图2　植物学科团队职称分布情况

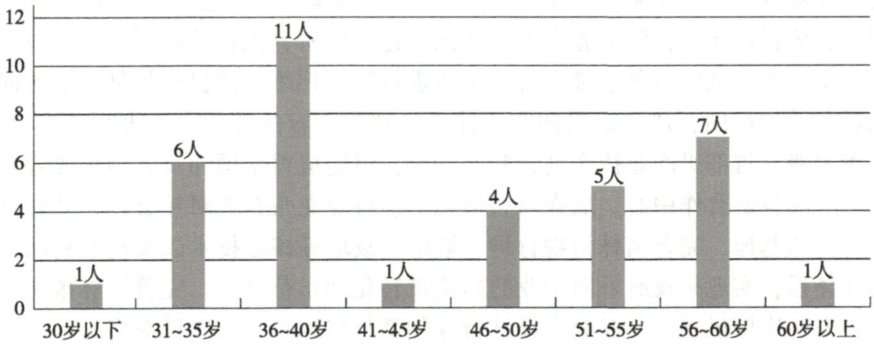

图3　植物学科团队年龄分布情况

表2　植物团队年龄结构分布情况

年　龄	人　数	比　例	年　龄	人　数	比　例
30岁以下	1	2.78%	51~55岁	5	13.89%
31~35岁	6	16.67%	56~60岁	7	19.44%
36~40岁	11	30.56%	60岁以上	1	2.78%
41~45岁	1	2.78%	总　计	36	100%
46~50岁	4	11.11%			

三、“产教研”一体化科技平台建设路径

（一）聚焦产教研融合，打造多维度科技平台体系

1. 国家级科技平台的提质与增效

依托现有国家级平台，发挥学科技术优势，全面提升基础研究、技术攻关、产业推广等方面能力；引导科研团队与重点地方政府和行业优秀企业进行深入且有实质性的合作，建立以学院为主导，以教师研发、学生实践为主体，政府支持、企业注资的园林植物创新成果孵化和产业端应用基地，加速自主研发科技成果的孵化与应用，促进经济效益和社会效益双增。

2. 省部级科技平台的完善与升级

聚焦京津冀协同发展等国家重大战略，积极争取新增教育部、国家林草局及其他省部级科研平台。立足现有省部级平台，紧密围绕首都城乡人居生态环境和其他重点区域发展等核心问题，完善协同创新机制，发挥共性关键技术优势，凝练研究方向，着力加强学院以及学校内部跨学科研究、教学能力和交流合作，真正解决实际需求，快速推进成果转化，为改善北京市和其他重点区域人居生态环境提供技术支撑。

3. 规划设计平台的培育与突破

发挥传承数十年的风景园林规划设计传统优势，持续扩大北京林业大学国际花园建造节等提高学生动手能力、弘扬工匠精神、培养实践创新人才的原创性活动影响力[4]，改革现有规划设计研究院运营模式，探索建立以学院为主导、以教师为主体、具备专业资质的规划设计平台，为教师和学生的设计方案、技术标准和工程措施提供成果出口，建设一批服务精准、显示度高、可推广示范的设计样板案例。

（二）立足行业、产业与区域发展需求，建设“产教研”一体化行（产）业战略联盟

聚焦京津冀区域、黄河流域、成渝经济带以及雄安新区等重点区域发展需求和重点项目规划建设，依托优质的科研资源和人才团队，建立科研育人长效机制，把科技创新纳入研究生培养全过程，鼓励本科生进入科技平台进行科研训练，加快科技创新资源向教育教学资源的转化，加快创新研究成果向知识体系、教学内容的转化[5]，快速对接社会需求。推进现有国家级、省部级产业技术创新联盟建设，组建覆盖全国和具有地域领导性的技术推广示范中心和科研合作中心。加强与科研院所、行业龙头企业对接合作，共建联合研发机构和教学实践基地，完善园林植物育种、繁殖、栽培等核心技术以及花卉新品种的多元化成果转化体系，实现科技成果向企业的高质量转化和示范推广。完善园林植物与规划设计的联合研发与应用机制，发起成立设计行业创新战略联盟，形成针对多地区、多层次需求的行业联合体，促进标志性和重大创新成果产出和落地。

（三）完善人才梯队建设，组建跨学科前沿创新团队

1. 重点培育，加强引进

青年教师是学科未来领军人才的重要储备军。一方面，通过精准对接青年教师科研需求的学术交流座谈会以及老教授帮扶青年教师的合作方式，形成长期有效的工作机制；学科资源向青年教师倾斜，缓解学院年龄结构分布特点造成的激烈竞争，做好人才队伍的平稳过渡，有效应对队伍断层现象，完善科研梯队建设。另一方面，应加强优秀人才引进工作，通过不同的合作形式，加强国内外学科尖端人才的精准引进和培育。

2. 交叉融合，凝练方向

聚焦一流学科首轮建设中存在的问题，持续发挥园林历史和传统造园思想的优势，保

持园林植物高效育种与栽培应用技术在全国乃至世界的领先优势，进一步凝练方向，聚焦风景园林历史理论与传统人居环境、城乡人居生态环境体系构建、绿色基础设施与城市更新、智慧景观与数字化设计建造、园林植物高效育种与栽培应用五个重点领域，加强与校内多个学院的交叉融合，组建交叉创新型前沿团队。

参考文献

[1]张艳禾，刘爽，刘益民．加强科研平台建设 提升科技创新能力——以中国农业科学院哈尔滨兽医研究所为例[J]．农业科技管理，2016，35(1)：52-55.

[2]周唯杰．产教融合视域下高校科技平台运行机制探析[J]．盐城师范学院学报(人文社会科学版)，2022，42(4)：118-124.

[3]连梅．国家花卉工程技术研究中心科研优势助力榆叶梅资源的开发与保护[J]．中国花卉园艺，2016(23)：18-19.

[4]王向荣，赵晶，郑曦．北林花园建造节[M]．北京：中国建筑工业出版社，2021.

[5]北京市教育委员会关于印发《北京实验室建设发展规划(2017—2035)》等文件的通知[EB/OL]．(2017-12-26)[2019-4-13]．http：//www. beijing. gov. cn/zhengce/zhengcefagui/201905/t20190522_ 60643. html.

A Preliminary Exploration of the Construction Path of the Integrated Science and Technology Platform System of "Industry, Teaching and Research" ——Taking Double First-class Discipline of Landscape Architecture as an Example

Song Wen Ge Yunyu Yao Peng*

(School of Landscape Architecture, Beijing Forestry University, Beijing 100083)

Abstract Scientific and technological innovation is the fundamental driving force for enhancing national competitiveness, and science and technology platform in university is the incubation base and transformation platform of scientific research and innovation achievements, as well as an important position for cultivating innovative talents. This paper focuses on the existing problem on the construction of the science and technology platform system of the Double First-Class discipline of Iandscape Architecture in the School of Landscape Architecture, such as a lack of national platform base resources, an urgent need to upgrade provincial and ministerial platforms, as well as for breakthroughs in planning and design platforms, and the imperfect construction of talent echelons. From three aspects, including focusing on the integration of industry, teaching and research, creating a multi-dimensional science and technology platform system, building a "industry-teaching-research"integrated industry strategic alliance, and forming an interdisciplinary frontier innovation team, the path of construction of the discipline's science and technology platform system was explored, providing ideas for science and technology platforms to support the development of the discipline.

Keywords Double First-Class initiative; science and technology platform; Landscape Architecture

协同教研理念下风景园林专业虚拟教研室建设模式的探索与实践

王博娅　张晋石　王向荣

（北京林业大学园林学院，北京　100083）

摘要： 面对新时代风景园林专业教育高质量人才缺乏的现状，依托教育新基政策，风景园林专业虚拟教研室积极探索协同教研理念下的建设模式，通过共享共建教学资源，打造“数字赋能”专业建设平台；创新改革教研形态，搭建“交叉融合”教研舞台；全面提升教师素养，站好示范引领讲台的建设途径，创建了“数字赋能”的资源共享新平台，形成了“协同教研”的协同育人新机制，打造了“模块簇群”的共享发展共同体，成为塑造教师教学发展共同体和质量文化的风景园林新型基层教学组织。

关键词： 协同教研；数字赋能；资源平台

党的二十大报告提出，要推动高质量发展，进一步提升教育服务能力和贡献水平，同时“四新”建设也逐步对现有学科专业体系调整升级、瞄准科技前沿和关键领域、加快培养紧缺人才，新时代的人才培养模式逐步开始优化。专业建设作为“四新”建设的重点内容，仍需要进一步体现社会产业的需求。随着教育信息技术数字化、虚拟化的发展和“教育新基建”政策的影响，以兴趣聚集为纽带，具有“跨时空”“开放共享”等特点的虚拟教研室应运而生[1]。“风景园林专业虚拟教研室”是教育部首批虚拟教研室建设试点，属于专业建设类、全国性的虚拟教研室，由北京林业大学牵头，联合西南林业大学、四川农业大学、北华大学、上海交通大学、南京林业大学、华南理工大学、华中科技大学、西北农林科技大学八所院校共同申报。作为首批专业类建设试点，风景园林专业类虚拟教研室建设进行了一系列的探索与实践。

一、 风景园林专业虚拟教研室建设的时代背景

（一）风景园林专业教育面临的挑战和应对

党的二十大报告中提出“推进城乡人居环境整治”“提升生态系统多样性、稳定性、持续性”“积极稳妥推进碳达峰碳中和”“以国家重点生态功能区、生态保护红线、自然保护地等为重点，加快实施重要生态系统保护和修复重大工程”“推进以国家公园为主体的自然保护地体系建设”“实施生物多样性保护重大工程”“科学开展大规模国土绿化行动”“高标准、高质量建设雄安新区”等一系列国家重大战略需求，风景园林作为协调人与自然关系的重要学科，理应是必不可少的环境“疗养师”和大自然“医生”[2]，是建设美丽中国的重要力量，因此，适应时代发展和国家需求，具有较强的专业能力和职业素养、具有创新性思维从事

作者简介：王博娅，北京市海淀区清华东路35号 北京林业大学园林学院，讲师，wangboya@bjfu. edu. cn；
张晋石，北京市海淀区清华东路35号 北京林业大学园林学院，教授，zhangjinshi@bjfu. edu. cn；
王向荣，北京市海淀区清华东路35号 北京林业大学园林学院，教授，xrw@bjfu. edu. cn。

资助项目：北京林业大学2022年教育教学改革与研究虚拟教研室建设专项项目“风景园林虚拟教研室建设模式与路径”（BJFU2022JYJYS003）。

风景园林规划、设计、建设、保护和管理等工作的应用性、复合型、高层次专门人才需求激增[3]。

当今高等教育已进入教育理念、教育模式全面改革的深水区。在全面推进“四新”建设的当下，风景园林专业教育依然以建筑、规划、植物等传统的学科知识体系为主，未能实现工、农、医、文等不同学科交叉融合[2]。因此，在当前大资源管理、大环境保护和大空间规划的新时代，建立适应时代需求，打破学科壁垒，逐步完善风景园林专业高质量人才的知识结构显得更为紧迫。

（二）协同教研理念促进虚拟教研室新探索

1. 依托教育新基政策，促进教学改革

以习近平新时代中国特色社会主义思想为指导，深入贯彻全国教育大会精神和《中国教育现代化 2035》纲要，落实“十四五”教育发展规划的有关部署，当前，国家教育数字化战略行动全面启动，教育的全面数字化转型已成必然趋势。教育部等六部门在《关于推进教育新型基础设施建设构建高质量教育支撑体系的指导意见》中指出，要聚焦信息网络、平台体系、数字资源等方面的新型基础设施体系，加快推进教育新基建，构建高质量教育支撑体系[1]。这为风景园林专业教学改革明确了方向，提出了具体路径。

2. 构筑虚拟教研室，打破学科壁垒

风景园林专业虚拟教研室以“共享”为核心理念，具有人员组成灵活化、组织载体信息化、教研方式互动化、教研内容多元化等特点[4]。作为由来自百余所高校共约 500 名教师组成的超大型教研室，风景园林专业虚拟教研室覆盖华北、东北、华东、华中、华南、西南、西北等地区，涉及生态、规划、国家公园等不同专业和行业热点，突破时空限制和校际屏障，是风景园林专业打破学科壁垒，塑造教师教学发展共同体和质量文化的重要教学组织。风景园林专业虚拟教研室通过创新教研形态、加强教学研究、共建优质资源、开展教师培训等手段，探索建设新型基层教学组织，打造教师教学发展共同体和质量文化，引导教师回归教学、热爱教学、研究教学，提升教育教学能力，为高等教育高质量发展提供有力支撑。

二、 风景园林专业虚拟教研室建设模式的探索与实践

（一）共享共建教学资源，打造“数字赋能”专业建设平台

风景园林专业虚拟教研室以共建共享行业特色课程体系和资源为依托，从师资、课程、教材、成果等方面实现最大程度的优质教学资源共享，通过夯实基础资源库、共享优质资源库、创新特色资源库的路径，提升各高校风景园林及相关专业教师的教学素养，助力教师成长，为风景园林行业一流本科人才培养提供强有力保障[5]。

1. 夯实基础资源库

贯彻落实资源共享的原则，根据人才培养和风景园林专业教学内容的需要，以众筹资源素材的方式，通过线上、线下、跨校、跨区域沟通交流学习，协同共建教学案例、教学大纲、教学课件、电子教材、教学视频和作业习题等教学资源，形成综合化的教学模式与资源平台，搭建信息化教学资源平台(图 1)。

2. 共享优质资源库

将各校的金课、国家级一流课程教学名师示范课等优质资源集合，共享优质资源库，整体提升教学资源。北京林业大学的风景园林设计(双语)课程作为国家一流本科课程，共享课程设计思路(图 2)。课程立足生态文明，构建全方位的理论平台，结合风景园林在新

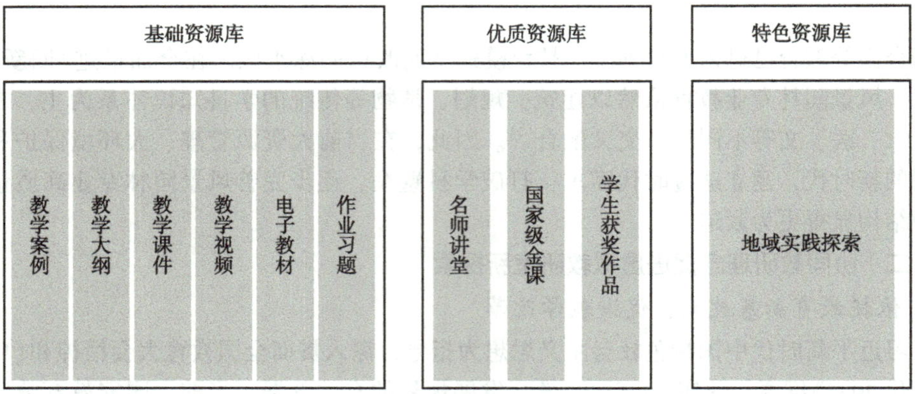

图 1 教学资源平台框架图

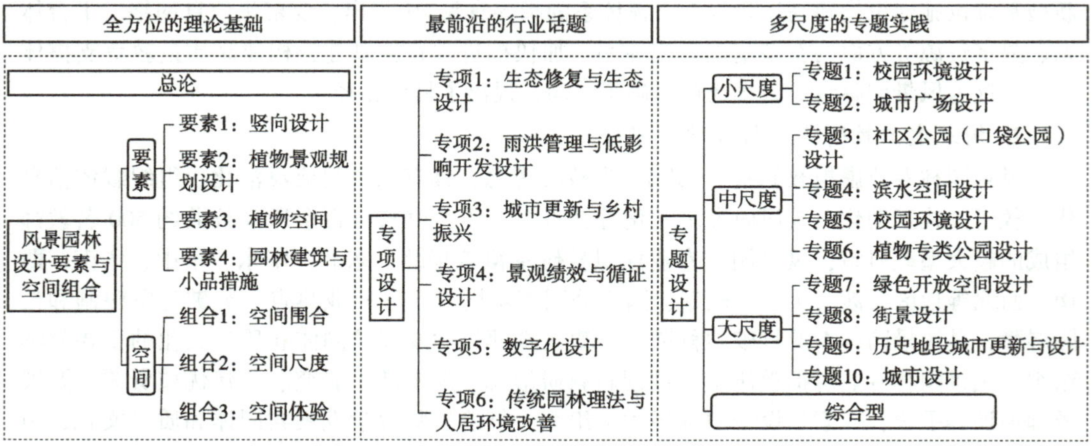

图 2 风景园林设计(双语)课程设计思路

时代生态文明建设中所承载的功能，结合空间和形式理论，构建基础理论平台；对标国家重大发展战略，传递最前沿的行业热点话题，从生态修复到雨洪管理，从城市更新到乡村振兴，从传统园林的继承与发展到数字化技术的探索与突破，培养学生的科学精神；创新发展理念，夯实多尺度的专题实践，充分将技法与手法融入不同尺度不同类型的设计中，理论教学与实际操作一体化，培育学生的工匠精神。各校通过风景园林专业虚拟教研室的平台，共享优质资源，助力风景园林专业人才培养体系的进一步提升。

3. 创新特色资源库

王向荣教授认为风景园林学是关于地表空间管理和利用的综合性学科，风景园林的研究和实践对象是整个地表空间，宗旨在于实现人工建造与自然之间的持续和谐与平衡，因此地域性是风景园林的重要特征。风景园林虚拟教研室借助信息化途径打破地域限制，共享不同区域的特色资源。浙江农林大学共享其立足区域的教育实践，西南林业大学提供了边疆民族地区风景园林专业人才培养的思路和特色。

（二）创新改革教研形态，搭建交叉融合教研舞台

虚拟教研室作为新型教学组织，在深化教学改革，创新教研形态，建立线上合作群落方面提供了良好的契机，为风景园林专业的交叉融合搭建了教研舞台，进一步推动新时代风景园林专业发展。

1. 构建协同教研机制

协同教研机制基于虚拟教研室开放性、互动性的特点，结合教研室成员向心力和凝聚力的优势，针对风景园林专业建设的共性问题进行研讨，既可以利用群体决策提升教学水平与学术层次，又可以增强教研吸引力，增强协同育人发展的可持续性，最终助力于对高等教育特点、规律与发展的探索[6]。

2. 统筹多元教研形式

以教学交流为突破口，加强教学和科研的交流与合作，充分发挥国家级教学团队、示范中心、教学名师、一流课程、一流实践创新平台的示范引领作用，推广成熟有效的课程教学方法和经验，开展培训类研修沙龙，促进教师教学能力的提升，共同培育一流教研成果，发挥虚拟教研室的辐射示范作用。

3. 创新教学组织形态

深化现代信息技术与高等教育的融合，探索数字时代基层教学组织的建设路径和运行模式，形成以课程模块、课程、课程群和课程教学为纽带的多种组织形式，建立学科交叉融合的“合制”体系，构建“互联互通、共建共享”的产教融合机制，重塑满足人才培养新模式的教学组织新形态[7]。

（三）全面提升教师素养，站好示范引领讲台

1. 筑牢群体认同，打造教师发展共同体

教研室成员的群体认同是建设专业教师发展共同体的基础。虚拟教研室不是单纯的通过网络平台实现专业教师的聚集，其组织目标是在提升专业人才培养能力的同时，实现教师个人发展与整体进步的有机统一。风景园林专业虚拟教研室的建设就是通过开展创新教研形态、加强教学研究、共建优质资源、开展教师培训等活动实现专业教师群体的共同发展，推广成熟有效的人才培养模式，促进一线教师教学发展。

2. 强化名师引领，锻造多元教学模块簇群

充分发挥教学团队、科技创新团队、教学名师、一流课程的示范引领作用，推进教育教学改革取得较好的实践成效。风景园林专业虚拟教研室组织形成了十大课程组（图 3），由各校经验丰富的教学团队牵头，锻造多元教学模块簇群，强化不同院校之间的优势互补。

风景园林设计课程组	风景园林规划课程组	园林历史与理论课程组	工程与管理课程组	园林植物景观课程组
校园景观设计小组 城市广场设计小组 城市公园设计小组 城市开放空间小组	绿色开放空间规划小组 风景区与国家公园小组 区域景观规划小组 遗产保护小组	中国园林史小组 西方园林史小组 专业概论小组 风景园林艺术原理小组	园林工程小组 园林管理与实务小组	园林树木小组 园林花卉小组 植物景观设计小组
风景园林建筑课程组	**景观生态与修复课程组**	**设计初步课程组**	**数字景观课程组**	**风景园林实习课程组**
中国传统建筑小组 风景建筑小组	景观生态小组 生态修复小组 生态保护小组	园林制图小组 空间构成小组	数字制造 计算机表达 虚拟仿真 虚拟现实	北方实习小组 苏杭实习小组 岭南实习小组 西南实习小组

图 3 风景园林专业虚拟教研室模块簇群

三、 风景园林专业虚拟教研室建设模式的创新与特色

风景园林专业顺应时代发展，创建了“数字赋能”的资源共享新平台，形成了“协同教研”的协同育人新机制，打造了“模块簇群”的共享发展共同体，形成了独具特色的建设模式。教研室未来将以专业化组织、多元化融合、常态化交流，共同推进建设，打造教师教学发展共同体和质量文化。

参考文献

[1]王秀梅，马海杰，张一帆．虚拟教研室建设中的“借”与“戒”[J]．中国大学教学，2022(10)：55-58.

[2]杨锐，钟乐，赵智聪．在大变局中研发风景园林学的新引擎[J]．中国园林，2021，37(11)：14-17.

[3]周春光，李雄．风景园林专业学位教育的回顾与前瞻[J]．中国园林，2017，33(1)：17-20.

[4]桑新民，贾义敏，焦建利，等．高校虚拟教研室建设的理论与实践探索[J]．中国高教研究，2021(11)：91-97.

[5]兰思仁，苏金福，张再堡．面向农业农村现代化的数字赋能新农科建设模式探索与实践[J]．中国农业教育，2022，23(5)：5-11.

[6]沈凌云，焦冬莉，李国琴，等．新工科“人工智能+X”虚拟教研室研究与实践[J]．吉林工程技术师范学院学报，2022，38(8)：69-74.

[7]成焕波，冯勇，高成冲，等．产教融合背景下的机械类专业虚拟教研室建设模式研究[J]．中国现代教育装备，2022(19)：146-148.

Exploration and Practice on the Construction Mode of Virtual Teaching and Research Office of Landscape Architecture Specialty Under the Concept of Collaborative Teaching and Research

Wang Boya　Zhang Jinshi　Wang Xiangrong

(School of Landscape Architecture，Beijing Forestry University，Beijing　100083)

Abstract　In the face of the lack of high-quality talents in Landscape Architecture education in the new era, relying on the policy of the new foundation of education, the virtual teaching and research office of Landscape Architecture specialty actively explores the construction mode under the concept of collaborative teaching and research, by sharing teaching resources, to build the professional construction platform of “digital empowerment”, innovate and reform the form of teaching and research, and build a “cross-integration” teaching and research stage. Comprehensively improve teachers’ literacy, stand up the construction way of demonstration and leading podium, create a new resource sharing platform of “digital empowerment”, form a new cooperative education mechanism of “collaborative teaching and research”, and create a shared development community of “module clusters”. It has become a new grass-roots teaching organization of Landscape Architecture that shapes teachers’ teaching development community and quality culture.

Keywords　collaborative teaching and research; digital empowerment; resource platform

中国式现代化背景下的城乡规划专业教学改革探索

高　原　李　翅　贾宜如

（北京林业大学园林学院，北京　100083）

摘要：中国式现代化既有各国现代化的共同特征，更有基于自己国情的中国特色。中国本土的城乡规划教学应突出“中国化”与“科学化”。本文分析了中国式现代化背景下的城乡规划教学问题与不足，并从理论教学、实践教学等方面提出了融合中国式现代化理论内涵的城乡规划专业教学改革路径。

关键词：中国式现代化；城乡规划专业；教学改革

一、引言

习近平总书记在庆祝中国共产党成立100周年大会上指出：“我们坚持和发展中国特色社会主义，推动物质文明、政治文明、精神文明、社会文明、生态文明协调发展，创造了中国式现代化新道路，创造了人类文明新形态。”[1] 中国式现代化对于中国特色社会主义改革与发展的内涵与进程有了更深的凝练与总结。中国式现代化与发展作为我国国情的重要内容，涉及多学科、多领域的基础知识与高等教学内容。

区别于西方国家的以工业化、城镇化、农业现代化、信息化顺序发展的“串联式”过程，中国的现代化是一个由“五化”相互叠加的“并联式”发展过程。党的二十大报告指出，中国式现代化是人口规模巨大的现代化；中国式现代化是全体人民共同富裕的现代化；中国式现代化是物质文明和精神文明相协调的现代化；中国式现代化是人与自然和谐共生的现代化；中国式现代化是走和平发展道路的现代化[2]。因此，中国式现代化在内涵、目标、效率上，都颠覆了“现代化就是西方化”的经典现代化理论[3]。

城乡规划专业既重视城市设计、乡村规划等技能的训练，同时也十分注重对城乡历史发展、城乡社会经济、公共政策、城乡生态环境、景观分布格局等规划综合知识和综合技能的培养。城镇及农村发展规律是城乡规划专业的重要内容，城镇化和农业现代化等中国式现代化的特征直接影响城乡规划专业的基础知识和教学内容。不仅如此，城镇化与其他现代化之间的复杂关系也直接影响城乡规划的理论与实践。在中国式现代化背景下发展而成的国土空间规划作为中国的特色规划体系，也是城乡规划专业教学及实践的重要内容。因此，在中国式现代化背景下，国内城乡规划专业教学与实践内容亟须探索与更新。

二、中国式现代化背景下的城乡规划教学问题与不足

在西方国家，工业化、城镇化、农业现代化、信息化以及绿色化各项现代化进程通常

作者简介：高　原，北京市海淀区清华东路35号 北京林业大学园林学院，讲师，gaoyuan92@bjfu. edu. cn；
李　翅，北京市海淀区清华东路35号 北京林业大学园林学院，教授，lichi@bjfu. edu. cn.（通讯作者）；
贾宜如，北京市海淀区清华东路35号 北京林业大学园林学院，讲师，yjiaofficial@bjfu. edu. cn.

资助项目：中央高校基本科研业务费专项资金资助项目“韧性思想下的山地城镇国土空间规划实施综合评估”（BLX202112）。

次序分明，有明显的阶段划分，因而也有较为充足的时间来消化现代化转型带来的各类深层次矛盾。然而，在中国，各项现代化目标以“并联式”发展，往往上一阶段发展任务尚未完成，就需开启下一个阶段的任务，甚至在特定的历史时期，各项任务之间的先后次序都可能有所颠倒。这意味着基于西方“串联式”现代化经验而写就的教科书及教学理论，无法直接应用。面对这些中国式的特征，作为“舶来品”的城乡规划专业，在教学内容、理论与实践、学科发展方向等各方面都亟须改善，最为显著的问题包括理论知识体系不够清晰和对新时代社会发展要求适应不足。

（一）城乡规划理论知识体系不够清晰

在过去，中国城乡规划学科理论知识体系绝大部分借鉴于西方国家。西方城市规划理论发展于其特定的城镇化过程中的核心问题。从19世纪50年代起，西方开始了城镇化进程，而在工业革命时期，工业化与城镇化的多重矛盾中，衍生了大量的西方城市规划理论，包括霍华德的田园城市理论、哈里斯和乌尔曼提出的多核心理论、克拉伦斯·佩里提出的邻里单位等。这些理论及技术方法也成了现代中西方城市规划中的经典理论。20世纪80年代后，欧美国家的城镇化步入成熟阶段，城镇化进程发展缓慢，其城乡规划理论逐渐扩展至社会经济发展、政策制定等领域。

在中国，并联式的现代化特色进程使得中国的城镇化发展速率和效率远超过西方国家，城镇化与其他现代化之间的关系和矛盾也与西方国家截然不同，遇到的问题和解决机制都是西方城镇化理论难以解释与提供的[4]。然而，中国的城乡规划知识体系中，上述经典理论大多直接引源于西方，在特定历史阶段，有少量“引进运用—改良—反哺”机制，但总体上，鲜少有本土原创理论[5]。作为应用导向的学科，这些理论上的欠缺使得现有的城乡规划理论知识不够系统、整体体系不够清晰。

（二）对新时代社会发展要求适应不足

城乡规划工作是在特定的国家制度、社会经济发展目标以及社会意识环境中开展的[6]。社会发展问题与需求是影响学科理论和实践发展的重要内容。中国式现代化背景下的城乡规划教学内容一方面应与西方国家的教学体系区别开来；另一方面，新时代的社会发展要求在不断变化，城乡规划的实践内容、模式和目标都应保持动态的调整。

现行的城乡规划教学体系中，理论与实践部分内容仍以传统的“蓝图式”规划和偏重“物质设计”的规划为主。然而随着时代的发展，规划工作正从物质设计向制度设计转变，规划内容也从最初的设计向与社会经济以及政策制度相融合的方向发展。尤其是中国特色的国土空间规划的提出，标志着多学科和多类型规划的整合。无论是城乡规划学科还是规划实践内容，都逐渐向社会学、经济学、地理学、管理学等多学科的研究内容和方向综合发展。这既要求提升城乡规划教学的多样性和包容性，同时也对教学的应用性和适用性有了更高的要求。无论是从人才培养还是从就业等方面来讲，目前的城乡规划教学对于中国特色的新时代发展要求适应程度均凸显不足。

三、 融合中国式现代化理念的城乡规划专业教学改革探索

高校城乡规划专业的教育教学是城乡建设发展和人才培养的重要保障。由于特殊的中国式现代化背景造就了我国与西方国家的城镇化发展阶段、特征、制度及治理体系的截然不同，城乡规划专业教学应结合国情，在理论及实践教学上展开探索。具体而言，可以从城乡现代化相关理论知识体系的梳理与完善、促进以国土空间规划为主导的中国式规划实践探索等途径展开教学改革探索。

（一）理论教学上，梳理与完善现代化理论相关知识体系

在理论教学中，针对西方国家城乡规划经典理论不适应和相关知识体系与城乡发展不匹配等核心问题，梳理与完善中国式现代化内容。重点从以下三个方面展开探索：①梳理中外城乡发展规律差异。比较中国与西方国家的城镇化起源、推动因素、发展阶段及影响因素，加入新时代城镇化的制度背景、面临问题和应对策略等内容的教学。②加强中国现代化在城乡规划教学中的内容输入。无论是从思政内容还是基础教学，中国式现代化理论内容的加入对于城乡规划教育及发展均有重要意义。具体包括中国式城镇化、中国式农业现代化等与城乡规划学科大纲直接相关内容，同时包括工业化、绿色化和信息化与城镇化及农业现代化之间的并联式发展关系和各项现代化任务间的相互影响。③引导建构中国式城乡发展理论体系。学习中国式城乡发展最新科研成果，在教学上，引导学生完善和清理基础性理论和概念，总结中国式城乡规划经典理论，建构中国特色的规划理论体系。

（二）实践教学上，促进以国土空间规划为主导的中国式规划实践探索

城乡规划是应用型学科，其教学内容与体系的建设与更新直接受实务工作的影响，规划实践及职业工作的需求是影响学科和教学的主要驱动力。自 2010 年后，我国逐步开始了“多规融合”“多规合一”等规划制度的探索，并提出了由多学科和多类型规划组成的国土空间规划，这无疑是“中国式规划”范式转型的重要节点[7]。城乡规划的实践教学应结合国土空间规划需求，将实践教学中的规划对象从建筑、城市拓展到山水林田湖草沙的国土空间，规划内容从“蓝图式”规划转向自然资源等本底评价、土地利用总体规划、生态环境规划、矿产/海洋资源规划等维度内容，引导学生形成过程式规划而非静态规划的理念。

（三）加强政策学习与多学科内容辅助教学，增强对新时代需求的适应力

中国式现代化是由多个现代化任务并行的体系，涉及一系列社会、经济发展、生态环境等问题。单一的城乡规划学科知识体系很难满足新时代社会发展需求[8,9]。通过增强重视最新政策学习，及时捕捉社会思潮及思想观念对于学科和教学带来的转变。增设土地利用管理、地理信息系统、城市经济学、城乡社会学等交叉学科的选修课程，丰富应对新时代需求的知识体系，以满足人才培养的知识结构需求。

四、 结语

中国本土的城乡规划教学应从中国的城镇化实际出发，“科学化”与“中国化”是城乡规划专业教育与教学的核心[6,8]。融入中国式现代化理念对于维护城乡规划教育的科学性、完善教学知识框架的系统性、增强规划专业内容的先进性/时代性及提升学科与专业的适用性等，具有重要意义，同时也是城乡规划专业思政教育和教学改革的重要内容。

参考文献

[1]习近平．在庆祝中国共产党成立 100 周年大会上的讲话[M]．北京：人民出版社，2021.

[2]习近平．高举中国特色社会主义伟大旗帜为全面建设社会主义现代化国家而团结奋斗——在中国共产党第二十次全国代表大会上的报告[M]．北京：人民出版社，2022.

[3]中国式现代化研究课题组，高培勇，黄群慧．中国式现代化的理论认识、经济前景与战略任务[J]．经济研究，2022，57(8)：26-39.

[4]黄柔柔，洪世键．机构改革背景下城乡规划学科发展转型探讨[J]．城市建筑，2019，16(10)：97-101.

[5]杨俊宴．凝核破界——城乡规划学科核心理论的自觉性反思[J]．城市规划，2018，42(6)：36-46.

[6]孙施文．我国城乡规划学科未来发展方向研究[J]．城市规划，2021，45(2)：23-35.

[7]彭震伟，刘奇志，王富海，等．面向未来的城乡规划学科建设与人才培养[J]．城市规划，2018，42(3)：80-86，94.

[8]罗震东．科学转型视角下的中国城乡规划学科建设元思考[J]．城市规划学刊，2012(2)：54-60.
[9]吴志强，张悦，陈天，等．“面向未来：规划学科与规划教育创新”学术笔谈[J]．城市规划学刊，2022(5)：1-16.

Explorationon the Teaching Reform of Urban and Rural Planning Under the Background of Chinese-style Modernization

Gao Yuan　Li Chi　Jia Yiru
(School of Landscape Architecture, Beijing Forestry University, Beijing　100083)

Abstract　Chinese-style modernization contains elements that are common to the modernization processes of all countries, but it is more characterized by features that are unique to the Chinese context. The teaching of urban and rural planning in China should highlight Chinese characteristics and its scientize. This paper analyzes the problems and deficiencies of Urban and Rural Planning teaching under the background of Chinese modernization, and proposes teaching reform paths for Urban and Rural Planning that integrate the theory of Chinese-style modernization from the aspects of theoretical teaching and practical teaching.

Keywords　Chinese modernization; Urban and Rural Planning; teaching reform

“插花艺术与花艺设计”课程的美育教学探索

高　雪　李秉玲　刘　燕

（北京林业大学园林学院，北京　100083）

摘要：“崇德尚美，守正创新”，插花艺术课程立足中华花文化，培养学生的坚定文化自信和大国“工匠精神”，引导学生学会如何鉴别美、欣赏美和创造美。积极探索中国传统插花艺术的传承与创新教育方法，将“非遗”传统插花之美和理念融入课程教学当中，激发学生学习插花艺术的热情，以期提高课程的教学效果。

关键词：插花艺术；非遗；美育；守正创新

新时代以来，国家高度重视美育在人才培养、人格培育中的重要作用，并致力于发挥高等院校在文化传承、创新方面的优势与作用。为贯彻落实习近平总书记关于教育的重要论述和全国教育大会精神，切实加强新时代高等学校的美育工作，2019 年 3 月 29 日，教育部发布的《关于切实加强新时代高等学校美育工作的意见》明确提出，美是纯洁道德、丰富精神的重要源泉。学校美育是培根铸魂的工作，提高学生的审美和人文素养，全面加强和改进美育是高等教育当前和今后一个时期的重要任务[1]。

一、“插花艺术与花艺设计”课程教学背景

“插花艺术与花艺设计”课程是北京林业大学面向园林、园艺（观赏园艺方向）等专业开设的专业选修课，课程通过理论学习和插花实践操作，既能提高学生的艺术审美能力，又能提高学生实践动手操作能力，是培养思想政治坚定、德技并重、全面发展、具备创新创业意识高技能型人才的重要载体课程，在园林、园艺专业人才培养方案中具有重要的地位。其中，课程内容“中国传统插花艺术”于 2008 年进入国家级非物质文化遗产名录。“非遗”作为中国传统文化和人文精神的象征，含有丰富的思政内容和美学形式，课程成为公共美育传播和实践的重要平台。

“插花艺术与花艺设计”课程包括理论和实践两部分内容。理论部分以插花基础知识为主要内容，使学生了解插花文化和艺术价值及其在现代社会生活中的地位和作用，初步掌握插花花艺的常用工具及器材特点、常见花材及其处理方法、主要造型及其常用技法、插花花艺作品的陈设与维护等基本知识；实践部分通过动手操作完成各类常见插花艺术风格的创作，加深对插花基本理论知识的了解，培养学生插花花艺的基本技能，培养学生吃苦耐劳和精益求精的工匠精神。

作者简介：高　雪，北京市海淀区清华东路 35 号 北京林业大学园林学院，讲师，gaoxue@bjfu. edu. cn；
李秉玲，北京市海淀区清华东路 35 号 北京林业大学园林学院，副教授，cathy-lingling@126. com；
刘　燕，北京市海淀区清华东路 35 号 北京林业大学园林学院，教授，chblyan@163. com。

二、 插花艺术文化中的“德”与“美”

（一）中国传统插花具有强烈的“文化自信”认同感

中国传统插花距今已有近3000年的历史，深受中华人民的喜爱，并于2008年6月被列入国家级非物质文化遗产项目[2,3]。中国传统插花根植于博大的中华传统文化之中，遵循着“崇尚自然、师法自然”的理念，构图形式自然灵动，花材的自然美表现得淋漓尽致；同时更是追求花材的花韵之趣与意境之美、精神之美，并配以诗词、书画，将中华传统文化融入插花作品当中，形成别具一格的中国传统插花特色。丰富的花文化、精细的容器及优良的技艺，创造了一套成熟的中国传统插花理论体系，是中华民族智慧与文明的结晶。通过学习传统插花促使学生强烈感受中国传统插花文化带来的力量与魅力，形成对中华优秀文化的深刻认同。

（二）插花艺术是艺术美、文化美的集合

插花是中华民族优美生活的表现，也是最优美的中国古典艺术之一。插花以植物为主体，以美学和民族文化为基础，与哲学、绘画、园林、盆景等多门艺术课程相互融合，具有丰富的艺术性，其中蕴含的中国传统美学思想在插花文化中得到了集中的体现，引导学生丰富审美体验，提高学生的审美能力，陶冶情操。以花传情、以花达意、以花为友，插花不仅造型美，还有丰富的人文情思，将花与人文精神结合在一起，蕴含着丰富深厚的人文思想，可以帮助学生树立正确的审美观、文化观，是高等学校接受传统美育最好的切入口。

（三）插花创作尽显“工匠精神”

插花艺术是一项实操性较强的工艺技艺，花材创作前要清洗、修剪，并且要精心保养好花材，插花创作时要格外细心、耐心、严谨、灵活，保持环境整洁、保证花材的蓬勃向上，创作过程需要树立严谨诚信的工作态度和精益求精的职业素养，非常有利于培养学生的“工匠精神”[4]。

三、 在“插花艺术与花艺设计”课程教学中实现美育功能的路径

（一）坚定插花艺术文化自信，构建特色的“非遗”美育课程体系

文化是民族的根之所系，脉之所维。“插花艺术与花艺设计”课程将立德树人放在首位，以审美和人文素养培养为核心，传承中华民族传统优秀文化，融合园林、园艺专业优势和学科特色，培养学生的文化自信，树立学生正确的价值观。课程着力“守正创新”[5]的课程培养理念，构建美育实践教育体系。课程围绕“德”和“美”2个宗旨设置“插花基本理论”“插花的造型与技法”“插花艺术作品的创作和欣赏”3个模块的教学内容，每个模块均注入美育教育。

在“插花基本理论”模块，在学生掌握基本花草树木的形态特征、生态习性等基础上，渗入花文化，与花对话，寄情于花草树木，以自然之理推及社会和人生之理，感悟文化之美；通过对花材形态的研究形成审美素养，感受因材而异、因势而择的构图形式，感受花材组合形成的艺术之美、自然之美以及生命之美，体悟生命的美好与顽强。

在“插花的造型与技法”模块，引入特色“非遗”中国传统插花，将“非遗”精神、传统插花技法和活态之美融入课程之中，以德育人，以美化人，形成“崇德尚美”的美育理念，实现文化内涵、思政观念、美学思想、技艺形式的全方面融合。

在“插花艺术作品的创作和欣赏”模块，既从插花的色彩、造型和技法赏析作品的形式美，也从插花作品的立意、构思、题名抓住内涵美，提升学生的审美能力，树立健康向上

的审美观和正确的价值观。

（二）创新文化育人载体，多形式的美育全方位渗透路径

学生审美能力的培养更多的是润物细无声的过程，美育过程无处不在。课前，教师精心设计、认真准备每一次课，通过正式、干净整洁的着装、装饰教室的插花作品，配以悠扬的音乐创造怡人的学习气氛，使学生感受到美的力量和文化自信，激发学生的爱国热情。美育不是"讲出来的"，而是"做出来的"，旨在言传身教。教师在作品演示过程中保持桌面和地面整洁；废弃的花材剪短后投放垃圾桶中，以免花枝过长给清洁工作带来不便；珍惜每一枝花材，不浪费花材，即使是短小的花枝也要整理放入水中，培养学生热爱生命、热爱花艺。在创作作品时，选择中国传统名花菊花、牡丹等作为主花材，在练习基本花型的同时，引导学生体会菊花"我花开后百花杀"凌霜傲雪的气节、牡丹"国色朝酣酒，天香夜染衣"高贵气质等，深入品味花品花德。审视作品时精雕细琢，保证每一枝花都以最完美的形态展现，渗透学生追求卓越、精益求精的精神。"美是看不见的竞争力"，精益求精、追求细节，使工匠精神"潜入"学生在学习和创作插花艺术过程中。

（三）建设沉浸式非遗美育空间，开展实物立体互动式教学及体验活动

课程采取"走出去"的教学模式，丰富插花艺术的第二课堂。在学校的支持下，中国插花花艺协会、北京插花艺术研究会、国家"非遗"传统插花传承团队等国家级协会、组织，每年都会在传统节日、国家庆典期间，在北京林业大学举办插花展览。课程充分利用得天独厚的插花资源，建设沉浸式"非遗"美育空间，组织学生参与插花展览调研，安排听取插花资深大师的专家解说，近距离与插花大师对话，与插花艺术作品对话，帮助学生理解并欣赏插花艺术作品，并从各种不同的角度解读其中的插花技艺及丰富的人文精神内涵，引导学生导赏和品评艺术作品，培养真正懂插花、爱插花的学子。同时，积极鼓励学生参与插花技能大赛，以实践动手技能为目标，引导学生围绕插花开展创新创业，为学生提供更多的就业机会。

（四）以评促教，多元化评价深化育人实践

美育更应关注学生思想观点和道德修养的提升，因此，课程的评价体系由教师为主体，转变为教师、学生，并增加家长、朋友等多元评价主体。如在礼仪花束实践课程中，要求学生将亲手制作的花束赠送亲朋好友，并收集对花束的评价，一是可以提升学生实践的自信力，二是可以提升花艺给学生带来的幸福感，三是可以通过亲友评价反观学生的实践能力，获得学生插花技能的全方位评价。在小组作品创作课程中，制定详细的评分标准，采取学生互评的方式，让学生直接参与作品的品评与赏析，减少教师的主观评价，建立多元化客观评价体系。在实践课程中，除插花作品的评价，同时关注学生的人文素养和职业道德水平，在插花过程中的习惯、课堂表现、课后卫生清扫、团队合作等方面，全方位、动态式评价考核，实现由"重结果"向"重过程"转变，以此体现"工匠精神"培育的课程育人特点。

四、 结语

通过上述教学探索，"插花艺术与花艺设计"课程获得了预期的教学效果，学生初步了解中国传统插花文化，并表现出浓厚的兴趣，同时，学生的审美得到明显的提高，他们积极创作各类型插花作品，装饰生活。课程将继续坚持"立德树人"的根本任务，崇德尚美，守正创新，在"以花育人"中实现全人教育目标，提高美育成果转化能力，培育一批插花美、行为美、心灵美、具有大国"工匠精神"的新时代青年。

参考文献

[1]王迎杰，王越．中华传统文化与大学生美育融合育人的实践路径探析[J]．才智，2022(28)：49-52.
[2]王莲英．新时代下中国传统插花的价值与意义[J]．中国花卉园艺，2021(5)：76-79.
[3]王莲英．传承中国传统插花艺术　创新中国现代插花花艺[J]．中国花卉园艺，2016(5)：7.
[4]鲁朝辉，刘静，张少艾．“中国插花艺术”课程教学中工匠精神的培育[J]．深圳信息职业技术学院学报，2020，18(2)：54-57，76.
[5]刘劲宇．“守正创新”育人模式的构建与实践[J]．广东教育(综合版)，2022(7)：41-43.

Exploration of Aesthetic Education in the Course of Flower Arrangement Art and Floral Design

GaoXue　Li Bingling　Liu Yan
(School of Landscape Architecture, Beijing Forestry University, Beijing　100083)

Abstract　Based on the excellent Chinese flower arrangement culture, the flower arrangement art course cultivates students' cultural confidence and craftsman spirit, and guides students to learn how to identify, appreciate and create beauty. Actively explore the inheritance and innovation of Chinese traditional flower arrangement art education methods, integrate the beauty and concept of "intangible cultural heritage" traditional flower arrangement into the course teaching, stimulate students' enthusiasm to learn flower arrangement art, in order to improve the teaching effect of the course.

Keywords　flower arrangement art; intangible cultural heritage; aesthetic education; integrity and innovation

“新农科”背景下园林专业人才培养模式创新与实践

——以北京林业大学为例

高　瑜　温智婷　郭　琪　罗　乐

（北京林业大学园林学院，北京　100083）

摘要：在新农科背景下，积极探索园林专业人才培养新模式，通过深层次解析新时代园林专业建设内涵，立足园林专业农林学科“底色”，创新适应新时代要求的人才培养模式。推进国家级一流园林专业人才培养目标、课程体系、培养模式，推进课程体系、实践教学、协同育人等方面的改革，培养创新型、复合应用型、实用技能型的拔尖创新人才，为乡村振兴发展提供强有力的人才支撑。

关键词：新农科；园林；人才培养

2019年6月28日，新农科建设研讨会发布了《安吉共识——中国新农科建设宣言》，提出了新农科建设要开创“三条路径”，积极探索实践融合发展、多元发展、协同发展新路，加快培养创新型、复合应用型、实用技能型农林人才，高标准建设好农林“金专”“金课”和“高地”，对新农科建设做出了总体部署[1]。北京林业大学园林专业作为国家一级学科的重要支撑专业，聚焦跨学科协同人居环境建设，在新农科背景下，专业建设和人才培养模式也要利用多元化教学方式使学生具备扎实的园林设计、园林植物等专业理论和实践技能。积累大数据、参数化技术在园林专业中的实践经验，将培养创新型、复合应用型、实用技能型的拔尖创新人才作为重中之重。

一、园林专业现有培养模式

北京林业大学园林专业可追溯至1951年造园专业，1956年调整并入北京林学院并设城市及居民区绿化专业，后改称园林专业[2]。该专业是北京林业大学的传统品牌特色专业之一，为国家级一流本科专业建设点、国家级特色专业、北京市级特色专业，入选第一批国家卓越农林人才培养计划改革试点项目和国家级专业综合改革项目，具有较高的国际知名度和认可度。为适应国土和人居生态环境建设需求，专业以拔尖创新人才培养为导向，培养具有良好道德品质、身心健康、知识面宽广且具有植物学、观赏园艺学、园林规划设计、园林建筑及园林管理等方面的基本理论知识和专业技能素养的农工结合复合应用型人才[3]。毕业生可在园林、教育、自然保护区、国家公园和生态文明建设等相关部门或领域从事园林植物的栽培养护管理、种植设计以及城乡各类园林绿地的规划设计、施工管理、教育、科学研究等方面的工作[4]。

作者简介：高　瑜，北京市海淀区清华东路35号 北京林业大学园林学院，助理研究员，gaoyuqd@outlook. com；
温智婷，北京市海淀区清华东路35号 北京林业大学园林学院，助理研究员，yuanlinjxb@163. com；
郭　琪，北京市海淀区清华东路35号 北京林业大学园林学院，初级实验师，1360845878@qq. com；
罗　乐，北京市海淀区清华东路35号 北京林业大学园林学院，副教授，luolebjfu@163. com(通讯作者)。

园林专业采取“两翼并重，两渠相融，两阵贯穿”的专业培养方式。理论教学和实践教学两翼并重，尤其强化实践教学环节，以提高学生运用理论知识进行园林植物繁育与生产、园林艺术创作和规划设计、园林施工以及园林管理的能力；毕业设计和南方实习两条综合性培养渠道相互交融，重点培养学生综合运用所学知识和技能独立解决实际问题的能力；课堂教学和大学生素质拓展计划两个阵地贯穿整个教学实践过程，通过各种设计竞赛、名师讲堂、社团活动、社会实践以及就业实习等教育环节加强学生的专业知识和技能，提高综合素质。

二、 现有培养模式存在的问题

（一）多学科协作人才培养模式不健全

面对城乡问题日益复杂，园林专业涉及领域越来越广泛，亟须建设一个涉及多学科合作教学和交叉知识创新的园林课程体系。目前以学年为基点的“散落式”课程体系存在部分课程内容交叉重复、课程组建设不完善、课程大纲陈旧等问题。另外雨水管理、自然修复等生态工程新技术应用日益广泛，在互联网、计算机信息等大数据新技术、虚拟现实、机械臂、互联网等模拟教学新技术的影响下，园林技术也正在紧跟世界发展变化，目前，大数据、信息化、数字化、互联网平台、智慧化发展等新技术在课程教学中的应用不足。

（二）思政融入课堂教学不够

新农科人才培养在德育维度上应以立德树人为根本，把思想政治教育贯穿人才培养全过程及各领域，不断推进专业教育和通识教育的有机融合，强化农科学生的“三农”价值观塑造和“三农”情怀培育，提高新农科人才的“三农”情怀和社会责任感[5]。但目前的人才培养依旧按照学术系统化、围绕农科要求来进行，教师授课主要以讲解专业知识为主，缺乏创新性及思政教学意识，认为思政教学是辅导员和班主任的任务，在思政融入课堂中缺乏主动性。还有部分专业课教师有将思政融入课堂的主观性和自觉性，但在实际教学中很难有效把握方法和规律，效果不明显。

（三）教学团队建设不成熟

未较好发挥教学名师的引领作用，教学团队建设尚未打破教研室边界。教研室之间互相独立，跨教研室、跨学科教学团队搭建尚不成熟，教研室之间合作意识淡薄、只集中于自己开设的课程，团队建设制度尚不健全，缺乏激励政策。此外，对新进青年教师缺乏系统性的培养，与校外企业和其他院校授课缺乏合作，或合作形式单一，仅仅局限于开设讲座。

（四）教学实践平台有待升级

互联网的信息时代，以教师为中心的传统讲授方式已不能和互联网平台寓教于乐、有着充分视听感知的知识获取方式相适应。其次工程实践训练中心、创新实验室建设相对滞后，学生实践培养不足、学生动手技能不强、思维视野不宽、科技创新能力不足，无法对接新农科提出的复合型、应用型新型农科人才。

三、“新农科”背景下园林专业人才培养模式

（一）打破固有学科边界， 形成跨学科跨院系跨专业人才培养模式机制

基于我国高等教育发展需要和园林绿化行业人才需求，以北京林业大学园林专业为本底，将以学年为基点的“散落式”课程体系升级为以知识为基调的“模块化”课程体系，构建课程模块，组建课程教学组，实现理论知识-植物认知应用(农科)-规划设计系列(工科)“打通边界，互为融贯”，实施“厚基础、融学科、国际化、信息化”人才培养课程体系，传

承园林传统优势，并面向新需求新技术，加强生态学、信息科学、生命科学等基础知识的输入，推进大数据、人工智能与虚拟仿真在教学中的应用，加强学科知识交叉协同。

（二）深化课堂教学改革，加强学生思政教育

进一步凸显已有国家级课程思政示范课的品牌引领作用，以本科人才培养方案修订为契机，将思政元素融入课程大纲，课程体现"文化自信""环保自然""知农爱农""强农兴农""科技报国""可持续发展""和谐社会""工匠精神""团队精神""人类命运共同体"等元素，引导学生扎根"三农"一线，解决实际问题，推动产业发展经济社会发展。打造"教学有约"品牌交流活动，邀请青年教师教学基本功比赛、教师教学创新大赛获奖教师，分享如何将思政教育融入课堂。在"课程思政"理念引导下，开展"大学生创新创业计划""挑战杯比赛"等丰富的实践活动，促进创新创业教育发展。突显园林专业特色，充分发挥《园林花卉学》《风景园林工程》《园林艺术及园林设计》《园林树木学》《西方园林史》《城市园林绿地规划》《园林树木 1600 种》等一系列权威性强、选用面广、知名度高的教材的引领示范作用，传承经典并挖掘新优教材、教学案例等。

（三）提高协同育人意识，加强教学团队建设

优化教学团队组建以国家级教学名师、省部级教学名师、省部级优秀本科育人团队为抓手，打造精英教学团队基于农科专业教学规律、依托专业知识结构与教学组织方式，组建以知识和能力为导向的"专业知识树"状课程体系，组建跨教研室跨学科课程教学团队。探索多学科教师联合教学，构建"科-教、校-校、校-企、国际-国内、线上-线下"五位一体的开放、交互的教学组织形式，校内教师与企业知名设计师、工程师合作教学，国内外知名院校教授协同授课等方式，签订教学就业实习合作项目，为学生融入社会实践提供新平台。建立科学的绩效评价体系，对于表现优异的教学团队在人才选拔、年度考核中给予政策倾斜，激发团队成员活力。

（四）加强协同育人国家级基地与平台建设，提升学生实践创新能力

构建园林专业虚拟教研室，共享名师资源、课程资源、教材资源、区域资源、社会资源，录制线上课程，丰富线上教学资源。新时代，数字景观实验室聚焦园林规划设计全过程，以数字技术前沿发展为引领，创新园林规划设计理念与方法，立足传统农学学科的国家级园林实验教学示范中心必须与时同步，推动建设国内领先、国际同步数字景观实验室和虚拟仿真实验教学项目，购置可移动评图仪，全息扫描仪等数字设备全面优化实践教学资源。持续更新北京大栅栏街区的茶儿胡同 12 号绿色微更新基地，立足将教学、科研与社会服务相结合。基于国家花卉工程技术研究中心加强园林植物教学实践与实习就业中的科技转化示范与产教融合，依托创新训练项目，实现本科生进团队、进项目、出成果，争创国家产教融合人才培养基地。

四、结束语

在新农科背景下，园林专业应以课堂教学与实践教学为突破口，实施新型人才培养、专业优化攻坚、加强思政教学、教师团队建设、实践平台升级等措施，有效推动园林专业新农科创新发展，从根本上实现人才培养质量提升，满足社会对多学科背景综合型人才的需求，建设新农科提升国家生态成长力。

参考文献

[1]刘燕，旦艺豪，王春．"新农科"背景下应用型高校园林专业建设路径探讨[J]．黑河学院学报，2019，10（11）：115-117.

[2]冉东亚．北京林业大学园林学院介绍[J]．中国林业教育，1994(1)：44.
[3]李雄．中国风景园林发展进入新时期[J]．中国园林，2011，27(6)：22.
[4]铁铮．中国园林专业建设之路如何走？[J]．绿色中国，2012(9)：36-38.
[5]郭卫云，曹新江，张坤朋．新农科背景下高校创新型农林人才培养模式研究——以安阳工学院为例[J]．教书育人(高教论坛)，2021(15)：26-27.

Innovation and Practice of Cultivation Mode of Landscape Architecture in the Context of New Agricultural Science ——Take Beijing Forestry University as an Example

Gao Yu Wen Zhiting Guo Qi Luo Le
(School of Landscape Architecture, Beijing Forestry University, Beijing 100083)

Abstract In the context of new agricultural science, actively explore the new mode of training talents in Landscape Architecture, analyze the connotation of Landscape Architecture in the new era, base on the foundation of agricultural and forestry disciplines in Landscape Architecture, and innovate the mode of training talents to meet the requirements of the new era. Promote the training objectives, curriculum system and training mode of national first-class Landscape Architecture majors, advance the reform of curriculum system, practical teaching and collaborative education, cultivate innovative, composite application-oriented and practical skill-oriented talents, and provide stronger talent support for the development of rural revitalization.

Keywords new agricultural science; Landscape Architecture; cultivation mode